U0589332

作者简介

王婳娜　博士，现任大连外国语大学德语系副主任、副教授。主要研究方向为跨文化交流、德国教学法。2012年以来，主持及参与国家、省、校级各类项目10余项，出版学术专著1部，公开发表论文9篇，核心论文6篇，被人大书报资料中心全文转载1篇，获得辽宁省自然科学学术成果奖1项，大连市自然科学学术成果奖1项。曾在教育部职业教育研究所担任赴德代表团翻译，具有丰富的口译（同传）和笔译经验。

本书为大连外国语大学2018年比较文化研究基地研究成果

王婀娜◎著

中德合资企业中
第三种文化的动态生成

人民日报学术文库

人民日报
出版社

图书在版编目（CIP）数据

中德合资企业中第三种文化的动态生成／王婀娜著．
—北京：人民日报出版社，2018.1
ISBN 978－7－5115－5276－1

Ⅰ.①中… Ⅱ.①王… Ⅲ.①中外合资经营—合资企业—
企业文化—研究—中国、德国 Ⅳ.①F279.244.3

中国版本图书馆 CIP 数据核字（2018）第 010198 号

书　　名：中德合资企业中第三种文化的动态生成
著　　者：王婀娜

出 版 人：董　伟
责任编辑：周海燕
封面设计：中联学林

出版发行：人民日报出版社
社　　址：北京金台西路 2 号
邮政编码：100733
发行热线：（010）65369509　65369846　95363528　65369512
邮购热线：（010）65369530　65363527
编辑热线：（010）65369518
网　　址：www.peopledailypress.com
经　　销：新华书店
印　　刷：三河市华东印刷有限公司

开　　本：710mm×1000mm　1/16
字　　数：270 千字
印　　张：16
印　　次：2018 年 5 月第 1 版　　2018 年 5 月第 1 次印刷

书　　号：ISBN 978－7－5115－5276－1
定　　价：68.00 元

目 录
CONTENTS

第一章

导 言

1.1 选题意义与课题归属

科技化兼并的浪潮引发了经济全球化过程。自 1975 年起,德国就成为我国在欧洲最大的贸易伙伴,中德之间经济交流日益密切。2014 年中国首度成为在德项目投资数量最多的国家,项目数达到创纪录的 190 个。[①] 据中国官方最新数据显示:德国是我在欧洲最大和全球第六大贸易伙伴。[②] 德国联邦统计局数据显示:2016 年前 11 个月,中国首次跻身德国第一大贸易伙伴国,是其第五大贸易出口目的国,并继续保持德国第一大进口来源地位。[③] 德国企业在华投资呈现出主要集中在制造业和具有科技优势的大企业特点。另据联合国贸易和发展会议(UNCTAD)公布的数据:从 1970 年到 2012 年间,外国直接投资额(FDI)从 1970年的 133 亿美元发展到 2012 年的 1.35 万亿美元,其中历史的最高值为 2007 年 2万亿美元。[④] 中国也积极地参与到了这个过程中,截至 2011 年底,我国对外直接投资累计超过 3800 亿美元,境外企业数量达 1.8 万家,分布在全球 178 个国家(地区),形成海外资产近 1.6 万亿美元。[⑤] 由于全球化、数字化和日益发达的交通,有效进地行跨文化交流的能力对于想在竞争激励的国际市场上取得成功的企业来

[①] 中国新闻网,2015。
[②] 中华人民共和国商务部,2017。
[③] 中华人民共和国商务部,2017。
[④] 联合国贸易和发展会议,2014。
[⑤] 中华人民共和国商务部,2012。

说,变得越发重要了。① 这将对跨文化情境下企业的合作和交流的不同形式产生影响。这也意味着,企业面对国内、国际所出现新的情况必须要做出调整。因而,跨文化情境下企业文化的研究具有特殊的意义。

中国商务部于 2012 年印发了《中国境外企业文化建设若干意见》,旨在积极引导境外企业加强文化建设,提高竞争力和影响力,加速与当地社会融合,占据舆论和道德高地,树立在国际上的良好形象,从而为中国企业在境外长期发展奠定良好基础。《意见》特别强调,"将企业经营管理与当地社会发展结合起来,持续优化和丰富企业价值内涵。努力适应所在国(地区)当地社会环境,尊重当地宗教和风俗习惯,积极开展中外文化交流,相互借鉴、增进理解,与当地人民和谐相处。探索适应国际化经营需要的跨文化、信仰、生活习俗的管理理念,积极推进经营思维、管理模式、雇佣人才、处理方式的'本土化',注重增进当地员工对中资企业的了解和理解,最大限度地降低跨国经营中的价值观冲突。"②

企业文化的意义是毫无质疑的,其意义似乎受不可测量的假象影响。这里指的是某些精神上的现象,某些存在却不可见的现象。③ 对于企业来说,企业的改变是以对企业常规、企业日常生活世界中"深层次的"规则知识的重视为前提的,同样,企业文化的改变也意味着要做好长期忍受不稳定性的准备。1998 年德国戴姆勒－奔驰汽车集团与美国第三大汽车制造商克莱斯勒兼并之初,戴姆勒－奔驰集团进行了一次战略性分析以确保项目的有效规划和实施。这次分析回顾了过去100 个兼并案,注意到其中大约 70% 都未能达到兼并最初的目的,并且将成功的关键总结为战略上的匹配程度和兼并后的融合过程。④ 即使如此,三年后"一桩天堂中的联姻"便被称为"戴姆勒－奔驰集团选择了一个购买克莱斯勒公司的最糟糕的时机"⑤。克服全球化危机最好的方法莫过于加深相互之间的了解。国际化企业文化不应只是由"意向书"所组成的,而是要确确实实地转化为一个可见的、可以感受到的价值体系。这就是我们所说的"global fitness(全球适应)"⑥。为此,我们需要超出所有的界限,提高自己对异文化和交流中不同的思维方式和行

① Schilcher,Poth,Sauer,Stiefel,&Will-Zocholl,2011。
② 中华人民共和国商务部,2012。
③ Bromann,1992. S. 13.
④ 霍尔顿,2006,第7页。
⑤ Economist 2001. Shrempp's last stand. 3 March.
⑥ Brandt,2008,第11页。

动方式的敏感性,以及对他人的政治、社会和世界观结构予以理解。

我们面临着一个值得思考的问题:

跨文化企业在面对文化差异的情况下是如何在跨文化互动交流中来实现其自身的发展的? 为了回答这个具有统领性的研究问题,需要对跨文化情境下企业文化的发展做以广泛的理论分析,既要考虑到文化差异的复杂性,又要进行贴近实际的实证性研究。

语言作为社会交流的媒介而成为特定文化思想的关键,因此也就形成并保持了语言、文化与民族三者间一种相互依存、相互补充、共同发展的微妙关系。

关世杰认为:"Communication 含义比较复杂,在我国有传播、交流、沟通、传达、交际、通信、交通等多种译法。Communication 常被翻译成传播,这与大众传播学的兴起有关,是信息从点到面的传播中的问题,具有单向的特点;在用于个人之间或双方交换意见时,Communication 带有双向的特点,因而常被译为交流。"① 对于三种英文表达方法——intercultural Communication, Cross-cultural Communication, Trans-cultural Communication,国内学术界根据研究者语境的变化翻译成中文的名词有"跨文化传播""跨文化交流"和"跨文化交际"。关世杰认为,从事跨文化交流学研究的学者们基本上有三个共识:"跨文化交流学是传播学的一个扩展;跨文化交流学其特点在于它注重不同文化的个人、群体之间阻碍彼此交流的文化因素;关于人类传播学的主要理论可以为跨文化交流学的研究和实践提供有益的指导和借鉴"②。并且他将交流分为三个层次:"人际交流、组织交流和大众传播"③,即交流包括交际和传播。而"跨文化交际主要研究以不同文化为背景的人面对面的交流、非文学实用性书面言语交流以及打手势等非言语交际形式。"④ 结合本书的研究对象为跨文化情境下的企业文化,笔者文中所用的概念选用"跨文化交流",用于强调具有双向特点的组织交流和人际交流。由于所引用的文献中有的使用"跨文化交际",故此本书将跨文化交际等同于跨文化交流,不再对两者进行区分,但明显区别于传播领域中的"跨文化传播"一词。

本书的核心研究议题是"跨文化情境下企业文化的动态生成",即"中德合资企业中的个人和组织在经济活动中面临差异时,其跨文化互动过程如何以及哪些

---

① 关世杰,1995,第 25 页。

② 关世杰,1995,第 14 页。

③ 关世杰,1995,第 26 – 27 页。

④ 林大津/谢朝,2004,第 15 页。

因素会对其互动过程产生影响"为研究内容,以期对跨文化情境下企业文化的生成做以描述和解释。这一研究课题具有跨学科研究特征,具体说来属于如下几种理论研究的结合:

第一,跨文化经济交流理论研究。跨文化经济交流这个概念最初是在20世纪80年代中期以后由北欧的语言学家提出的。该专业涉及文化学、沟通学和经济学,关注的是对国际经济活动中的交流行为过程的分析和研究。因此该专业最显著的特点就是跨专业学科,涉及经济学和国际贸易,特别是市场营销、人力资源和企业组织。该学科的前身主要是三种科学历史传统流派:[①]1)外贸学,该学科最初出现在由英美国家所发展起来的文化比较管理研究以及80年代由德国新建立起来的国际管理专业中。2)经济语言学,该学科是在30年代到70年代所出现的比较语言研究和90年代以来跨文化文本语言实用学之下发展起来的。3)文化和社会科学行动理论,该学科自70年代在美国发展为跨文化交流学。

第二,跨文化互动理论。"面对差异的调整"这个核心问题,20世纪60至70年代期间,跨文化交际学者们推出了一系列的理论。20世纪80年代至今,全球化迅猛发展,文化间的交往愈益深化,由此产生的矛盾与问题也变得更为错综复杂。本书将研究视角集中在适应过程的互动研究上。互动性研究的出发点不是在主流研究中占据多年核心地位的文化比较视角之下的本质性文化概念。文化在互动性研究流派下被视为渐生的、受情境所影响的。这样的理论假设只能通过推导式的研究方法而得出。研究的问题主要集中在双方文化的互动过程,对组织生活所带来的、被人们所感知的影响,以及互动过程中的跨文化性形成、文化形成的特征性过程。结构理论(Giddens,1997b)和跨文化适应互动(Chen,2014)理论,作为一种出建构主义的尝试,可以为这样的相互适应过程给出解释。

第三,跨文化管理。跨文化企业中的适应策略问题,首先是国际人力资源管理,以及国际化管理、跨文化管理研究的内容。作为外派人员成功要素之一的外派人员的适应问题是外派人员研究的一个研究领域,该研究有时被归入国际人员管理研究中。该研究流派大多关注的是外派人员的生活情况。占据核心地位的却是围绕向国外转移人力和财力的意义、外派的组织、外派的准备以及外派成功的关键要素等这些主题的企业政策的视角。除了企业经济学的分析方式,处于核心地位的主要是心理学的研究,却忽略了团队的视角。

---

① Bolten,1997,第470页。

综上所述,本书以其跨学科性为研究特征,将基础理论研究归根于上述三个方面:跨文化经济交流理论研究、跨文化互动理论以及跨文化管理。

70、80 年代国际化的趋势下,人们越发关注于将外国子公司与母公司的理念相融合。① 而到了 90 年代期间,跨文化企业文化的研究由于世界范围内兼并行为的增加越发显得重要。② 其关注的问题如下:两个或几个并购伙伴如何融合为一个新企业整体,如何利用所希望的聚合因素。就跨文化情境下企业文化的发展来说,存在着共识性、冲突性和综合性的视角。③ 迄今为止没有一个可信的,可以推广应用的"同质性和异质性同时存在"的理论模型。本书正是力求给出一个关于跨文化情境下企业文化研究的更为全面的研究视角。

本书选择将中德合资企业作为"第三种文化的动态生成过程"的研究对象,是因为:

第一:中德两国的经贸往来日益密切。自 2003 年以来,德国成为中国在欧洲最大的投资伙伴,直至今 2012 年 12 月,有 5000 多家德国企业在中国落户,共有员工 20 万余人(商务部,2013)④。自 2008 到 2011 年间德国和中国之间的贸易额倍增:德国向中国出口的商品价值从 2008 年 340 亿欧元上升到 2011 年 650 亿欧元;出口份额分别为 3.5% 和 6.1%。德国从中国进口的商品价值从 610 亿欧元上升到 800 亿欧元,进口份额分别为 7.6% 和 8.8%。中德之间的经济往来日益加深,然而恰恰是越发强烈的经济国际化带来了越发令人深思的管理认知,"其他国家的人们所想、所评、所为与我们是不同的"⑤

第二:中德合资企业对于展现中德经济交流中的特殊性具有较强的代表性。合资企业(Joint Venture)是一种联合拥有的独立经济组织,由两家或者多家提供不同资源的企业共同投入资金、技术、人力等资本而成立,分别享有一定的支配权,共同分享利润,负担支出和风险。⑥ 合资企业双方共同制定企业决策,通过对各方资源的利用来创造协同作用,目的是获得国际市场上的竞争优势。中德合资企业是以中德各持部分股权的形式来共同经营管理企业运营的,因而合资企业也

① 参见 Rathje,2004,第 77 页。
② 参见 Rathje,2004,第 77 页。
③ Rathje,2004,第 77 - 82 页。
④ 中国商务部,2012。
⑤ Apfelthaler,1999,第 7 页。
⑥ (Verfasser und Zeit unbekannt),http://zh. wikipedia. org。

应当是中德文化碰撞最为经常和突出的地方。跨文化既造就了合资企业的"跨文化优势";同时跨文化也酿成了合资企业的"跨文化困惑"。

研究中德合资企业的企业文化生成过程对于中国企业的国际化进程具有重要的现实意义。

1.2　研究目标和研究问题

本研究为企业文化研究和跨文化经济交流研究提供了新的研究视角,通过对经济交流中的互动过程来描述并分析跨文化情境下企业文化生成过程,即将跨文化互动交流过程视为企业文化。

本书的研究目的是:描述并分析在跨文化经济交流中,中德合资企业中双方员工和企业层面在面对差异时,在相互的交流过程中,最终生成了什么样的新的第三种企业文化,并对其生成过程给出解释分析。

为实现上述研究目标,需要探讨的问题如下:

——在中德合资企业中,双方在经济活动中的哪些方面表现出了差异?

——面对差异,企业中的个人层面和组织层面持续地采取了哪些调适策略?

——哪些因素会对跨文化互动过程产生影响?

——在这样不断的相互调适中,逐渐生成了怎样的企业文化?

1.3　相关课题的研究现状

本书的研究新意之处在于通过跨文化交流(过程)来描述企业文化的动态生成(过程)。这种研究思路在目前的国内外企业文化研究中还不多见。就题目所表达出来的内容来看,本书的研究主要是围绕"中德合资企业"、"跨文化互动理论"以及"第三种企业文化"这三大主题进行的。因而与本书相关的研究成果主要包括以下三大方面:第一,中德经济交流;第二,跨文化互动理论研究;第三,跨文化情境下的企业文化研究、中德合资企业的企业文化。关于文化、企业文化、跨文化互动理论的概念理解及本书在这些问题上的主要理论和分析,在本书第二章会有较为详尽的阐述。在本节中,笔者重点介绍与中德经济交流、跨文化互动理论研究和跨文化情境下企业文化相关的成果。

第一,中德经济交流

Klare 在《德国驻华企业的交流管理》(Kommunikationsmanagement deutscher Unternehmen in China)一书中,采用质性专家访谈法,对德国驻华企业的国际公关行为进行研究。从结构与行动两个视角,分别从中国的历史背景,权力的分配,以儒家、爱国主义等为指导的行动规则,交流规则和媒体工作对德国驻华企业如何实现本土化进行了实证性研究。

Pan Yaling 在《跨文化能力是过程。基于实证研究为中国的德语教育所提出的模型和理念》(Interkultureller Kompetenz als Prozess. Modell und Konzept für das Germanistikstudium in China aufgrund einer empirischen Untersuchung)一书中,解决了当前德国企业对员工的跨文化能力的要求是什么的问题。结论皆来源于"跨文化能力专家",并且专家所从事的领域也较为广泛,专家所在的企业有德国在华独资企业、在德国本土的母公司、德国企业驻华办事处和中德合资企业。访谈内容详实而贴近实际。书中基于实证性调研,提出了跨文化能力培养的三范畴模型,即"从民族中心主义到民族相对主义,从表面知识到深层知识,从对自己和异文化的理解到跨文化行动能力"。

Huiping Guan 的《跨文化管理:以中德合资企业为例》(Interkulturelles Management:am Beispiel des deutsch-chinesischen Joint Ventures)一书属于基础理论研究,即从文化与管理的角度来研究跨文化管理的业务领域。作者描述了中德合资企业的问题并就中国的工作行为进行文化分析。从儒释道的角度分析中国企业所处在的文化环境。作者从文化间的交流、员工领导、激励管理、做出决策和计划目标五个角度来分析文化对中国企业的影响。最后结合 Hofstede 的五要素模型给出发展具有"文化意识"的企业文化模型。

Peill-Schoeller (1994)的《跨文化管理:中国与德语国家的合资公司中的聚合因素》一书堪称中德合资企业管理中的经典之作。该书从人力资源管理、激励机制管理、交流管理、企业目标和规划管理、决策管理、组织管理以及控制管理七个方面对中国与德语国家的合资公司中的问题领域进行探讨。运用跨文化的相关理论以及中国文化、哲学的相关解释,最后对上述的七大问题领域给出建议。本书至今已有 20 余年,但是其研究结果为后人不断继承和发扬,比如 Nagels (1996),Schuchardt (1994),Tang&Reisch(1995),Chung(1995),Trommsdorff/Schuchardt/Lesche(1995),Rotlauf (1999)等人都对中德合资企业有所研究。但很明显,上述研究距今均已经近 20 年了,急需新的数据来完善或更新已有的研究结果。

此外,近几年还有国内学者以实证访谈为研究方法对中德之间跨文化经济交流领域做了的主题式深入研究,其主题词分别为"内聚力与跨文化协同"以及"上下级信任互动"。

于景涛的《内聚力发展与跨文化协同——中德跨文化团队研究》(Kohäsion und Synergie/chinesisch-Deutsche interkulturelle Teamprozesse)一书,采用基础理论研究与实证研究相结合。先是在文献综述的基础上,提出 9 个假设性影响因素:合作、交际风格、归属感、交互性、领导风格、权力、尊重、信任和价值,并对这些概念之间的关联性和相互作用的可能途径提出 12 个假设。接下来对中德跨文化团队员工进行了质性访谈与分析,以此验证上述的 12 个假设。其研究结果对中德之间的跨文化适应研究具有较强的实际指导意义。

张晓玲在《跨文化上下级信任互动研究——以德国外派管理人员与中国员工的信任互动为例》一文中,从文化对比和跨文化互动两个层面,围绕建立在信任主体之间的三大形象互动(自我形象、他者形象以及间接形象)所呈现出来的七个层面:即工作能力、工作态度、工作方式、性格、人品、帮助与被帮助以及文化,对中德上下级之间的信任互动进行研究。在国内的跨文化经济交流研究领域,首次实现了跨文化交流主体之间三大形象的互动研究。

第二,跨文化互动理论研究

就目前的而研究现状来看,学者们根据固定性和可变性、渐生性对文化有着不同的看法。即在国际跨文化管理领域,关于文化有两种范式:静态和动态,即文化比较研究和文化互动研究。迄今为止,前者仍是主流。静态的范式中以 Hofstede 的文化对比模型为代表,其研究结果激发了后续的研究,特别是 Thomas(2011)、Maznevski、DiStefano、Gomez、Noorderhaven、Wu (2002)、Schwartz(1994)、Ingleharts(2000)和 GLOBE 团队(House,Javidan,& Dorfman,2001)所提出的文化模型。而文化动态观念的提出要追溯到 Smircich(1983),他提出文化是通过协商和对符号、含义共享过程产生和再产生的。这种文化的观点强调了操纵文化改变力量的局限,因为这不是完全掌握在经理人手中的事物。Brannen 和 Salk(2000)提出假说,当来自不同文化的人们在一个组织内工作时一个新的"经过协商的文化"渐生出来了。此外,一些动态范式的支持者们主张对不同文化体系相遇时所碰撞出来的"文化摩擦"进行研究(Bolten,20011;Thomas,2011;Dreher 和

Stegmaier(2007))。Hatch(1993)修正了 Schein 的文化模型,创造出一个动态的模型,文化的主要观点要改变,但是改变却是以一定的结构发生的。在她的模型里,价值观、表征物、符号和假说都具有作用,以循环的方式对彼此发生影响。最近的关于文化互动的观点中较为重要的当属 Chen Guoming(2009)的关于中国文化和交流的阴阳说。Evanoff 认为,在建构主义视野中,文化差异并非交际的主要障碍,恰恰是建设性对话的有利因素,而人类的共性则成为交际者不断努力追求的目标①。最新的研究成果越发强调,有必要将适应作为一个双向或多向的现象来观察②。

本书的跨文化互动研究基于这样的假设,即文化现象是与情境有关的,具体来说是与组织的情境有关的。在 Anderson(1994)看来,适应是一个复杂的、持续循环的、目标明确的、互动进行的克服障碍改正错误的过程,要么是行为者自己,要么是环境必须发生改变。Martina Maletzky 将跨文化适应理解为跨文化结构化的过程③,并且认为,互动规则中的区别带来了摩擦中的损失,会多次中断互动流,而该互动流在类似的实践意识中则通常会毫无障碍的进行,因为人们对对方的行为方式能够给出详细地评价和预算。行动流会持续地带来行为者原本没有考虑到的后果,这些意外的后果,经过反馈过程,又再次表现为不对后续行为负责的条件。④ 在互动的过程中,在行动的反省控制中,由于预期之外的反应,含义上的差别显而易见。这种互动习俗就这样无意识地继续进行下去,不断地升级,导致不愉快、冲突,工作的中断,这就是"文化休克"的产生过程。在 Furnham/Bochner 看来,这种文化休克却不是什么灾难性的事物,而文化学习的决定性要素。它的目的是习得新的有目标引领的行为方式⑤。从这时起,行动条件反省式地作为新的初始状态流入行动流,对未来行为的反思控制产生影响。

对于外派人员的文化差异和适应课题的研究,——至少从心理学的研究传统来看——被理解为一个单向的过程,总是以外派人员适应对象国的文化情境为目标。来自其它邻近学科的理念和结果,比如移民研究或者跨文化交流,更是忽略

① Evanoff,2004。
② Friedman/Berthoin Antal 2005;Haslberger 2005;Zimmermann 2008;Zimmermann/Sparrow 2007。
③ Maletzky,2010,第 135 页。
④ Giddens,1997,第 79 页。
⑤ Furnham/Bochner,1982,第 161 - 198 页。

了互动的要素。人们简单地认为,外来的行为主体单方面地被当地文化所重新塑造[1],直到该行为主体接受了当地的行为标准为止,这样他就可以毫无障碍地在异文化环境下生活了。社会的影响因素以及互动情境下的影响因素被人们忽视。传统的关于适应语境的理论中,通常都是下意识地假设,文化学习是在外国行为者这方发生的。但是也有越来越多的学者关注到当地行为者方面也发生了改变。而本书的研究结果将从互动的、双向的研究视角对跨文化企业中的相互适应过程进行阐释,本书对于适应的理解等同于 Anderson 的适应概念。

第三,跨文化情境下企业文化研究

Rathje 在《企业文化是跨文化》(Unternehmenskultur als Interkultur)一书中,采用质性扎根个案研究法,对德国与泰国企业的经济风格从四个方面关系建立、领导风格、冲突行为和工作态度做以比照式描述和分析,并文化比较的基础上展现出双方员工在互动过程中所形成的潜在聚合和冲突性因素。进而描述并分析了对德国驻泰国企业的跨文化企业文化的动态生成过程具有影响力的内在和外在因素,从而得出跨文化情境下企业文化的管理策略。

Watrinet 在《多元化权力的企业文化指标》(Indikatoren einer diversity-gerechten Unternehmenskultur)一书中,采用的是质与量相结合的研究方法,用质性访谈法从企业的目标、领导、交流、多元化氛围这四个层面分析如何实现多元化管理。并在质性访谈的基础上,提出研究假设,接下来用量化研究对此假设进行验证,最后给出行动建议。

Horst Kern 在《企业文化的分析。一个实证性研究》中采用质性和量化相结合的研究方法,采用文化比较的方法,以两家企业为例,分三个阶段进行研究。第一阶段:采用专家访谈法搜集企业文化价值领域。第二阶段:请来自不同企业文化的成员就企业文化价值领域进行补充。第三阶段:进行实践检验。从而得出企业文化的价值体系。

Nathalie Hecker 在《发展价值和在过程中发展企业文化。在德国、印度、美国的国际性企业所做的案例分析》一书中,以企业杂志、企业内部文稿,诸如讲话和公司年报,媒体对于企业的报导等为支撑材料,采取半结构式访谈和问卷调查的形式进行。其中对美国、德国和印度的 87 名员工围绕五个部分进行以半结构式访谈,这五个部分即:企业文化、文化和价值观的发展、博世－价值观文化的影响、

---

[1]　Friedman/Berthoin Antal,2005,第 69 - 86 页。

责任和理由。其研究问题在于回答美国、德国和印度之间的共同点和区别何在？属于文化比较研究。其所遵循的视角也是将文化和价值观的开始——要求——措施——结果——框架条件和影响要素这样的过程视为企业文化。

我国国内目前有关中德合资企业的企业文化研究还不算多，内容大多是以某一家跨国企业为例所进行的基础理论性研究，研究资料大多来自于受访公司所提供的内部资料。其研究主要从如下三个方面进行：以梁镛为代表的"人际交往关系方面"；以金秀芳为代表的"国家文化角度"；和以朱轶杰为代表的"价值观角度"。

就上述三个方面的研究结果来看，围绕"中德合资企业中的第三种文化的动态生成"这一主题，目前研究成果的欠缺之处为三点：一、缺少实证性调研；二、依然采用文化比较这种静止的研究理论和研究思路，而没有从文化互动的动态角度考虑问题；三、缺少新的概念和理论研究的生成。实证性研究一直是国内研究中值得发展的研究方法。该方法有很多优点是文本分析不能弥补的。

1.4 研究结构

本章作为导论，首先介绍了本书的选题意义，并指出本书的主题的课题归属。接下来，明确了研究目标和研究问题，对本研究的相关课题研究现状和论文结构进行了阐述。

第二章为核心概念和理论基础部分，属于为研究而进行的前期文献整理工作，分别是文化、企业文化以及跨文化互动理论这四个部分。本章中首先对本选题所涉及的核心概念"文化"阐释，特别跨文化管理中所涉及的"文化"概念，以及文化与管理的关系进行综述和分析。第二部分是企业文化，分别对企业文化和跨文化情境下的企业文化的现有研究成果进行综述和分析。第三部分为跨文化互动理论。主要包括跨文化性、整体性理论和吉登斯的结构化理论。

第三章里，笔者对适合本书的研究方法质性、扎根、个案研究做了详细介绍和分析。介绍本书主要采用质性访谈的研究方法，并借助 NVIVO10.0 软件进行数据分析。此外，收集数据的方法还包括观察法、企业内部资料的分析法。

第四章为围绕中德合资企业中的跨文化互动交流过程所进行的实证性研究，即是对跨文化企业文化的渐生过程所做的描述与分析。研究分前期的预访谈和后期的正式访谈研究两个阶段。首先通过预访谈和前期的文献分析工作,确定了访谈提纲。访谈的提纲采用半开放式的形式,围绕所感知到的差异、双方各自如何调整自己以适应这种差异,以及哪些因素会对合资企业中的跨文化互动产生影响这三大方面,向中德合资企业的双方员工进行深度访谈。接下来,通过访谈和观察等数据分析,找出最能体现中德企业文化之间的差异性四大方面员工交流、工作态度、公私关系和领导风格,并且在此基础上探究中德双方从个人和组织层面在面对差异时,如何实现彼此的文化互动,以及在互动中表现出哪些潜在聚合力和冲突点。而这些聚合力与冲突点就是对新的企业文化的形成具有重要意义的部分。

第五章阐明跨文化企业文化渐生性动态发展的影响因素。本章分为两部分,影响因素有外在和内在两种。其中,社会文化等因素被视为外在影响因素,而个人和组织被视为内在影响因素。

第六章里笔者将对本书的研究结果进行总结、提炼,并结合已有的相关理论和成果并就中德合资企业中第三种文化的动态生成过程及其影响因素进行描述和阐释,并在此基础之上提出跨文化企业文化的动态发展模型,。

第七章为结束语,包含本书的研究特色、不足与前景展望。

第二章

概念解释和理论基础

　　本书的概念解释和理论基础分三部分。第一部分为文化。分别从文化的概念、文化与管理的关系对文化进行阐释。第二部分研究的是企业文化。与文化的概念类似,对企业文化的概念与文化的概念相对应,也是从内容、功能和结构层面对企业文化进行阐释、分析,同时还特别对跨文化情境下的企业文化做以分析。第三部分为跨文化互动理论,包括跨文化性、整体性理论和吉登斯的结构化理论。

2.1　文　化

　　针对研究结果的应用性,本书首先需要对文化这个概念进行理论的基础性研究。文学家泰里·伊格尔顿(2000)曾经指出:"我们正处于让人迷惘的宽泛和让人窒息的僵硬的文化概念之中⋯⋯处于空洞的统一论(universalism)和盲目的单一论(particularism)之中。"①

　　Rathje 认为,在过去的时间里,在管理学范围内对文化这个概念的研究不够充分②:比如 Meissner 诊断出了企业经济学的一个符合规则的"文化休克"③。在现存的管理学文献中,可以看到用诸如"对于这个令人迷惑的多样性世界的抱怨"④,

---

① 转引自霍尔顿,2006,第 37 页。
② Rathje,2004,第 47 页。
③ Meissner,1997,第 1 页。
④ Hansen,2000,第 234 页。

"对一个概念的无尽的寻找"①,"热带丛林"②或者"杂乱"③这样的词语来表达文化给学者们带来的混乱。还有学者认为,当使用"文化"这个概念时,其含义会根据情境持续地在认知学和符号学之下转换。不应该有一个既定的定义,因为这个概念(……)要用不同的含义内容来填充。④ Stündlein 认为,文化(……)是控制行为的价值观和道德体系。这个体系可被某个社会小组学会并分享。文化(……)是具有区分功能的、具体存在的社会团体和体系的标志。⑤ 而探讨最深的当推 Kroeber 和 Kluckhohn 更达到极致,他们在 1952 年发表了一本专门研究文化定义的著作《文化概念与文化定义》,书中总结出了关于文化的定义有 164 种;Slembek 找到了 300 多种⑥。

尽管关于文化对于不同的科学领域的意义存在着争议,确定的事实却是,这是一个跨学科现象⑦。本书对于文化、企业文化概念的理解主要基于 Rathje 的分类,即分别从文化的内容、功能和结构三个角度对文化、企业文化的概念进行梳理。该分类对后续的诸多关于企业文化的研究产生了很大的影响,本书也将在此基础之上,针对本书的研究主题进一步丰富、完善跨文化经济交流背景下的文化、企业文化的概念。

2.1.1　文化概念

文化一词,来自拉丁语 colere,涉及四个方面:1.(生活世界、Ethnie 种族)居住,定居;2.(高文化)照顾、装饰、教育、保持、使美好;3.(生物文化)种植、耕种;4.(Kult)尊敬、礼拜、庆祝。⑧

由拉丁语翻译过来的 cultura 的共同的意义是"照顾",具体说来是指:

- 对人际关系的照顾
- 对灵魂、精神、身体的照顾
- 对土地和耕地的照顾

---

① Apfelthaler,1999,第 28 页。
② Holzmüller,1997,第 57 页。
③ Engelhard,1997,第 VI 页。
④ Warthun,1997,第 10 页,转引自 Rathje,2004,第 48 页。
⑤ Stündlein,1997,第 23 页。
⑥ Emirch,2011,第 23 页。
⑦ Emirch,2011,第 23 页。
⑧ Petschenig,1969,第 114 页,转引自 Bolten,2007,第 39 页。

- 对超验关系的照顾

任何一种照顾都是一种交互关系,即对身边的人、对自己、对自然和对上帝。

Trompenaars 认为,每种文化主要是通过他们如何对待问题的特殊方式而与其他文化相区别的。这些问题是指:①

- 人与人之间的关系是怎样的?
- 人与时间和空间的关系是如何规定的?
- 人与自然和环境的关系是怎样的?

Hans Nicklas 评价道:"文化作为交互性道德和行为模式的一种形态(【德语】Konfiguration)确保了其成员的行动能力。文化为相应的文明创造了行动的可靠信、规范性和可预见性——用一句话说就是常规性。"②

文化的定义具有广义和狭义之分。狭义文化的特征是,它始终是同"自然 Natur"(比如 Pufendorf,Schiller,Marx),同"文明 Zivilisation"(比如 Kant,Spengler)或者"大众文化 Massenkultur"(比如 Marcuse)相对的词汇。通过作为反义词的使用同其他非文化的领域边界做了界定。文化一词在德语中强调"文明和社会的智慧方面"③,是对"美、真、善"的绝对化,也表现为与时间无关和静止④的属性。广义的文化的概念在德国 20 世纪 70 年代得以普遍应用。"迄今为止常见的'文化'概念必须要走出审美和历史的狭隘局限,为我们生活的这个时代的一切的'全部真实'让位。为此,社会结构、大众交流、教育救济、环境问题等等都属于此。"⑤不同于狭义的文化的概念,这里确保了一种活力的、与社会相关的、避免确定道德的观察视角——一种自 30 年代以来由 Malinowski 和 Elias 所代表的文化理论学者的视角。

总而言之,"广义的,以及生活世界可定义的文化概念同狭义的文化概念比起来,更多的是融合,而不是局限。广义的文化概念不再是指与时间无关的－静止的含义,而是指历史的－鲜活的含义,是一个试图摆脱价值观束缚的概念。"⑥下面列举几种有代表性的关于文化定义的归纳和总结。

---

① Trompenaars,1993,转引自 Song,1993,第 3 页。
② Nicklas/Müller/Kordes,2006,第 122 页。
③ Koivisto,1999。
④ Bolten,1997,第 471 页。
⑤ Steltzer,1970,第 1174 页。
⑥ Bolten,2007,第 45 页。

15

2.1.1.1　文化的内容

文化的内容包括如下三个部分,即不同的研究视角下的文化内;普遍存在着文化比喻论;国际管理文献中的文化概念。

1)不同研究视角之下的文化内容

表2-1　不同视角下的文化内容

代表人物	关于文化的定义	核心观点
胡文仲	1)从人类学的角度,强调文化的本质关系到人的本质,文化的本质是创造。2)从社会功能的角度来界定,强调文化是生产力,是信息和知识,是一种文化心态和符号系统。3)从传播学的角度来界定,强调传播是文化的本质,没有传播就没有文化。①	人类学、社会功能和传播学的视角
于靖	1)物质文化,它使经过人的主观意志加工改造过的。2)主要包括政治及经济制度、法律、文艺作品、人际关系、习惯行为等。3)心理层次,或称观念文化,包括人的价值观念、思维方式、审美情趣、道德情操、宗教感情和民族心理等。②	物质文化;政治、经济、法律、人际关系等;心理层次
Williams	1)用以描述知识、精神、美学发展的一般过程;2)表示一种生活方式,不论是一个民族、一个时期、一个群体或者整个人类的生活。3)用以描述智力,特别是艺术活动的实践和成果。③	过程;生活方式;智力
Rathje	1)"客体化"。White认为文化具有广泛的自我动力,而非自我满足的体系。④ Geertz将文化视为"自我封闭的,带有自己力量和动机的超组织存在"⑤。2)文化是"物质的",是纯粹可被观察到的行为,主要由环境因素所决定⑥。3)从认知理论出发,将文化称为"集体的智慧"⑦,Sackmann认为是"不可看见的精神建构"⑧。	客体化、物质的、集体的智慧

---

① 胡文仲,2012,第28页。
② 于靖,1987。转引自胡文仲,2012,第29页。
③ Raymond,1983,第87页。
④ White 1949,第159页,转引自 Rathje,2004,第49页。
⑤ Geertz 1999,第16页,转引自 Rathje,2004,第49页。
⑥ vgl. Steward 1995 und Harris 1991,转引自 Rathje,2004,第49页。
⑦ Hansen,2000,第247页,转引自 Rathje,2004,第49页。
⑧ Sackmann 1991,第14页,转引自 Rathje,2004,第49页。

续表

代表人物	关于文化的定义	核心观点
Goodenough	将文化视为根植于"人的头脑和心灵"的东西,将文化定义为"人们必须知道或相信的东西,以便以一种被社会成员所接受的方式发挥其作用"①。	根植于人的头脑和心灵
Habermas	将文化理解为知识储备和生活世界的一部分。人类日常生活的、自我重新生产的真实领域被称为"生活世界"。生活世界的建构包括三个结构要素:文化、社会和人。"文化"是"知识储备",在生活世界里,交流中的成员分别用这些知识储备通过世界上的某些事物达成理解并做出相应的解释。"社会"一词指的是合法的秩序,交流中的成员通过"社会"确定其同社会成员的归属关系,并确保团结。"人"具有"一种使得某个主体具有语言和行动性的能力,能够适应谅解过程,宣告自己身份的能力"。日常交流实践网络的互动性构成了媒介,通过这个媒介再产生文化、社会和人。②	生活世界包括文化、社会和人。
Herskovits	从人类学的角度发展了对文化的理解,从人类的生活出发,认为文化影响生活的方方面面。③ 将文化分为六个要素,即物质文化、社会组织、审美、信仰/宗教、教育/培训和语言。④	从人类学的角度
Kroeber 和 Kluckhohn	从列举描述性的、历史性的、规范性的、心理性的、结构性的和遗传性的分类⑤给出文化的定义。	六大分类
Assmann/ Harth	既将文化视作被大家瞻仰、被保护、被记住的纪念物,也将文化视作"支撑社会行为和生活的共同的价值观、设想、观点和前提"⑥。	纪念物

---

① Goodenough,nach Geertz 1991,S 16f,转引自 Rathje,2004,第 50 页。
② Habermas,1981. 第 209 页。
③ Herskovits,1952;Cateora/Graham,2005,转引自 Emrich,2011,第 25 页
④ Herskovits,1952
⑤ Kroeber/Kluckhohn,1952。
⑥ Assmann/Harth 1991,第 12 – 13 页,转引自 Rathje,2004,第 50 页。

续表

代表人物	关于文化的定义	核心观点
Bolten	认为一个文化中的每个成员都同无数个不同的集体或者说"生活世界"相联系,这具有多集体性特征。通过模式化的行为的常规性、可靠性、关联性和可能性而表现出来的集体/生活世界就被称之为"自我"文化。反之,文化(复数)是由各种相互交织的集体(国家、种族、企业、协会、家庭等等)所组成的。这些集体作为多层 – 异质性网络,表现为具有"多集体性"和活力的特点。①	多集体性

本书就研究的内容来看,Bolten 对于文化"具有多集体性的"定义最为适合。即"文化不是上下关联式的,而是以个体为中心的聚合式的。"②。下面就这一定义进行简要说明。

Bolten(2010)认为一个文化中的每个成员都同无数个不同的集体或者说"生活世界"相联系,这具有多集体性特征。通过模式化的行为的常规性、可靠性、关联性和可能性而表现出来的集体/生活世界就被称之为"自我"文化。

一个文化有多少生活世界?

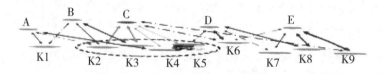

图 2 - 1　一个文化有多少生活世界?

反之,文化(复数)是由各种相互交织的集体(国家、种族、企业、协会、家庭等等)所组成的。这些集体作为多层 – 异质性网络,表现为具有"多集体性"和活力的特点。③ 个体对某种文化/生活世界/社区的认可程度,将此视为"自我的"而非"他人"的程度,取决于其交换关系/经验的质量和数量。后者决定了"他人"有多么可信、正常和重要。

---

① Vgl. K. P. Hansen, Kultur und Kulturwissenschaft. 2010,20ff.
② Bolten,2007b,第50页。
③ Vgl. K. P. Hansen, Kultur und Kulturwissenschaft. 2010,20ff.

自我和他我是多义词

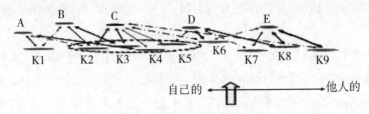

图2-2　自我和他者是多义词

　　"他人"不是绝对的,而是相对的概念,和"自我"同样是动态的概念。"他者"这个概念通常或多或少地意味着陌生,只有在极为少数的情况下是绝对的陌生。文化表现取决于视角。文化理解同人们所使用的视角相关,这里所说的视角既包括视线的方向也包括视线的角度。这就好比拿着望远镜来看目标对象,望远镜越发拉近,所观察对象越发呈现出差异性;望远镜越发拉远,所观察对象越发呈现相似性(Mandelbrodt/Hudson)。文化作为载体,人的文化行为和文化理解受到文化整体性的影响,每个个体与文化都有着互动辩证关系(Dialektik von Kultur und Individuum)。[1]"文化整体性涵盖人的文化属性、社会属性和个人特性。文化属性是指人的(宏观)文化认同;社会属性则指个人阶层认同,个人特性包括个人社会化和个人经历。这三个层面构成了人的文化整体性。文化认同涉及文化宏观层面,是指人的文化归属,即一文化成员会受到所属文化及其核心价值标准,特别是文化核心标准的制约。"[2]

　　2)文化比喻论

　　在讨论文化时,常常用两个比喻来使文化的抽象定义形象化:一个比喻是有层次之分的洋葱说,一个是指出文化显性隐形双重特征的冰山说。

　　Trompenaars和Hofstede分别将文化看作是洋葱。在Trompenaars那里,文化包括三层:表层(事物和产品)、中层(道德和价值观)和核心层(基本假设)。

　　Hofstede将文化理解为"头脑程序"(Hofstede,1993),他将"头脑程序"区别于狭义上的文化概念,提出"双文化"概念:[3]第一文化是指教育、艺术和文学,这些

---

　　[1]　参见王志强,2008,第50页。
　　[2]　参见王志强,2008,第50页。
　　[3]　Hofstede,1993,19页,转引自Song,2012,第5页。

通常被称为"文明 Zivilisation"。第二文化是一组人群或一类人群相互区别的精神的集体程序,指一个人一生(绝大部分是童年时期)所学会的思维、感觉和潜在行为的内在模式。Hofstede 的洋葱分为四层:符号、英雄、仪式(Praktiken 表征)和价值观。

　　另一个比喻是以 Edgar Schein 为代表的可见的(【英语】visible)文化和无形(【英语】invisible)文化。Schein 的类型学理论是指,文化可分为三个层面。人造物①(【英语】artifact)是文化的有形层面,但它往往不为局外人解读,甚至被严重误解。它们从三个方面表现出来:物理的、行为的、语言的。在无形层面,Schein 区分了假设和价值观。这里的假设指的是某一个群体成员所自认为的设想,而价值观则体现在社会机构中,如家庭、宗教信仰、体育、政治体制、妇女的作用和教育等。请参见下图:

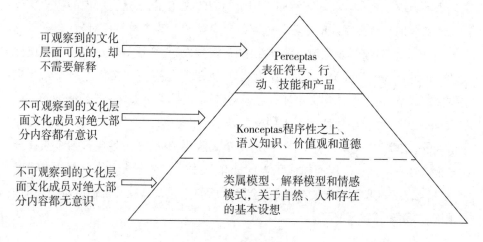

可观察到的文化层面可见的,却不需要解释 → Perceptas 表征符号、行动、技能和产品

不可观察到的文化层面文化成员对绝大部分内容都有意识 → Konceptas程序性之上、语义知识、价值观和道德

不可观察到的文化层面文化成员对绝大部分内容都无意识 → 类属模型、解释模型和情感模式,关于自然、人和存在的基本设想

图 2 - 3　文化的层面②

　　霍克林也强调无形文化的重要性,她论述道:"文化的实质不在于其表面上那些看得到的东西,而是群体中人们所共有的理解和诠释世界的方式。这种文化赋予他们对环境的不同理解才是影响从事跨文化工作和管理人们之间互动的重要因素。"③

---

① 在本书其他处,所用词语为"表征"。

② Schein,1991,第 252 页;Rothlauf,1999,第 17 页。

③ 尼格尔 霍尔顿,2006,第 27 页。

3)国际管理文献中的文化概念

在国际管理学研究中,古典的人类学文化概念却意在强化这样一种信仰,即文化只能被理解为一种区分因素,它将一部分人和另一部分人区别开来——强调文化是一般因素的累积并随后被用来作为描述社会文化体系特征的最终陈规划标准。①

霍克林(1995)按照时间顺序对按上述信仰而提出的文化的概念做以概述:

● 那是一个综合体,其中包括知识、信仰、艺术、道德、法律、风俗以及人作为社会成员而习得的任何其他的能力和习惯(Tyler,E.,1871)

● 人类环境的人造部分(Herskovits,M. J.,1948)

● 相传下来的能够塑造我们行为的价值观、思想和其他符号系统模式(Kroeber and Kluckhohn,1952)

● 一整套表达在语言中的共同理解(Becker and Geer,1970)

● 成员们认同的价值观、信仰和期望(Van Maanen,J. And Schein,E. H.,1979)

● 由制定行为规范的成员所认同的信仰和期望模式(Schwartz,M. C. and Jordan,D. K.,1980)

● 区别人类群体成员的一种集体的思维方式,能够把一个类群体成员和另一个群体成员区分开来(Hofstede,1980)

● 三个方面:(1)某个内容(含义和理解);(2)对一个群体的;(3)特殊意义(Louis,M. R.,1983)

● 基本上是一个创造、传递、储存和处理信息的系统(Hall,E. T and Hall,M. R.,1987)

● 人类独特的适应环境并把这种适应性技能和知识传给后代的能力(Harris,P. R. and Moran,R. T.,1987)②

霍尔顿将管理文献中的文化术语归纳为三类:

● 文化,指一个民族或种族群体的一个方面,包括具有个性的(具有文化特色的)的管理方式和谈判方式特点的总和

● 文化,指一个组织的特性("企业文化")

① 参见尼格尔 霍尔顿,2006,第26页。
② Hoecklin,1995。

- 文化,指思维方式,如以上所引用的霍夫施泰德(1980)的著名文化定义

Bolten 将跨文化经济交流中文化的定义可分为如下三种研究视角:物质文化论、精神文化论和功能文化论。①

物质文化理论从符号、特征的角度将所有人造物作为一个社会所生产出来的具有意义的代表性产物。"人造物(【德语】Artefakten)"可以被理解为纪念堂、工厂楼房、工具或服装。就企业文化角度而言,这里指的就是在企业里可以作为符号标志而被感知的、被描述的事物,这里主要包括办公室装修风格、建筑风格、文件以及规章,公司里流传下来的轶事等。

精神文化论是指从认知人类学者 Goodenough 的意义上来理解的"文化",指的是非物质性。其兴趣不在文化的表征(【德语】Perceptas),而在于文化的认识(【德语】Konceptas),这里指的是集体可共享的价值、态度和道德,这些作为行动和行为的原因不是可以直接描述出来的,而是必须——通过可观察的事实——而回推出来的。这等同于"文化的记忆"或者"用这些知识储备,交流参与者通过对世界中的事物得以相互理解。"②

功能文化论。"相互理解"的视角已经包括功能的视角了,由此文化的意义又会发生改变。该视角包括行动理论的基础。"文化"从功能主义的视角来看,可以理解为对一个社会、组织或小组的社会实践具有建设性的或必要性的导向体系。从这个意义上,"文化"同"常态 Normalität"紧密相连:只有通过某种社会行为的传统 Konvention,具体的日常生活才能以对常态的假设为依据,这些对常态的假设是不需要探究其究竟的。

如上的三种研究视角绝不是相互排斥的。正相反:人们今天倾向于融合的视角。

2.1.1.2 文化的功能

Hansen 认为,关于文化功能的争论可分为两派:"要么是自然所给定的,要么是文化所创造的。前者认为文化处于从属地位,后者认为文化处于决定性地位。"③从功能上看,被自然主导的文化可以被视作是为了满足人类需求的工具,而主导自然的文化则给人类留出了更大的活动空间。Malinowski 作为文化是被自

---

① Bolten,1997,第 472 – 473 页。

② Habermas,1981,第 209 页。

③ Hansen,2000,第 267 页。

然主导的代表人物将文化理解为"生物的文化基础"①："首先,最重要的,每种文化都必须满足生物需求体系,比如受新陈代谢、再生产、体温等生理条件支配的需求。其次,代表着表征(人造物 artifact)和符号的每种文化的业绩是人类解剖学工具上的进步,用于直接或间接地满足身体需求。"②Stewart 强调了文化对于原材料和其它地理特征的依赖③,也属于这一流派。此外,Kluckhohn 提出对文化共相的设想,将文化定义为对每种文化内人类存在的某种给定条件所作出的回答。描写道:"原则上……存在一种普遍的框架,它对更为清晰的、更引人注意的文化相对性的事实予以了规范。对由人类生理和人类环境的普遍性所提出的同样问题,所有的文化都给出了繁多的、有差别的回答。"④按照上述学者的观点看来,个体在文化的形成和发展方面只是处于消极的、从属的地位。

另外一派则主张主导自然的文化给人的行动以更大的空间。Aristoteles 相信人有一种掌握本性激情的能力,通过调节达到文化上的自我完善。⑤ 这种观点下的人是自然的主导者。Hansen 认为,"这种想法曾经是、现在也是我们生活真实世界的很多领域中的支柱,没有这种想法既不会有伦理学家、神学家,也不会有教育学家;如果没有这种想法,强加在我们身上的国家形象也不可想象。"⑥在 Hansen看来,这种主导自然的想法是现代思想的基础,"文化不会自动向前发展,而是被操纵的"⑦。他第一次从马克思和恩格斯的意识形态概念上发现了文化,他相信,统治阶级对尽管在某种社会内具有普遍意义,却只是统治阶级才能从中获利的文化特征有一种"支配权利"⑧。这种思想为文化批判的悠久传统奠定了基础,在法兰克福学派和后现代思想家 Bourdieu 布迪厄和 Foucault 福柯的学说中可以找到这种思想的痕迹。⑨ 因为在伦理学和文化学之内,还没有人"敢于"得出结论,"文化是可以被制造、被管理和被操纵的"⑩,这种设想在管理学之内构成了很多企业

---

① Malinowski,1944,第 75 页。
② Malinowski,1944,第 171 页。
③ 参见 Rathje,2004,第 51 页。
④ Kluckhohn,1962,第 317 – 318 页。
⑤ Aristoteles,1977,转引自 Helfrich,1998,第 49 页。
⑥ Hansen,2000,第 287 页。
⑦ Hansen,2000,第 291 页。
⑧ Hansen,2000,第 291 页。
⑨ Rathje,2004,第 52 页。
⑩ Hansen,2000,第 294 页。

文化的模型。

　　更多的学者将文化视为参照系统。比如,Perlitz 认为,就文化的功能而言,文化为个体提供取向和参照系统,个体参照这个系统来整理和组织个人的行为方式和经验。文化以这种方式为感知、思维、判断和行动提供标准。[①] Ting – Toomy 指出了 5 个文化的功能:身份认同、群体归属、群体界分、环境适应以及文化交流。[②]根据 Assmann 的观点,文化要完成两项任务:"一种是协调任务,通过建立共时性而使交流成为可能。它要求建立象征性的符号体系以及从技术和概念上准备一个共同的生活视野,文化的参与者在其中相遇并能够相互理解。"[③]

　　而文化的另一项任务是"使延续性成为可能"[④]。关世杰认为,文化在个人、群体和整个社会(国家)等层面都发挥着作用:

　　(1)对个人,文化起着塑造个人人格,实现社会化的功能。(2)文化对于一个群体,起着目标、规范、观念和行为整合的作用。(3)文化对于整个社会,起着社会整合和社会导向的作用。文化具有导向功能。导向功能分为正向功能和负向功能。[⑤]

　　著名跨文化学者陈国明以中国文化为例,认为从广义而言,文化提供人类社会用以维持自身系统的三大要素:结构、稳定和安全。[⑥]

　　从宏观角度,传统的中国文化,给中国封建社会带来了一个超稳定的结构。这个社会赋予华夏子民一个安全的生活环境,历经几千年而不辍。这种所谓的"天朝型模的世界观"[⑦],把传统的中国建立成一个自给自足的系统,一切不假外求,而且自认一切优于其他社会。

　　从微观的角度来看,中国社会筑基在仁、义、理为经线与时、位、机为纬线所编织的场域,而纵横驰骋在这场域的三个要素就是关系、面子与权力。[⑧]

　　从狭义而言,Borden 归纳出文化的功能,在于提供社会成员一个施展物理、心理与语言作用的情境:

---

① 参见 Perlitz,2004,第 251 页,转引自 Weimer,2007,第 19 页。
② 参见 Ting-Toomy,1999,第 12ff 页,转引自 Weimer,2007,第 19 页。
③ Assmann/Assmann,1994,第 114 页,转引自于景涛,2010,第 48 页。
④ Assmann/Assmann,1994,第 114 页,转引自于景涛,2010,第 48 页。
⑤ 贝内特,2012,第 24 页。
⑥ 陈国明,2009,第 25 – 26 页。
⑦ 殷海光,1969。
⑧ Chen,2001,第 55 – 70 页。

物理情境(physical context)指一群人日常生活的环境,如容纳整个沟通过程的环境,就是文化制造出来的。在这个物理环境里,具有相同价值与信仰系统的人们,可以舒适地交换意见。

心理情境(psychological context)指精神与心灵活动的领域,包括信仰活动与学习行为的运作。每个民族或文化,都会产生一组特殊的精神层次方面的精华。

语言情境(linguistic context)。语言是人类沟通最主要的媒介,没有语言这个符号的表征,人类社会的一切活动与成就就根本无法进行。[①]

这三种文化情境,反映了文化结构性、稳定性与安全性的重要,缺乏文化广义功能的护卫,文化情境无法延续。

2.1.1.3 文化的结构

Borden 认为,"在探讨文化的结构这一问题上,民族学和文化学过去主要是研究文化内部可以确定的习惯的同一性或关联性的程度,以及从中衍生出来的文化内聚力的稳定性。"[②]在这方面有两个传统的相互竞争的立场,即一个文化中究竟呈现出的是同质性还是异质性特征的问题,或者说一个文化究竟以同质性同一性为取向的,还是以差异性为取向。

2.1.1.3.1 以关联为导向的文化模式

同质性的立场观点认为,一个文化内部不存在矛盾,文化对整个文化群体的所有成员都是有约束力的。这一范式强调的是文化的基本同一性、同质性或"内部的关联性"[③]。符合这一观点的文化概念是封闭的文化概念,在跨文化经济交流领域比较典型的理论有,Beck 的"集装箱"理论,将文化理解成封闭的民族国家;Hofstede 的五维文化价值分类体系;Thomas 的社会、组织和小组文化标准模式;以及 Inglehart 的世界价值观测量也属于同质取向的文化结构理论出发点。Inglehart 提出两个假说,即"稀缺性"和"社会化",认为社会经济环境与每个社会之间存在着深层关系,环境所发生的影响可通过每个个体的价值观偏好反映出来;在社会和个人的改变的过程中,存在着"时间间隔",文化的改变大多都是通过代际交替来完成的。Inglehart 还发现几乎所有的工业社会都偏好西方/理性价值观。以现代的知识型社会为目标的继续发展所带来的趋势是更大程度上的自我实

---

① Borden,1991。

② Rathje,2004,第52页。

③ 于景涛,2010,第51页。

现。① Globe 研究的目的在于找到人类社会中的共同点和区别,以及社会文化和外部经济业绩参数或者居民的心理状态之间存在着什么样的相互影响。其结果可实现"子公司或境外的合资企业中实现无冲突的跨文化企业领导"②。

也就是说,以同质式同一性为取向的理论倾向于文化是以共同性为特性的,这种共同性为绝大多数的成员分享。它虽然不否认矛盾和偏差的存在,但却认为文化是以不存在矛盾为主导观点的。

2.1.1.3.2　以差异性为导向的文化模式

另一类理论以文化的基本异质性为出发点,考虑文化的矛盾性,融入了对跨文化互动的理解。Hansen 的文化模型以差异化为导向,同时为存在差异的文化聚合提供了解释③。比如 Lyotard 和 Welsch 认为,在现代文化内部存在着文化引导性观念和人生观的极端多样性。也就是说,以差异为取向的理论观点关注文化内部明显的矛盾和内部差异,探寻的是什么使这些社会内部相互对立的、不同的文化体系凝聚起来。④ 再者,Hansen 的差异为导向的文化模式认为"文化普遍存在人类集体之内(经济企业、民族国家、足球协会等),包括由个体组成的所有不同的群体,并允许相互重叠和项目矛盾的各种文化层面的存在。"⑤该模型试图解决一个文化内部个体的不同与集体的共同性之间、文化多样性与同质性之间的矛盾。Hansen 认为,"'其成员会实时地让他们的同一性协调一致,并且不让同一性的差别蔓延开来。'Hansen 将文化定义为'一个集体的习惯的总和',这些习惯都是所谓的'标准化产物','既不是偶然的也不是必然的,而是对于一个集体的成员来说无关乎生存的相同行为举止。'他指出,'一方面,标准化产物的概念已经确定了、包含了对交际、思维、感觉以及行为举止的标准化。另一方面,集体的概念包含了从网球俱乐部到经济企业乃至国家层面的所有可以区分开来的人类群体。'Hansen 通过这种方式明确地承认文化的大量交叉重叠和矛盾层面的存在。他发现在所有的、更复杂的集体中,不仅有多样性,而且有不同取向、异质性、分歧和矛盾"在这个意义上,文化可以被理解为不同可供选择物的储备库,在与个体的内心世

---

① Emrich,2011,第 46 页。
② Emrich,2011,第 48 页。
③ Hansen,2000。
④ 于景涛,2010,第 51 页。
⑤ Emrich,2011,第 55 页。

界接触中获得其个性化的特征。"①

创造个体的基础就是差异化。其中,由于文化内部(个体的文化记忆内部)的差异化供给,知识储存库相互区别,因此就存在了文化与文化之间的区别。个体内部的这种唯一特性就以这种方式表现出各自的文化归属。Hansen 认为,个体不可能否认文化记忆的某些要素,但是他们却被迫地要对异文化的价值观持有一种态度。比如,管理人员面对竞争对手、员工和上级领导发展了自己的观点。还比如,存在着某种区别于家庭规则的个人规则。"多集体性"这个概念对于解释个体的独立性和可观察到的复杂集体的团结性之间的貌似矛盾很有帮助。关联的原则强调的是"通过适应和融合产生关联",文化被理解为固定样板(Schablone);而聚合的原则强调的是"通过常规化(= 对差异的识别)实现聚合",文化被理解为粘合剂。② 某些群体的归属性尽管产生了同某个群体的自动隔离的趋势,个体经过在多个小组的多次定位又再次弱化了这种分离。这样的方式就出现了一种网络的稳定性。通过文化差异性的离心力产生了文化的稳定性,但是更多的方式是产生常规化,而非具有普遍约束力的道德和价值。从这个意义上来说,文化的聚合并不是基于关联性,而是由于对差异化的识别和常规化。③ 此外,实证性的论文也表明,大企业的企业文化的聚合并不总是与同质性相联系,而是通过对差异的识别而产生的常规性而实现的。跨文化的聚合性并不一定从属于"第三种"空间的创造性,并不一定从属于关联性。对于已存在的聚合,他们也产生了共同的文化。

但是,这两种理论出发点都有其难以解决的问题。同质性理论出发点的代表人物无法解释每个文化内部明显的矛盾和分歧,而异质性理论赞同者不能回答一个文化的统一性或凝聚力的问题。

2.1.2 文化与管理的关系

目前关于文化与管理的关系可分为 Culture free 与文化无关和 culture bound 与文化有关。有时也被称作:"经济主义"与"文化主义"的思维方式④,指的是在多大程度上认可文化对经济行为所产生的影响。一派指责文化潜在地阻碍了各

---

① 于景涛,2010,第 51 – 52 页。
② Sommerfeld,2006,第 13 页,转引自 Emrich,2011,第 56 页。
③ Emrich,2011,第 56 页。
④ Bergemann/Bergemann,2005,第 21 页。

大公司的国际业务;另外一派则认为明智地对待文化差异恰恰能够提升竞争优势①。Schneider and Barsoux(1997)提出,跨文化管理的关键因素在于认识到其任务"不是去中和或包容文化差异,而应该依赖于这种差异"。② 杜伯里兹和西蒙(2000)认为那些能够吸收具有多元文化背景、多样化经历的员工的公司可以"拥有一种用批判的精神来解决棘手问题的更开放的平台"。霍克林(1995)也认为:"要想把文化差异看作竞争优势的一种资源,那就必须改变对文化差异影响的认识……文化不能简单地被认为是跨文化商业活动的一种阻碍,它能够带来切实的利益和竞争力。"③

文化比较国际管理和跨文化国际管理将民族和组织的价值观和行为融入到对"文化"的定义中。为此,功能主义者(【英语】functionalists)和解释主义者(【英语】interpretivists)曾经进行过"文化大战"。前者认为文化体系是"本质的(【英语】essential)",而后者认为文化是一种社会建构。④ 大多数跨文化管理的学者们把文化看作本质并常常与民族国家相提并论。

通过调查和系统分析个体成员的行为和态度,也可以把文化作为一种可以客观辨析的、准确定义的实体来展现和比较。包括特姆彭纳斯和霍夫施泰德在内的大多数研究人员往往喜欢关注他们认为是明确的和同质实体的文化碰撞。他们赞同把组织一体化问题看成是由组织和民族两个层面上的客观文化差异所共同造成的,而且他们致力于发现哪些组织可以与民族文化共存,以及怎样合作才能互利互惠。他们的目标是非常一致的——进行总体的行为指导以预测并减少整合过程中的问题,从而促进有效管理。

文化主义代表人物中特别具有公众影响力的是 Francis Fukuyama。1992 年他在《历史的终结》一书中,以东西方阵营的打破为视角,宣称,国际化的生活在未来不会再被视作相对立的意识形态的竞争,而是不同文化的竞争,因为绝大多数经济上有成就的国家都是按照相似的原则组织起来的。20 世纪 80、90 年代众多宣称"与文化有关"的论文的一致之处在于,一方面反对"以自己的法则将经济视作从社会其它部分分割出去的领域"这样的错误观点,另一方面却宣称文化根源是

①　Dupreiz/Simon,2000；Harris/Moran,1996；Hoecklin,1995；Mead,1994；Morosini,perp 1998；Schneider/Barsoux,1997；Soderberg,1999；Viney,1997。

②　尼格尔 霍尔顿,2006,第 20 页。

③　尼格尔 霍尔顿,2006,第 20 页。

④　Alvesson,1993；Martin and Frost,1997；Smircich,1983,转引自霍尔顿,2006,第 29 页。

导致问题出现的要素。

Samuel Huntington 特别有争议的学说"文化的战争"（1996）一书中将现存的文化，特别是宗教所决定的差别视作未来冲突的根源。这些冲突只能通过文化圈的孤立和隔绝而得以避免。虽然 Fukuyama 从根本上同意差异性理论，但是他区别于 Huntington 的学说的最明显之处在于，他更主张冲突的克服和避免。在他的一书《文明冲突论》一书中，他认为不同的文化相遇所带来的紧张（矛盾）也可以成为创造性改变的理由，"我们知道很多跨国界的变化多样的刺激性案例"[1]。总结起来，文化主义原理的缺陷在于，将文化差别视作终将要被克服的事物去理解。不是将对差异性的识别、有意识地对多样性的维持置于重要地位，而是对尽可能多的同质性予以保护才是重要的。

另一方面，我们要注意这种研究方法可能带来的弊端。包括跨国兼并和购并的国际惯例、合资企业以及其他战略合作伙伴在内的国际管理的文化维度应当以不同的方法加以研究，然而所选择的文化概念却整体上极大地影响了学者们的理论框架和研究方案。因而导致"跨文化管理文献中对实际研究和商业运作的文化概念总不是那么清晰明了"[2]。

20 世纪 80 年代初，渴望跨文化简化法的美国公司中的决策者，完全将二分法奉为神圣的商业信条。他们认为美国（低语境）的个人主义与日本的（高语境）的集体主义完全抵触。因此，从那时起美国公司在与日本公司打交道时就为自己种下了苦果。这样就存在着一种陷入文化概念泥沼的危险。比如阿德勒（1991）的跨文化管理定义便是建立在文化差异基础之上，强调描述、比较和触及未知文化领域："跨文化管理应该研究全球范围内不同组织中人们的行为，并且训练人们学会与员工和客户合作。它应该描述同一国家和文化内的组织行为；比较跨国界和跨文化的组织行为；而且也许最重要的是它应该探求理解和改善与来自不同国家和文化背景的同事、客户、供应商以及合作伙伴之间的交流。"[3]

社会结构主义认为：人们对不同文化多元性的认同及与之的联系，如民族的、组织的、职业的、性别的和世代的文化，是会变化的。而且文化社区之间的边界也会变为不固定和暂时的。[4] 文化被视为是由各种关系组成的可变的，而不是作为

---

① Fukuyama,1997,第 20 页。
② 霍尔顿,2006,第 29 页。
③ 霍尔顿,2006,第 31 页。
④ Hannerz,1996,转引自霍尔顿,2006,第 62 页。

模式和物质而稳定存在的系统。① 这就意味着诸如民族文化、公司文化或职业文化等都被视作象征性实践,而这些实践只有在与其他文化社区相关并形成对照时才会出现。换句话说,人们的文化身份架构(【英语】identities constructions)及其代表的社会组织与他们所处的环境有关。② 这种文化关联性方法和文化复杂性概念表明,每个个体都是个人的、文化的与社会经历的独一无二的结合,因此从根本上讲,任何沟通和谈判都是跨文化的。

无论上述两派中的任何一派都认为文化及其影响必须得加以管理,而且这是一项艰巨的任务。很难将所有有关跨文化管理问题的文献明确列出。跨文化管理不是一门界限清晰的学科。那些直接涉及跨文化管理问题的学术文章往往归于其他各种学科,如国际化管理、国际商务、组织理论、文化理论以及管理沟通等③。

在 1970 年首次发表的一篇文章中,加州大学 Karlene H. Roberts 进行了一项针对 526 种出版物的关于"可能有助于研究人员针对组织中跨文化行为展开调研"④的调查。结果显示只有 4.2% 的被调查文章"从跨文化或国际角度集中讨论组织行为问题"。她把这些文献描述为"一片沼泽",并且把对这种研究的评估工作比喻为"有点盲人摸象一般——每个人均从自己的观点出发"。她还补充道:"研究组织管理的学生来自各个学科。实际上我们也不可能同时考虑到问题的多样性和这些人类学家、经济学家、教育家、心理学家、政治学家和商务专业的学生等运用的研究策略……作者的好恶决定了所涉及的问题和所讨论的方法论策略。"⑤

跨文化管理可以被看作一种程序和政策。它能一方面缓和执行管理任务中文化差异的影响,另一方面能提高跨文化敏感性。将跨文化敏感性理解为一种创造"文化协同法"(【英语】culturally synergistic solution)来解决国际管理问题的换位思考能力⑥。

霍尔顿注意到,管理学学者和从业管理人员头脑中的管理概念是不一致的。

---

① Haastrup,1996,转引自霍尔顿,2006,第 62 页。
② Fog Olwing and Haastrup,1997,霍尔顿,2006,第 62 页。
③ Bartholomew and Adler,1996;Darlington,1996;Roberts,1997;Usunier,1998 转引自霍尔顿,2006,22 页
④ Roberts,1977,第 327 – 350 页。
⑤ Roberts,1977,第 327 – 350 页。
⑥ Harris and Moran,1997,转引自霍尔顿,2006,第 22 页。

比起管理跨文化差异(潜意识中便是分裂的或是贬义的),一般来讲,国际化公司里的管理人员更关心的是管理跨文化交流(中性的或是褒义的)。

总的来说,目前存在着三种对国际管理的理解:

古典/新自由主义国际管理

文化比较国际管理

跨文化国际管理

2.1.2.1 古典/新自由主义国际管理

古典经济学理论和新自由主义经济学理论从文化因素的影响有限出发,按照这些理论,企业是按照目标理性化而设计的,是科技可计划、可控制的。新自由主义经济理论意义上的国际化,从一个方面来说意味着对普世的可操作性的信仰,从另一个方面来说也是一种民族中心主义思维(殖民主义)。因为基于西方经济学理论的高度发展,这些理论都可以照搬到欠发达地区。东欧所出现的"文化休克"就是泛国际化发展的后果。Ulrich Beck 将全球化理解为,"世界市场会通过新自由主义理念对民族文化的排挤而取代政治上的行动。该理念以单一原因,即经济主义看问题,将全球化的多维度缩短为一个维度,即经济维度。"①

按照经济学原理,所有的社会最终都从属于同样的现代化动力,文化差别在国际化的事件中只是起次要作用,即与文化无关。

关联性的程度,以及从中衍 2.1.2.2 文化比较国际管理

在 1990 年代初期,对于国际管理学知识的需求由于迅猛发展的国际化趋势而日益增加。在德国的知识界,人们对此方面的知识不仅提出了量化的要求,还提出了质的要求:在经济日常生活中,随着欧盟内子公司开设的自由或者东欧市场的开拓,很明显的,国民经济或经济地理的客观知识对于企业成功地进入外国市场来说,其说服力如同对于目标国度的风俗人情的了解一样弱小②。恰恰是在很多转型国家进行的政治和经济"休克疗法"的失败表明了一个事实,市场经济秩序模型,企业组织的基本原则(生产、领导)并不是简单的可以从文化 A 转嫁到文化 B 的,或者说在对企业文化 A 和企业文化 B 的比较基础之上就可以聚合生成一个第三方企业文化 C。正如同在 Ouchi,1981 基于 Lean 线性管理讨论的 Z 理论所展现的那样,这样的理论建构,却通常由于聚合的静止特征在真实的经济生活中

---

① Ulrich,1998,第 26 页。

② Beneke/Nothnagel,1988,第 269 - 280 页。

是不可实现的。事实的情况是,总是存在着或者有利于 A,或者有利于 B 的不对称,并且以这种方式影响这跨文化企业文化的形成。特别是在 1990 年由东西欧国家组建的合资企业中可以找到很多这样的案例①。

从方法来看,文化比较的管理研究不具有克服这种两难境地的工具或可能性。这样的研究结果虽然带来了异文化圈内的与经济有关行为的文化特殊性知识,却不能够表明,来自不同文化(A 和 B)的伙伴之间的具体行为该如何进行,为什么在这样的互动中会出现某些问题,以及人们应该相应地如何补救。在"国际性意味着比较"②的假设之下文化比较以及文化对比的管理学研究最适合归类到国际管理,而不是跨文化管理的领域之内。

下图为文化比较和跨文化管理的区别③

表 2-2　文化比较和跨文化管理的区别

文化比较视域下的国际性管理	跨文化视域下的国际性管理
以结构为导向	以过程为导向
综合/两者中最好的	协同/过程中最好的
共识、同质性	差异,聚合
可控制的	可调整的

文化比较国际管理兴起于 20 世纪 80 年代。由于日本汽车制造商在生产和销售方面的攻势,在美国和西欧开始了对日本汽车制造商取得成就原因的探索。研究发现,最实质的原因在于"长期雇佣制,以及员工的忠诚、团队思维和企业网络模式的构建"④。这与美国的竞争精神形成鲜明对比。如果人们再进一步思考,会发现宗教的影响。佛教的"不可分割的整体",即"既,又"的思维方式与基督教的个人主义,即"或者,或者"的思维方式相对立。当时研究的主要的趋势是,借助霍尔或者霍夫斯泰德的文化维度模型的特征对当时的经济现象进行分析。

在这样的趋势下,西方人试图将日本的成功经验融入自己的生产经验中。这里发展的是"两者中最好的"综合理念:从 A 和 B 公司中,分别选择最好的经验,比如过程组织、领导文化、企业养老和医疗保险、共同决策实践中的经验,综合为

---

① Bolten/Dathe,1995。
② Stahl/Mayrhofer/Kühlmann,2005,第 2 页。
③ Bolten,2007,第 171 页。
④ Bolten,2007,第 167 页。

一个新的模式。最著名的例子就是 Ouchi 的 Z 理论。

这样的理论的问题在于,只有当两个文化的距离很小时,才能找到两者之间的"适应 fit"。① 并且,两者的文化特征在多大程度上是相同的,也是要关注的问题。比如,同样的概念事实上指代的却是不同的客观情况。这会导致表面上看似相同的过程在不知不觉中建立在了不一致的论据基础上。自己的想当然骗过了双方间的差别,可信和规范化赢得了双方。渐渐地,双方的理解变得越发艰难、交流不畅。这就是为什么兼并企业的失败通常不是在合作的最初阶段,而是在之后的几年——当太多的以规范企业为目的的交流"不适"出现时。因此,最好通过关注交流过程的方式,才能维持尽可能高频率的、发自双方相互理解的交流。

巴塞洛缪和阿德勒于 1985 年 10 月——1990 年 9 月的 5 年时间里,他们对 73 份学术及专业管理期刊中不少于 28 707 篇文章进行了调查。② 他们发现有关组织行为和人力资源管理的 661 篇文章涉及国际范围,其中包括了文化及文化的影响。他们提出三种倾向:第一,"从对单个国家的研究和比较性文章向关注跨文化交流出版物的转变"。第二,他们认为文献普遍接受了"文化对管理行为具有影响这样一个事实,即文化改变组织行为和人力资源管理"。第三,他们还注意到有关文化差异对技术创新和国际化公司影响方面的研究。用他们的话说,"迄今为止,学术界基本上专注于单一文化及比较性研究,尽管这些方面的研究仍然必要,但对于当今国际化公司的竞争性环境来说是远远不够的,也是缺乏关联性的"。③这给了我们一个启示,不能专注于单一文化和比较性研究,而应当向文化间的互动(即各自为了共同的利益做出了哪些改变)转变。

2.1.2.3　跨文化国际管理

跨文化管理这个概念适合从"跨文化性的过程"这个角度来理解,超出了文化比较的问题领域,以具体的互动为研究主题。文化差异性不是要去克服的,而是应被视作构建协同行动场景的机会。④

跨文化管理认为,应当对国际性管理少加控制,因为会因此而限制过程的自我动力。差异性取代同质性,协同取代综合,对过程的调整取代传统的控制。特别是兼并企业的后续阶段,及早地对合并企业的灵活性做出判断很重要,以便富

---

① Bamberger,1994,第 267 页。

② Bartholomew/Adler,1996,第 7－32 页,转引自 霍尔顿,2006,第 57 页。

③ 同上。

④ Bolten,2007,第 161 页。

有效率地参与到过程动态当中。最近一段时间,"due diligence 恪尽职守"这一以事实为依据的实践扩展为了"文化的恪尽职守"。由此,在跨文化国际管理范围内,人们第一次认真地尝试,不将企业思维的软性和硬性要素理解为相对立的事物,而是理解为经济思考和行动的不可分割的一部分。[①]

1)不要不惜一切代驾的求得一致

每种不一致、每种冲突,至少从日常商业活动来看是有阻碍的、具有干扰性的。为此,所有的文化都会或多或少的发展细微的避免冲突的战略或者解决冲突的方法。从这个角度来看,不一致性是不好的,是要避免的,而整个社会化过程也都对共识做出积极的评价。[②] 对不一致的反思,克制不可协商的紧张局面的能力,能够对异文化予以宽容,都是共识的条件。

从这个意义上来说,就如同 Z 理论所描绘的那样,始终追求一种文化的"同质性的构建"是源于"一定要找到共识并且付诸实施"这一目标的勉为其难。共同的行动目标是必要的,但是在表述上却没有必要太细致、太明确,而是应当从第二次现代化的角度上,表述得模糊些,令统一之下的多样性意识到了区别下的共识成为可能。

比较可取的做法是,在会议上(工作时间之外也可以)倡导所有的参与者觉察到他们各自所坚守的价值观,并对各自的观点所形成的背景予以理解。分别对各自的优缺点进行检验,或许会形成全新的立场,这样的立场对双方而言都是可信的,这样的过程就是聚合。

2)聚合而不是综合

初始情况的不稳定性和从属性,随着相互间越发加深的复杂性,通过一只看不见的手转变为了一个新的秩序。由于自我组织秩序原则的不可预见性,无法给出完全的解释。如前文所说,聚合出现的前提是对各自力量的识别。聚合不是凭空出现的,是需要有意识地去倡导、推动的学习过程。这样的倡导活动却只能按照一定的方法,而不是按照指定好的内容进行。

3)过程的调整而不是过程的控制

第二次现代化认为,企业的计划和控制能力受到了极大的削弱,取而代之的是企业的自我动态,即渐生性。在最新的跨文化企业文化研究成果中,有学者提

---

① Bolten,2007,第 172 页。
② Bolten,2007,第 174 页。

出的"过程动态(dynamik)":抗拒、交织、适应和融合,这些状态在企业不同的"生活阶段"以不同的权重对其结构产生影响,并由此对管理的控制行为产生影响。[1]还有的学者提出企业文化改变的六阶段:休克、不信任、理性化、接受现实、尝试新的行为方式和新的风格、寻找新的意义。[2]

受各自动态因素的影响,企业文化相应地发生改变。结构固然继续存在,但是却是以不固定的形态而存在。对于一个成功的调整起关键性作用的是调解者的跨文化能力以及他/她是否有能力推动并维持来自不同的初始文化参与者之间的元交流过程。正如同 IBM 接收莲花集团 Lotus 时所说的:"我们准备着向莲花集团学习,接受不同的社会规则。不断地对话。任命一个自己的'守门员',他只要负责公司之间能保持持久的、成功的交流就够了。"[3]"守门员"所承担的职责是从关系网的建立以及关系网的再生产的角度,推动交流过程的进行,并激发员工的积极性。除此之外,他们还要鼓励参与者就所进行的交流过程和关系网建立的过程进行反思。换句话说,不仅要对交流过程进行监督,而且还要同参与者就其交流行为进行交流,即元交流。

很明显的,跨文化国际管理的最佳实现形式在于将结构和过程融为一体,并相应地将企业日常生活中的软硬要素视作一个硬币的两面来看待。

4)将软硬要素视作一个硬币的两面来看待

软要素包括交流方法、人力资源开发、广告等业务。恰恰因为软要素的成功很难或者无法衡量,软要素经常在经济不景气时为人们所忽略。但是就连一个投资银行家也知道,不能仅仅从数量的角度来对企业进行评价,诸如结算额、利润核算、亏损核算、生产投资组合分析等要素,而是也包括了一些不太可精确的事物,比如自我理解、员工的组织形式和交往方式、公司传统、工业区位的选择、相关环境等。[4] 软硬要素从内容和关系的角度来说处于不断交替影响的关系之中,正如 Watzlawick 所说,"内容计算出数据,关系说明该如何理解这些数据。"[5]参照康德哲学中形式与内容的关系,就意味着交流行为特别是企业行为,如果没有(硬性)数据是空的,如果没有对(软性)关系层面予以足够的重视,则是"盲目的"。硬性

[1]　Rathje,2004,第 223 页。
[2]　Homma/Bauschke,2010,第 41 页。
[3]　Schreier,2001。
[4]　Jordan/Bickmann,2000,第 11 页。
[5]　Watzlawick et al. ,1990,第 11 页。

的内容视角与软性的关系视角之间的不对称关系同第一次现代化的打上了技术和功能烙印的世界形象有关。在过去的几十年里,企业的成功越发依赖于关系网的建立。企业行为拥有越多的关系网,就越发依赖于社会互动关系。企业的价值不仅仅通过预算额这样的硬性指标,而且也是通过同关系网上的其他生意伙伴的关系来体现的。正如 Barth 和 Kiefel 所说,"企业文化、企业身份、每天都在重新建立的、对于企业员工行为起限定作用的非正式关系网对经济参数的影响会更加突出。"①

2.2　企业文化

企业是西方、自由社会的文化产物。也就是说,是一个结果,同时也是某种文化的组成部分。自从二战以来,企业作为社会组织得到了持续性地发展,无论从规模上(员工的数量和销售额的数量),还是从企业的数量上来看。企业成为现代社会最重要的组织结构之一。

企业,作为社会性的、生产性的、独立自主的体系,发展和提高了自己的文化,并且在全球化的背景之下,也在向其它文化地区传播。所以,今天提到的企业文化更多地被称为是社会文化的亚文化。

当然,企业——如同任何一个人类集体一样——始终有一定的文化,企业文化研究指的是对企业文化的意识和关于企业文化的系统性分析。企业文化的实质,或者更好地说是公司文化,通常被称为"是其习惯的、传统的思考某事或做某事的方法,并且该方法或多或少地被其全体成员所共享"。

本小结中也将对照文化的概念,从企业文化的内容、企业文化的功能和企业文化的结构来对企业文化的概念进行诠释。同时,跨文化情境下的企业文化也是本书将要着重介绍的概念。

2.2.1　企业文化概念

文化的概念是多种多样的,企业文化的概念自然也多种多样,全世界给企业

① Barth/Kiefel,2002,第 22 页。

文化下的定义共有 180 多种。[①]

二十世纪七十年代初,日本企业飞速崛起。随之与美国企业展开了一系列竞争,在汽车、钢铁、电子等行业美国受到很大挫折。日本经济在迅速崛起甚至有超过美国之势,为了弄清日本崛起的奥秘所在,二十世纪八十年代初,美国派出了由几十位社会学、心理学、文化学、管理学方面的专家组成的考察团,前往日本进行考察研究。通过深入调查研究和比较分析,他们发现日美两国的区别:对企业发展的思考角度方面,美国主要是从经济层面、技术层面上来思考问题的,偏重于资金投入,装备改进,在管理中崇尚理性主义的管理方式。而日本相对来说更注重从社会层面、文化层面来考虑问题,在不忽视经济和技术因素的同时,还比较偏重于非经济、非技术的因素,特别是重视人的因素;在具体的管理方式方法方面,美国更重视管理中的“硬”因素和“硬”技术,而日本则比较重视管理中的“软”因素和“软”技术。比较后得出如下结论:理性化管理缺乏灵活性,不利于发挥人们的创造性和与企业长期共存的信念,而只有塑造一种有利于创新和将价值与心理因素整合的文化,才能真正对企业长期经营业绩和企业的发展起到潜在的却又至关重要的作用。因此,可以说企业文化理论源于美国,根在日本。

归纳起来,关于企业文化的定义均表现出了“共享的”特征。其表述上从威廉·大内的“传统、风气、价值观”[②],到帕斯卡尔和阿索斯的“7S 模型:战略(strategy)、机构(structure)、制度(systems)、人员(staff)、作风(style)、技能(skills)、崇高目标(superordinate goals)”,从泰伦斯和爱伦的“价值观、神话、英雄和象征”[③],直至彼得斯和沃特曼的“代表公司存在意义的为数不多的几个基本原则”[④]各有侧重。

一般认为,以上四个人的研究成果宣告了企业文化研究的兴起,一并构成了二十世纪八十年代的“企业文化新潮四重奏”。美国关于企业文化的研究引起日本企业界和理论界的强烈反响,并相继波及其他国家,由此兴起一股世界范围的企业文化热。

自 20 世纪 80 年代以来德国组织研究的子学科(组织心理学、组织社会学、企

---

① 杜文强/吴涛,2003,第 5 页。
② 威廉·大内,1984,第 169 页。
③ 泰伦斯·狄尔、爱伦·肯尼迪,1983,第 10 页。
④ 托马斯·彼得斯与罗伯特·沃特曼,1985,第 52 页。

业经济学)中的"组织文化"模型(【德语】Konstrukt)得以实行,①并且在企业研究领域诸如教育学②或语言学③的研究中也有所涉猎。在 Schreyögg 看来,其渐生的特点④可以从组织协调的自发形式的角度,被视作现存的企业文化模型的共同基础。"渐生(【德语 Emergenz】)"可以被理解为某体系的相对自给自足、自我行为是有可能的,因为它并不完全由边缘或框架条件所决定。渐生描述的是一种秩序,该秩序不可以由各个部分所组成的特征给出解释,而是"从对干扰的处理中生成出来的"。⑤

Schreyögg 给出评价:"组织研究着手研究的是为人民大众所发展出来的文化概念,并将此概念转移到具有思想的组织上,令每个组织都为自己发展一种特殊文化。就是说,从某种意义上来说,每个组织都呈现为一种独立的文化集体。人们自然很清楚,几个世纪所成长起来的文化与某个有目的组织的集体行动模式之间存在着很多区别。重点不在于乏味的近似,而是在貌似不可比较之处的比较之中。"⑥

Krulis-Randa 对企业文化做出了如下定义:"企业文化是所传承下来的、可改变的、具有特定时间性的,却是可通过符号感知和学习的价值观、思维态度和道德,它们会对所有员工的行为和企业的形象(企业身份)产生影响。"⑦

还有学者认为,企业文化一般来说,不只在其成员的头脑中表现出来,而且同该企业互动的人群,比如顾客、政府、媒体、供货商和员工组织等都在很大程度上对企业文化的形成具有重要作用。企业文化被定义为"本身相互关联而又明显可以确定的事物"⑧。

无论关于企业文化的定义有多么不统一、不明确,对于企业文化重要性的估计在企业合并,特别是跨文化情境下的合资企业中都不容忽视。

2.2.1.1　企业文化的内容

就企业文化的内容来看,Strähle 首先将企业文化分为两种相对立的研究方

① Sourisseaux,1994,第 8 页。
② Merkens Scmidt Dürr,1990,Merkens,1990。
③ Bungarten,1991,1997。
④ Schreyögg,2000,第 411 页。
⑤ Wägenbaur,2002,第 7 页。
⑥ Schreyögg,2000,第 436 页。
⑦ Krulis-Randa,1990,第 6 页。
⑧ Emrich,2011,第 156 页。

向,即功能性的和决定性,除此之外还存在着第三种综合性的文化理解,即作为两种研究方向的混合体——融合的视角。[1]

功能性的文化理解认为,企业拥有着文化,即指的是狭义上的企业文化概念。该假设认为,企业拥有着文化,这类似于企业所拥有的计划或控制体系或者某种科技。企业文化被理解为组织的变量,是可以改变和控制的。[2] 企业文化是由领导人创造、发展和管理的。通过管理可以有意识地实现对企业文化的控制,令企业与新的企业文化相适应。企业文化是企业管理中实现企业战略的工具。在功能性视角下,企业文化是主观可被理解的,也是可测量的,否则带有目的性的控制则无从谈起。通过企业文化的特征即所谓的表征,可以推断出相应的道德和价值观。比如美国学者杰克琳·谢瑞顿从管理的功能角度将企业文化看成四个方面,即企业员工所共有的观念、价值取向以及行为等外在表现形式,管理作风和理念,管理制度和程序以及书面和非书面形式的标准和程序。[3]

决定性的文化理解认为,企业即是文化[4],即指的是广义上的企业文化的概念。该假说认为,文化是组织内部共享的符号和意义系统的代名词。企业文化被理解为真实性的社会建构,也可作为理解某个组织的视角。文化首先在组织成员的头脑中形成,企业的成员直接参与企业文化的发展,因此他们是文化的直接部分。在文化主义者看来,文化被视作组织成长的生活世界,不可以通过管理的引领作用按目的性地发生改变。其关注的中心不在于文化的功能,而是对建立共同现实——即小组成员共享的生活世界——的过程的理解。可识别的表征并不能直接推导出道德和价值观。文化是物质现象的认知性组织。在这派学者的眼里,企业文化的分析不应该是静止的,而动态的,因为参与者的行为不可预测。

融合的文化理解,即是上述两种视角的聚合。该假说认为,企业既是文化,也有文化因素[5],即指的是广义上的企业文化的概念。文化是在小组成员的动态互动中形成的,也以各种精神上/物质上的方面表现出来。企业文化既是反映在组织形式、战略、真实商品或劳务中的社会互动的结果,也是社会互动的方式。文化对每个企业来说均是其特征,也具有唯一性。表征是文化的表现,可以从语境中

---

[1] Strähle,2010。
[2] Sackmann,1990,第 155 页。
[3] 杰克琳·谢瑞顿,1998 年。
[4] Berkel/Herzog,1997,第 13 页。
[5] Kobi/Wüthrich,1986,第 31 页。

得以理解,同时也是文化的塑造者。Schreyögg 将这种立场称为"路线的纠错者"。通过原则上开放的发展过程之下的外部干预,实现企业文化的转变。文化只是在较长时间之后才可以改变的。通过以上分析,可以看出,偏离两个极端的研究方向可带来对企业文化更广泛的理解。

目前学界还存在着另外一种区分方式,这种区分为多数的学者所推崇:以表征为导向的研究方法和以认知为导向的研究方法。[①] Krulis-Randa 对此做了描述性和阐释性概念的区分:"描述性概念指的是经验可观察到的文化的物质性和社会行为方式的表征。阐释性概念或者所谓的文化的认知(【英语】conceptas)试图就那些对某个集体的行为产生影响的内化了的行为规范、价值观和动机模式、观念模式做出解释。"[②]

描述性的企业文化概念,即指的是狭义上的企业文化的概念,指的是行为规范的具体的、可以观察到的表征,用 Marvin Bower 的话来说就是"我们对待周围事情的方式"[③]。其研究核心在于集体的表征(【德语】Praktiken),比如企业规章、企业仪式以及共同的交流方面的表达形式,比如企业特殊的传说、英雄、轶事等等。该学派的代表人物的研究重点各有不同:Pondy/Frost/Morgan/Dandrige (1983) 和 Turner (1989) 的研究重点为符号性的表征。Trice/Beyer(1984) 专注于礼俗和仪式。Schall(1983) 致力于组织的交流行为,研究企业的传奇故事对企业内部文化聚合的影响。Martin 和 Wilkins 根据"组织故事"研究企业文化,Kilmann 以对所观察到的行为方式的研究推导出企业的文化特征。[④] 此外还有,迪尔和肯尼迪所定义的 5 个因素:即价值观、英雄人物、习俗仪式和文化网络和作为最大的影响因素的企业环境;威廉・大内认为企业的传统和氛围产生一个企业的企业文化。

认知为导向的研究方法,即指的是狭义上的企业文化的概念,指的是企业成员的共享的知识和共同的设想,因此更多地会被理解为一种向内的意义体系。以效率为导向的文化模型在管理理论中作为企业文化的标准模型得以实施,并且具有无限的可塑性。[⑤] 认知为导向的研究者们批判仅仅以表征为导向的研究对预先

---

① 参见 Chiristin Emrich,2011;Rathje,2004;Krulis-Randa,1990。
② Krulis-Randa,1990,第 6 页。
③ Deal/Kennedy,1982,第 4 页。
④ Rathje,,2004,第 62 页。
⑤ Emrich,2011,第 158 页。

找到的用以表达意义和内容的要素所做出的解释太具主观性。[①] Sackmann 警告道:"'破解'文化表征的过程很难,包含一些猜测性工作"。[②] Goodenough 也从认知为导向的研究方向将企业文化视为组织成员的知识和设想的整体。[③]

德语文化圈中从认知角度来定义文化的学者也不少:Kobi/Wüthrich 将企业文化定义为"对各个阶层员工的行为以及企业形象有影响的,为全体成员共享的道德、价值观、思维态度的整体"[④];Rosenstiel 将"内化的道德"视为组织文化的重点[⑤];Neuberger/Kompa 将企业文化视为"信仰、规则、价值观的总和,这些构成了企业的特殊性和唯一性"[⑥];Rüttinger 强调"共同传承的、经历的价值观,信仰,道德,设想和想象的体系"[⑦];而 Bleicher 强调的则是企业文化的活力要素,比如价值观和道德的存在和发展的社会过程;[⑧]约翰·科特和詹姆斯·赫斯科特指出,企业文化通常代表一系列相互依存的价值观念和行为方式的总和[⑨];查尔斯·希尔和盖洛斯·琼斯认为,企业文化是企业中人们共同拥有的特定价值观和行为准则的聚合,这些价值观和行为准则构成企业文化中人们之间和他们与企业外部各利益方之间交往的方式。[⑩]

有的学者更将认知视为表征的深层原因。最为具有代表性的便是 Schein 的原因–结果系统企业文化:[⑪]

---

① 参见 Keesing 1974,转引自 Rathje,2004,第 62 页。
② Sackmann 1991,第 21 页。
③ 参见 Rathje,2004,第 62 页。
④ Kobi/Wüthrich,1986,第 34 页。
⑤ Rosenstiel,1983,第 83 页。
⑥ Neuberger/Kompa,1986,第 63 页。
⑦ Rüttinger,1986,第 56 页。
⑧ Bleicher,1984,第 495 页。.
⑨ 黎群,2012,第 5 页。
⑩ 黎群,2012,第 5 页。
⑪ Schein,1995,第 30 页。

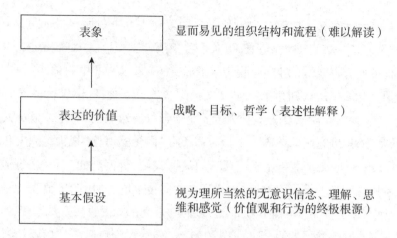

图2-4 沙因的原因-结果系统企业文化

爱德加·沙因(Edgar H. Schein)认为:"从企业的各层面来说,文化就是根本的思维方式——企业在适应外部环境和内部整合过程中独创、发现和发展而来的思维方式,这种思维方式被证明是行之有效的,因而被作为正确的思维方式传输给新的成员,以使其在适应外部环境和内部整合过程中自觉运用这种思维方式去观察问题、思考问题、感受事物。"[1]迈克尔·茨威尔谈到,企业文化可以被定义为在组织的各个层次得到体现和传播,并被传递至下一代员工的组织的运作方式,其中包括组织成员如何共同拥有的一整套信仰、行为方式、价值观、目标、技术和实践。[2]

除了上述两种研究方法之外,还有国内学者将表征和认知混合起来对企业文化做出定义。例如,有的学者将企业文化按照洋葱层来分析:刘光明分别从广义上的物质文化、行为文化、精神文化和狭义上的价值观来看待企业文化;黎群也通过如下图示对企业文化做出定义。

① 黎群,2012,第4页。
② 黎群,2012,第5页。

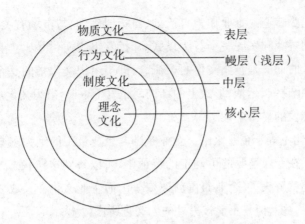

图 2-5　企业文化的洋葱层

魏杰分别从形式、内容、性质、属性和作用分析企业文化。企业文化是经济意义和文化意义的混合,即指在企业界形成的价值观、行为准则在人群中和社会上所发生的文化影响。它包括人们对知识的态度、对利润的心理、人际关系中所体现的处世为人的哲学。企业文化是一种渗透在企业的一切活动之中的东西,它是企业的美德所在。

从另一个方面来说,在早期的关于狭义的企业文化概念的界定时,需要回答的是企业文化不是什么的问题。具体说来,需要将企业文化的概念同如下五个概念区分开:

1)"企业文化不是通过思想和风俗力量的培训就可以将企业里的所有员资质加以提高"①,使其超出他们原有的"自然状态"。我们更多的将此理解为价值和道德的行为模式,该行为模式可以自公司成立以来就在自发地对该集体起到促进的作用,因为该模式在向外的适应过程中经受住了外部的考验。

2)企业文化不能被笼统地被视为是积极的或是消极的,而是在每个企业中都是具有独立性的,应该依照主观性的价值观来进行评价。每个企业都有自己的文化,同时也是某种文化的展现。企业文化或强或弱,但是研究不该落入偏见之中。

3)企业文化不同于组织文化,组织也不能同企业相等同。每个企业都是一个组织,但是不是每个组织都是企业。秩序是组织的上一层类属概念。企业需要将其要素和关系结构化,这样的企业就有了组织,其文化决定了该如何组织和组织什么。另一方面,企业也被视为组织、社会的产物。某个组织的文化比企业的文

---

① Krulis-Randa,1990,第 11 页。

化更为基础,更为普遍。企业作为自治的、目标明确的、与市场有关的体系,在遇到风险时,必须寻找和发展一个行为模式。时而,组织文化是比企业文化更为宽广的类属概念,时而又是企业文化的子概念,即当组织文化指的是企业的组织体系时。企业文化越强、越浓,形式上的结构就越发不重要,组织文化从狭义的意义上来看,也就越发的显得多余了。[①]

4) 企业文化不等于企业氛围。企业氛围是企业员工的绝大多数人的满意或不满意的状态,在企业情况的可确定的特征中,可以找到这样状态的原因。找到了原因了,问题就解决了,企业氛围就改变了。而企业文化在其成立之初就根深蒂固,尽管可以改变,但是不能被另外一个文化所代替。

5) 企业文化也不是企业伦理的同义词。

文化的研究描写和解释的是一个自治的集体的道德和价值。关于企业伦理的研究解释的是实际上有效的道德或者具体的社会规范。

本书对于企业文化概念的界定

如果企业文化的价值观和基本原则是以正式的条例或者类似的文件而予以颁布的,那么这首先是一种交流中的企业文化,即狭义意义上的企业文化。重要的是,在企业里如何在流程和项目的框架内实现合作、交流或者解决冲突的(跨文化适应过程),这是另外一种确实被人们所感知的企业文化,即本书所使用的广义意义上的企业文化的概念,即企业的文化。

理想情况下,上述两种企业文化是相一致的,但出现偏差的情况却时有发生。

企业的文化所指的内容不仅包括其价值,而且还包括规则和道德。企业的文化可以确定,在企业里的哪些事实行为得以准确地规范,日常事务中的哪些能力或者准则必须遵守,某些过程中的哪些行为是人们所期待的。这种确实被人们所经历、所感知的企业文化除此之外还决定了有效的规则、道德和指令必须要遵守的程度。[②] 下图[③]则很好地诠释了企业目标、企业管理、企业的文化、国家文化和

个体的基本价值取向这五者之间的相互影响、相互决定的关系。这里的企业目标即是通常的狭义意义上的企业文化概念。企业的文化即是广义意义上的企业文化概念。

---

① Staerkle,1985,第 546 页。
② Bannys,2012,第 203 页。
③ Bannys,2012,第 203 页。

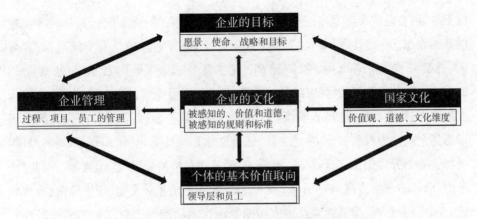

图2-6 广义的企业与狭义的企业文化之间的相互关系

总之,企业的准则在前些年的研究中是具体的、对行为具有指导作用的,通常受到企业创始人的影响的。今天在专业文献和企业中可以看到的趋势是走向另一个方向:越来越多的是多元化表述的价值观(Simon,2006),给解释和行为预留更多的余地。正如Bolten(2000)所认为的,企业文化发展为一个暂时性的、过程性的,由于基本的文化差距而表现出差异性的跨文化性。[1]

2.2.1.2 企业文化的功能

Smircich 将企业文化分为"关键性变量(【英语】critical variable)"和"基本隐喻(【英语】root metaphor)"[2]。前者更符合文化的功能主义视角,即将企业文化作为众多重要的变量之一,但最终却是由企业的最高目标所决定的。在这种情况下,企业具有一定的企业文化。将企业文化比喻为"基本隐喻(【英语】root metaphor)"的设想却符合决定性的文化理解,该设想同个性化成长起来的文化的视角相联系,企业文化似乎是企业所有特征的"根源"。在这种情况下,企业是一定的文化。

"关键性变量"的视角下,企业文化是对某些特定的经济情况所做出的回答。企业文化寻找的是普适性的文化范畴或文化维度,据此企业文化可以得以描写和比较。比如,Deal 和 Kennedy 区分了两种独立的维度:"同企业活动有关的冒险程度,以及企业对决策或战略是否成功做出反馈的速度"[3]。Schein 找到了企业文化

---

① Hecker,2009。

② Smircich,1983,第339页。

③ Deal/Kennedy,1982,第107页。

的五维度:企业成员对真实结构、对时间和空间、对人性、对人的行为和人际关系的基本设想。[1] 比 Hofstede 的六维度更全面,Pümpin 观察的是七个维度:顾客导向、员工导向、业绩导向、创新导向、成本意识、科技导向和员工忠诚度[2]。Reynolds 得出了 14 对相对应的词组作为描述和测量企业的维度[3]。Anstoff 将企业划分为:稳定的类型、反省类型、合作类型和创新类型。[4] Handy 按照组织意识形态将企业分为权利文化、角色文化、任务文化和人员文化。[5],Kets de Vries/Miller 将企业划分为偏执式、压抑式、夸张式、强迫式和精神分裂式企业类型。[6] 此外,奎因(Quinn)和卡麦隆(Cameron)等人发现,组织中的主导文化、领导风格、管理角色、人力资源管理、质量管理及对成功的判断这六项准则都对组织的绩效表现有显著影响。[7] 德尼森(Denison)认为有四种文化特质即适应性、使命、一致性、投入和组织有效性显著相关。[8] Lieke van Raay/Hubert Korzilius (Arnhem/Nijmegen)在对各种研究企业文化的重要要素进行了检查和比较之后,形成了可以区分文化特征的六个项目,即第六感模型:组织、性能、关系、交流、激励、创新[9]。上述所有的维度研究都是从量化角度而进行的研究,都存在一个问题,即都是从某个角度对企业进行描述,而无法给出一个整体说明。

基本隐喻的研究方法是从民族学的角度将企业视为正在成长中的文化:"社会或组织只是作为人类互动的持续过程中的象征性符号关系和含义模式而存在的",而不是"主观的、独立的存在"。[10] 基本上,这种观点符合组织文化和发展的复杂本性。Kasper 将企业比喻为"小社会"[11];Goffman 将企业比喻为"剧院"[12];Morgan 将企业比喻为"心灵的监狱 psychopathisch"[13],这种研究方法带来的将是深

[1] Schein,1984,转引自 Rathje,2004,第 66 页。
[2] Pümpin/Kobi/Wüthrich,1985。
[3] Reynolds,1986,第 334 页。
[4] Ansoff,1979,第 120 页。
[5] Handy,1978。
[6] Kets de Vries/Miller,1986
[7] 黎群,2012,第 61–68 页。
[8] 黎群,2012,第 61–68 页
[9] Lieke/Hubert,1983,第 53 页。
[10] Smircich,1983,第 353 页。
[11] Kasper,1987,第 27 页;Morgan,1986,第 121 页。
[12] Goffman,1959。
[13] Morgan,1980。

入的个案描写。

关于企业文化的功能目前存在两种观点：一派将企业文化解释为员工管理的工具①，作为效率视角下的可变量②或者对企业员工的自我理解产生影响的操纵工具③。Smircich 批判此类观点："关于企业文化的讨论似乎太乐观了，甚至有些救世主的色彩，比如高级经理构建适合他们的终极战略的企业文化。"④Ouchi 也认为通过管理可以产生改变，以弱化的形式去营造企业文化的框架条件可以令等级管理模式达到最优化的企业文化，在此框架条件内，文化会以所计划的形式得以发展。⑤ 很多作者更喜欢将经理人想象为企业英雄⑥，他们因为其典型的行为为企业文化的形成做出榜样，并创造出企业文化。

另一派则持相反的观点，他们否认企业管理的影响力。经常可以看到的比喻是，将经理人比喻为"弄潮儿"⑦，似乎无助地在"尝试和愚蠢行为的浪潮中"⑧前行。

两派观点之间还存在着很多温和的观点。比如，Sackmann 就按照企业历史中的各个时间段区分了主要组织成员的影响力。Sackmann 认为企业领导层在企业发展的过程中，"通过其期待、道德、标准、惩罚和决策共同决定了组织中哪些可被接受的行为方式"⑨。Schein 认为当组织不能有效地工作，面临着失去生存根基的危险，以及组织的部分职能受到其他人的限制和压制时，管理的干预才是必要的。⑩

此外，对于民族文化是否会对企业文化产生影响，也存在着不同的看法。有些人认为，从经济的原理上来看，管理原则在世界范围内都是可以通用的。其代表人物持有的观点为：在所有的文化圈内都具相似的科技和经济的影响因素，因此民族文化和企业文化长期来看会趋同，而失去其民族特色⑪。然而很多研究也

---

① Pümpin,1984,第 14 页。
② 参见 Kobi/Wüthrich,1986；Hinterhuber,1992。
③ 参见 Tunstall,1983。
④ Smircich,1983,第 346 页。
⑤ Rathje,2004,第 68 页。
⑥ Rüttinger,1986,第 77 页。
⑦ Neuberger,1985,第 86 页。
⑧ Westerlund/Sjöstrand,1981,第 163 页。
⑨ Sackmann,1983,第 400 页。
⑩ Schein,1984,第 40 页。
⑪ Rathje,2004,第 69 页。

表明了,不仅在工作和管理问题上存在诸多民族差别,而且表现出了时间的持久性①。Laurent的研究也表明,恰恰在多国企业中国家特色的观点差异要比其他地方更显著②。Adler将企业员工视为"其基本条件是由国家文化所决定的"③。Schreyögg也强调"国家文化对组织和组织内的思维方式、行为方式产生极大的影响"④。以Schreyögg为代表的学者们甚至认为国家文化对企业文化的影响不是单方面的,而是互动的。

将上述观点综述起来可以看出:一方面,企业文化被视为渐生的现象⑤;另一方面,所参与的个体由于其归属于企业这个集体本身,企业员工本人就是渐生现象的一部分,因此也承认管理的可能以及管理对企业文化的整体发展的作用。

本书在此基础上,将企业文化的功能归纳为:

1)协调行动

国内学术界所表述的"导向功能""约束功能",所指的都是协调行动。文化转变的目标可能是发展新的集体思维模式,即如果在特殊的情况下处理信息应当采取哪些措施。企业文化还会创造出规则,比如哪些概念在一定的关联下可以使用,在每种情境下如何理解,这样也提供了一种避免跨文化或者跨专业之间误解的可能。

2)维持社会体系的稳定和持续性

企业文化通过长期的过程,创造出了一种集体学习史,这使得形成企业共同的、特殊的记忆成为可能,类似情况下的行为再现的可能性极高并且所发展起来的持续性影响着企业的学习和适应能力。

3)适应与认同的功能

企业文化的适应和认同功能是指,对企业的认同程度、同企业的内在联系以及个人的动机都受到企业文化的影响。企业文化是可以感知的,哪怕对于新员工也是可以感知的,即使这个过程通常是无意识发生的。对企业文化特征的认同深度和广度以及对此所做出的积极和消极性评价,受主观因素影响,就集体的目标

---

① Hofstede,1984。
② Laurent,1983。
③ Adler/Jelinek,1986,第84页。
④ Schreyögg,1993,第150页。
⑤ Schreyögg,1993,第411页。

一致度而言都是不同的①。关于适应和认同的功能,中国学者有着类似的表述:
"凝聚功能"、"融合功能"和"激励功能"。

2.2.1.3　企业文化的结构

类似于文化概念的讨论,这里也区分了三种不同的视角:同质性(基本共识)、
异质性(潜在冲突),同质性和异质性同时共存(交织)的复杂不确定性。② 下文就
简称为共识、冲突和复杂性。

共识性指的是,可诊断出来的企业范围内观念的坚固性。Kasper 将企业文化
想象为"整体模块"③,Martin 描述了共识达成的过程:第一步,价值观或基本设想
被描述为全体成员所共享的内容体系;第二步,内容体系被持续地付诸行动,以文
化表征的各种形式;第三步,文化成员被描述为指导该做什么以及为什么值得去
做。④ Tunstall 将企业文化描述为信仰、道德、习俗、价值体系行为规范以及做生意
方法的通用结构。⑤ Ybema 认为"文化意味着共识"⑥。Schein 总结道:"企业文化
的形成可以被定义为对融合的追求"⑦。Deal/Kennedy 按照融合的水平区分了强
势和弱势文化⑧,Schreyögg 认为"精准性、传播的广度、植入的深度"是评价文化强
弱的标准。

总的来说,共识性视角的特征表现为,趋同度或同质度同企业目标完成的质
量和行动能力紧密相关。即"同质 = 优势 = 好"⑨,"关联带来聚合"。

另外一派学者则假定存在一种普遍适用的文化内核,该内核的作用不会因为
有差异的亚文化而减弱,而是作为组织文化"最内部的实质","作为基本的和理所
当然的前提的一种模型"⑩,也构成了组织内聚的基础。尽管支持共识性的代表
人物将企业文化的不统一性解读为企业基本一致性的特征,但却无法解释存在冲
突和差异却取得成就的企业案例。比如,Kotter/Heskett 在对 200 多家美国企业的

---

① Bromann/Piwinger,1992,第 6 页。
② Rathje,2004,第 71 页。
③ Kasper,1987,第 43 页。
④ 参见 Martin,1992,第 45 页。
⑤ 参见 Tunstall,1983,第 5 页。
⑥ Ybema,1997,第 161 页。
⑦ Schein,1995,第 23 页。
⑧ 参见 Deal/Kennedy,2000,第 4 页。
⑨ Rathje,2004,第 72 页。
⑩ Schein,1984,第 38 页。

文化进行调查时,根据销售额的增长、ROI 投资回报率和市场资本率的指标参数,只能够证明"强势的企业文化"与企业成功之间存在微弱的关联。[①] 一方面,具有较弱企业文化的企业取得了巨大成功,另一方面,具有较强企业文化的企业所取得的业绩却低于平均水平。[②]

Schreyögg 在这种关联下提出了强势的、同质的企业文化的积极和消极影响。他对文化同质性持否定的态度,认为强势企业文化具有呆板、不灵活的特点,提出应弱化"无限制地将聚合作为企业文化发展目标"的主张。[③]

这种冲突的视角区别于企业经济学对共识性的强调,而是来源于社会学亚文化研究领域。这种视角出于对受歧视的人群的支持,而显得具有某些反资本主义或女权主义的特点。这种视角下的学者都在强调对立文化存在的可能,即某个组织内存在着同占主要地位的观点相反的亚文化的观点和价值观。比如,Riley 视对立文化为企业文化的基本特征。[④] 这样,企业文化内的主导文化和权利文化经常成为研究对象。Krell 也认为存在着不同的亚文化。亚文化要求对"多种发展进行管理"[⑤],以便将不同性别归属、年龄阶段、社会和种族身份的各种人群融合在一起[⑥]。很多学者通过对企业文化的研究做出了令人信服的冲突诊断和差异性诊断。Aktouf 在所参与的具有不同民族文化共同存在的生产企业的研究中,形象地描述了完全不同的管理者和劳动者的"经历世界"。在他看来,"可将企业设想为'那种既有和谐又有差异的社会单位',人们完全不可想象地'共享'一个共同的文化"[⑦]。上述的研究对企业内部根深蒂固的反目和认知鸿沟做了深刻、生动的描写,却不能对其具有或多或少稳固性的内聚力和有效性给出合理的解释。

与关于文化的争论一样,关于企业文化的争论中,还有另外一派对所诊断出的同质性和异质性不明确的现象予以关注。共识和冲突的视角是从可以清晰定义的内部和外部关系出发的,在边界之内同质性为主导,这些边界是可以清楚地划分开的:共识性视角将整个企业视为同质性的空间,而冲突视角则将该领域局

---

① Kotter/Heskett,1992,第 15 页。
② Kotter/Heskett,1992,第 15 页。
③ Schreyögg,2000,第 463 页。
④ Riley,1983,第 414 页。
⑤ Krell/Emmerich,1997,第 329 页。
⑥ 参见 Wischmann,1999,第 79 页。
⑦ Aktouf,1985,第 42 页。

限在各个亚文化之内,亚文化之内估计还会出现内聚。① Sackmann(1997)对此做出判断:(同时)存在着的多种文化有助于形成一个同质的、有差异的和/或分立的文化情境。组织结构中的文化要比所设想的、人们所认知的更复杂、多样,具有差异性、相矛盾或从本质上相矛盾。② 很多作者试图构建出一个松散连接的网络,以便说明同质性和异质性的同时存在,形象地说明整体性和多样性之间的共同作用。Sackmann 认为,组织设置中文化生活所带来的画面可能充满了对比和矛盾,显示出的画面包括:和谐性与差异性相距一步之遥,无论这种差异性是否带有分歧;还显示出了依赖于当前事件处在不断演变之中的文化身份的多样性。③

Sackmann 还将个体的多重文化归属身份视为描述企业文化时的影响要素,组织中的成员未必被局限在单一文化或亚文化的成员身份之内,因为人们可能依据他们的性别、种族背景、父母、夫妻中的角色、体育俱乐部、城市、他们取得学位的大学、所学的专业、院系、分工、工作组织、地理宗教、工业、民族或较大的地区比如欧洲、美洲或亚洲而确定自己的身份。所有这些潜在的文化身份都可能同时影响组织的文化背景。④ 同时,Ybema 认为,我们的解释和研究应当将不同视角对立起来、联合起来。特别地,统一性和不统一性的矛盾是同时存在的——人们同时处于“对立”和“在一起”——似乎表明的是一个令人满意的结果。⑤ Meyerson 表述道,企业文化内的成员无法就清晰的界限达成一致,不认同共享的解决方法,不会就相对立的信仰和多样的身份进行和解。然而,这些成员却声称,他们属于一个文化。⑥

关于企业文化同质性和异质性同时存在的描述被认为是有意义的,也是研究发展所需要的。可是对于本书的主题,跨文化情境下企业文化的发展来说,却没有一个可信的,可以推广应用的“同质性和异质性同时存在”的理论模型。这是因为,“一方面,还没有一个系统性的,将现代的以差异为导向的文化概念转用到企业文化的研究上。另一方面,对企业文化的所描绘的差异性视角的学科分隔也使得无法实现所谓的同质性。企业经济学所主导的共识性视角带来了很多具有关

---

① 参见 Martin,1992,第93页。
② Sackmann,1997,第2页。
③ Sackmann,1997,第4页。
④ Sackmann,1997,第2页。
⑤ Ybema,1997,第161页。
⑥ Meyerson,1991,第131页。

于企业文化的实际应用型理念,而这些理念却忽略了企业文化的复杂性;以社会学为主的冲突视角和复杂视角虽然很有说服力地诊断出了企业文化内存在的矛盾和模糊性,却由于其专业动机无法将知识转化为行动为主导的管理理念中"①。

总的说来,在对企业文化结构的研究基础上,我们认为,应当将企业文化的聚合、内聚力,而并不一定是关联性,视作企业重要的成功的基础。

2.2.2　跨文化情境下的企业文化

跨文化行动发生于文化重叠的情境中,"习惯的、受自己文化影响的行为方式,思维模式和情感同受异文化影响的互动伙伴的别样的、不习惯的行为方式、思维模式和情感相碰撞。迄今为止,被认为对于有效地达到目标而言合适的行动方式、评价模式和解释模式完全或部分不起作用,同互动伙伴的交流变得困难,他们的反应只能够被不充分理解或者完全不理解。② 不同的文化相遇时,来自不同文化的人们合作时必须要考虑到文化之间的趋同和差异程度所带来的影响。

1)共识的视角

企业的跨文化性是由于企业的国际化行为所引起的。潜在的矛盾成为合资企业(兼并企业)的干扰因素。行动理念主要在于重新建立一体化和关联性。这个领域的研究者们要么提出国际子公司适应母公司现存的文化的方式,要么建议国际子公司应与当地文化相适应,或者发展世界范围内的聚合文化。Schreyögg 将国际性企业内的企业文化与国家文化的关系分为两种:一种是,驻外公司在各自国家文化的背景下发展自己的企业文化(多元企业文化),另一种是,驻外公司中执行这一种共同的关联性整体文化(普遍性企业文化)。

尽管这里所建议的是两种不同的可能性,根本的共识视角表现在:国内和国际层面上作为一个共同体形象而出现的同质性企业文化是基本出发点。其特征是,民族文化差异尽管依次出现,而差异可能却是较深层,但是可以通过管理而创建一个普遍的企业文化的基本设想却没有受到质疑。

Kiechl 也拒绝多元的企业文化,从所追求的跨文化企业文化的统一性出发,他警告道:多中心的企业管理对统一的企业文化的贯彻实施以及与此相联系的统

---

① Rathje,2004,第76页。
② Thomas 等,2003,第239页。

一的企业身份是有危害的。①

因为在共识视角之内,企业文化从根本上被视作连接所有部门的要素,这对母公司与子公司文化的相似性以及其可能的联盟伙伴很重要。这里所发展起来的过程方式②,通常被称作文化适应,即按现有文化维度模型(比如 Hofstede1984,Trompenaars 1993)对相遇的文化的共同性和差异性测量。Stüdlein 也建议进行文化适应分析,可以在维度模型基础上对所参与文化的每种相似性、相容性或者互补性进行研究和评价。适应分析的进行是文化差异管理的重要一步,因为由于可为伙伴的选择、合作融合阶段赢得重要的认知。

企业文化的这种内涵式的(含蓄的)视角由于受到不同文化碰撞限制,作为起连接作用的企业成功的前提,从长期来看必须进行重新构建,以实用主义考虑的建议,被证明了不适合的内容就要使其变得合适。

就相容性的标准来说,不应只从文化的"最优 – 不一致的原则"出发,而是应当更多地考虑到是否可以通过相应的准备措施,融合措施将很难协调一致的文化变得"相容"。③ Hofstede 所提供的信息在现有的重要的管理实践中几乎没有对投资决策产生影响。那么为了避免或解决跨文化问题而对这样的测量的现实主义价值的怀疑也是有道理的。Morosini 给出了一个人类杂交细胞的生物学比喻。将两个独立的细胞的融合看作是国际企业成功的融合过程。Morosini 从根本上要求所有成员的适应。将现存的跨文化整个企业视作一个新的单元。该单元从其各个部门聚合式地成长起来,并给出一系列实际的进行方式。这类似于细胞的融合过程。兼并公司主要的一般性目的是创造出一个新的、聚合单元,它能将两个兼并伙伴的强势结合在一起,而降低他们的弱势。共识视角之内可以找到很多理论为创建跨文化企业文化提供建议。当然,也表现出越来越多的问题。

2)冲突视角

在跨文化情境的研究中,重点放在了文化差异和对立面之上。企业范围内的共识被定义为是脱离实际的,实际上是不可观察的理想状态。不受民族文化影响的亚文化很难实现。"在跨文化情境下发展企业文化时,人们会遇到由一系列相

---

① Kiechl,1990,第 121 页。
② Stüdlein,1997,第 246 页。
③ Stüdlein,1997,第 255 页。

互影响、相互重叠要素所构成的组织文化。更难的是,在绝大多数情况下同多种族、多语言、多文化社会,通过相互竞争,围绕自己的设想和精神的贯彻实施而引发的斗争,对其他人的抵抗和贬低,如同自掘坟墓一样的战争通常带来的是巨大的能量消耗。"①

有如下作者对创建或生成跨文化统一体的可能性表现出自己的论据:

Buhr 以其德国子公司在墨西哥的企业文化研究为例,提出了驻外子公司的内部内聚力和外部隔离之间的矛盾。其双重性表现在不同种类隔离过程对融合过程的限制作用。没有隔离便没有融合。各组织应具有各自的独立性和区别于其他组织的特征。在组织隔离的过程中实现融合过程。由此,Buhr 提出相反的观点:"企业形象的一致却并没有导致两个跨国企业的联合。一个融合的跨国的文化区域却不能建立起来,正好相反。"②类似的也有很多作者表现出了对企业文化同质性的批评。Doppler 指出,我们拥有的是一个不充分、太过狭隘,甚至可能是错误的"融合"观念。融合(【德语】Integration)意味着融化(【德语】Verschelzung),一个人吞下另一个人被吞下,或者在被吞咽中融化。文雅些的表达是同化(【德语】Assimilation】,文化适应(【德语】Enkulturation),但是每个人都清楚地知道:一个赢了,另一个输了。③

3)综合的视角

跨文化情境下的企业身份便是在"一致性基础上的无确定身份"。并购(Merger&Acquisition)是合并(或兼并)与收购的合称。跨国企业经常会遇到这种情况,"根植于国家社会文化的企业文化,会最大可能地保护其自我身份"④。另

---

① Bolten,2007,第80页。
② Buhr,1998,第241页。
③ Doppler,1994,第181页。
④ Bleher/Götz,1999,第74页。

一方面,人们也努力着从跨国界的"企业身份"①的角度来推行全球性统一的合并企业的文化。

对于这一点,Koot,Bolten,和 Dahler-Larsen 都认为"或者 – 或者"的极端化在跨文化情境下的企业中是没有太多帮助的。合并企业的文化身份拥有也必须拥有一个完全不同于民族企业身份的特征。在一个民族企业内部,其成员的自我理解过程是依据他们共同生活世界的"毫无疑问而存在的既定事实"而完成的,并且从深层文化结构来看,他们拥有着共同的、最终达成一致的基础,而在国际性合并企业当中却不是这样的情况。其身份是协商过程暂时性的产品;就其当事人行动的前提来看,其身份表现出来的特征是——无身份性。

国际合并企业的身份取决于其行为者是否能够有意识地建立这种表层结构一致性之下的原则上的无身份性,并且将元沟通作为主题。沟通经常失败不仅在于缺少伴随着跨文化过程的交互性,而且还在于很多文化的近似强迫的倾向——不惜任何代价的达成共识。共识"面对着总是存在且绝不会终结的不一致",呈现为有价值的、可令人安心的一面,因为若没有共识会影响人际之间行动的流畅。②

企业的文化首先是通过对个体的观察和对某个情境的观察而得以理解的。除了内在的文化影响因素之外,外在的影响因素也会对企业文化的发展产生影响,正如 Dülfer 的层次模型所表现的那样,"除了企业直接的互动关系,由于其业务的开展,地理的、经济的、历史的或者政治的因素都会对企业文化产生影响。"在他看来,企业文化是通过参与主体之间的互动和影响来表现其特征的,不仅在垂

---

① 在同企业身份建立联系时经常使用的一个术语就是企业文化。企业身份和企业文化之间的关系在现有的文献中可以查到不同的观点。以 Korner 为代表的有些作者认为两个理念几乎是一致的,有些作者则认为企业身份比企业文化更为深地植根于组织中。Van Riel (2003)认为,企业身份由结构、文化和使命组成,企业文化是企业身份的一部分。Van Rekom (1994)捍卫与此相反的观点。他将组织所有的表征(manifestatition)都视为个性特点的表现(indication)或组织的属性(attribute)。Van Rekom 认为,当特征被视作为企业文化的一部分时,企业身份也可以被假设为企业文化的表现。Olsthoorn(1997)也有同样的观点,认为企业身份(组织的个性)是企业文化(基本信仰)的一部分,企业文化构成了企业身份的内容,企业文化是组织思想、观念、情感和行为的源泉。Van Zoest 提出假设:企业文化使得所有雇员都有共同的目的,为合作促进一个好的基础,提供一个清晰、明了地同股东打交道的方式。在他看来,企业文化反映在顾客身上,影响他们对该组织满意或是不满意。由此看来,企业文化同企业身份或多或少地相似。本书采用这样的观点,企业文化等同于企业身份。本书所定义的企业身份是指所有可以被理解为可以揭示一个或多个个性特征或组织属性线索(clue)的组织性表征(manifestatition)。

② Mall,2000,第 3 页。

直平面上和水平平面上。水平平面上,文化的特征是通过企业环境及其任务环境之间的互动来表现的,也就是一个企业在其经济业务范围内与之合作的机构和组织,比如供货商、顾客、竞争对手、关系网伙伴、公共事务、宗教团体等。企业被视为一个独立的主体,在不同的利益群体(比如经理,股东,合作伙伴和员工)之内行动。内部的互动伙伴身份依据其来源国的文化不同表现出差异,也因此会对企业的目标系统的决策发生影响。因为不同的互动伙伴,依据不同的文化影响程度不同。垂直层面来看文化受全球环境的影响。基于"自然的给定因素",需要掌握能够改变"自然的给定因素"的技能,——从经济角度来看——也就是说,能够识别出关联,交流知识并用科技实现改变。这种层面被称为"对现实的认知和科技的水平"。只有通过语言系统和知识系统,由文化所决定的价值观才能形成,基于这些价值观才能构建出社会关系和纽带,因为这对于企业的组织是至关重要的。通过法律政治规范,被人们所认可的共享的交流方式、行为方式得以加固。在这个框架内存在着一定的任务环境,其中,企业从垂直的角度同其伙伴进入互动影响。首先是自下而上发生的,在各个层面之内当然存在着相互依赖相互影响的关系。不仅是整个企业,而且每个员工也都会受全球环境的影响。层次模型最核心的要素是无论是全球环境还是任务环境的影响,不是连续性的而是同时完成的,这就解释了文化被称为多原因的产物。企业文化由于其全球环境和任务环境之间多方面组合的可能性,在环境影响因素之内是唯一的,对于组织的个别子文化也是有效的。

2.3　跨文化互动理论

本章要介绍的跨文化互动理论包括跨文化性、整体性理论和吉登斯的结构化理论。这些理论将为后面的实证研究提供理论阐释。

2.3.1　跨文化性
如果文化作为导向体系指的是建立在某个被传承下来的知识储备基础之上的某个生活世界里的交流性行动,那么跨文化性按照定义就只能是"间性",指的是以这种方式所区分来的生活世界之间的关系。根据交流的意义,会出现两个完全不同的定义(a)以传递为导向的跨文化性和(b)以互动为导向的跨文化性。

（a）以传递为导向跨文化性,首先指的是交流内容的传递,而不是交流关系的传递。同文化比较研究的区别在于,文化比较研究将两个文化的特征联系起来,最为著名的是企业文化理论中的 Ouchi 的 Z 理论。

（b）以互动为导向的跨文化性,这里所关心的首要问题不是表现出差异性的文化的各种要素是如何聚合到一起的,而是这会对互动参与人员的行为产生什么样的影响,以及在这样的共同合作中,各自自我文化的思维和行动前提发生了怎样的改变。不再是 Synthese 聚合,而是 Synergie 协同。

跨文化性是在不具有相同的常规性期待,却有着共同目标的主体之间的互动过程中产生的。在这个过程中,应依据情境对互动规则进行商讨,而这种规则在各自的来源文化中都不存在。跨文化性(彼此的融合)是以过程为导向的多文化性(彼此的共存)。参与者对其行动的情境是不熟悉的,在其现有经验基础上认为对方的行动是不可推测的。可是参与者之间却存在着共同的目标导向,通过这种共同的互动可以逐渐产生熟悉感(最好是信任感)。

　　“跨文化性”是以过程为导向的多文化性

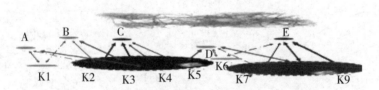

图 2-7　“跨文化性”是以过程为导向的多文化性

通过“视角的交互性”(我们有着不同的出发点/导向/参照系,却系在一根绳上)发展出所参与的成员都必须遵守的行动规则,并且将此规则在实践中常规化:从跨文化性产生(部分的)文化性。

Bolten 从行动论的角度对作为协商过程的跨文化性做出如下解释:

“建立在行动理论基础之上的跨文化性概念可以理解为一个过程,A 和 B 的交互关系在这一过程中不断地生成互动场景 C。这个互动场景 C 可以被称为有协同作用的“第三事物”,或者也可以被称为“跨文化(Interkultur)”。[1] 跨文化不同于传统中的文化比较产物,不是被看作是 A 与 B 之间(或其综合体 C)按或多或

----

① 　Bolten,2007b,第 138 页。

少的比例形成的静态关系,而是作为一个过程;它不是一个比较产物、综合体或一个空间,而是被理解为一个互动的发生过程,一个事件和在一定方式上的一种游戏,来自不同文化的交际成员 A 和 B 在游戏中完成一个相互之间的协商过程:它涉及——正如在文化和交际上那样——一个过程概念。

结果是,跨文化不停地被新建构出来,它使在第三性意义上的间性世界 C,它既不与 A 的生活世界,也不与 B 的生活世界完全相符。它更多地是在传统学习效应意义上的碰撞中产生的一种全新的质量,一种协同作用。而这种协同作用是单单凭借 A 或 B 自身力量无法取得。"①

如下图所示:

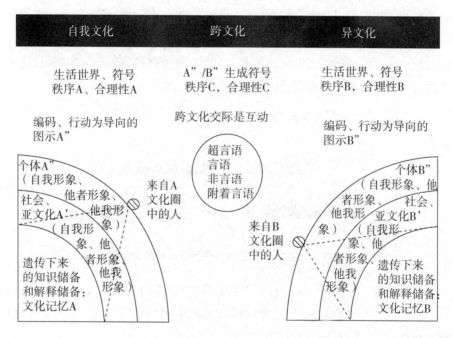

图 2-8 跨文化交际是互动

上述图示中的三大形象,自我形象(【德语】Selbstbild)、他者形象(【德语】Fremdbild)和他我形象(【德语】Metabild)构成了"视角的交互性",这也为后文的实证性研究提供了理论支撑。

"对跨文化行动的成功起决定作用的是,人们能在多大程度建立起共同的行

① Bolten,2007b,第 138 页。

动情境,而同时没有让互动伙伴中的一方逾越另一方的接受界限。"①一般来说,互动遵循的原则是没有伤害到个体的各自的自我概念及与之相关联的诉求。但鉴于这种"本我的领地"范围和边界不同,它是随情况而定和可变的。

跨文化行动可以相应地作为一个异文化生活世界的游戏,在其中不停地有间际产物——跨文化被制造出来,它们区别于各自来源于文化内部的交际行动所遵循的接受界限、常规性和行动套路。

跨文化是协同作用的产物,在其参与者的互动情境中能完全发展出自身的常规化、自身的行动模板和自身的特殊的跨文化知识储备。第141页。

这意味着,对这样的跨文化情境下的两个成员来说,有两个行动模板在相互竞争:一个是表层的、关系到相互之间的现实;还有一个是深层的,是先于这个现实存在的并通过各自不同来源文化的知识储备而确定的。从这个角度来说,跨文化情境下的当事人始终处于双重身份之下。

跨文化交流不能在一个经过几百年成长起来的,已经没有问题的集体自我理解网络中形成,而是会在持续地被双方当事人都分别接受的行动中形成。所产生的结果便是跨文化 Interkultur。②。

这样的一种跨文化如何实现,其成员的哪些行动规章被视作是正常的,哪些是不正常的,是无法预知的。这唯一取决的就是参与者,以及"共同做某事"的方式方法。可以肯定的说,跨文化不符合任何一方初始文化,所表现出来的形式也不会是 Synthese 综合。

这类似于 BMW-Rover 的口号:我们共同改变(BMW 1996),他们最理想的情况是不要按照各自的文化来定义其行动空间,而是达成一个令所有参与者都能接受的最大可能性。一个国际化团队的成员就其初始文化来看差别越大,他们就会越发有意识地相互识别并维持其界限。信任和规则是在意识到各自文化行动前提的差异性的基础上通过互动建立起来的。

只有当跨文化的日常互动达到某个似乎符合各自文化行动的"常规性",对异文化的感知才会降到最低值。这可能会出现这个情况,跨文化存在很长时间,跨文化形成了自己的习俗和规范,其成员对其可靠性毫无质疑。

而这并不意味着地理位置相近或语言相近的两个文化之间的跨文化交流的

---

① Bolten,2007b,第138页。

② 转引自 Bolten,2000,第9页。

就比地理位置遥远或完全不同的文化圈中的两个文化之间的跨文化交流顺畅。"一个德国经理在同其来自异国文化的'工作同事'交流中的感觉要明显好于与同文化中的'文化同事'"①。因为工作同事主要采取直接的方式进行交流。他们不会因为语言、文化的差异而影响共同的工作,反而会有效、成功地合作。因为他们心里明白,他们的行动前提毕竟是不同的,他们共同的日常行为不会没有问题的进行,但是最终关于一个共同的文化知识储备达成一致却是可能的。

正如 Nicklas 所评论的:"文化距离越近,人们越倾向于从跨文化'常规'的表面结构出发,在植根于深层文化结构的、理所当然存在的文化知识储备之上,推断出一个(事实上并不存在的)共性。文化差异越大,人们越发会非常有意识地对待跨文化之内的共同行为的不同结构,练习"异种宽容(Xenotoleranz)"。②

合资企业中的员工越是在其文化出身上差异大,他们越是有意识地努力去认识和保持相互的接受界限。虽然能建立起熟悉性和常规性,但是前提是伴随着对各自文化行动前提不同的意识:每一个达成的一致都是建立在对深层结构不同的意识之上。然而,深层上差异较大、而表层上没有被反映出来的或强制形成的一致,却容易导致误解的产生。

2.3.2　整体性理论

适应是循环的、持续的、互动的过程。持有这种观点的学者们认为,旅居者面对新环境文化差异的挑战,从情感、认知到行为都发生了某些变化,这种变化会带来个体的自我发展和转变。

Adler(1983)认为,通过跨文化适应,在文化转移的融合的过程中,边际线开始模糊化,并出现了预期的整体性与持续性。③ 同时,Rowe(1991)认为,一种新的文化混合体也应运而生,也就是"脱离了现有机制而在新机制下与新形式的重新结合。④ 互动双方之间的对立和矛盾也都在跨文化适应过程中得以解决。因此,整体性不仅是指二元体系中对立双方的调和,也包括了多元体系中各个部分的整合。Lull(2000)认为,作为一种文化转移过程,跨文化适应由此被构想为两个交际者之间文化因素持续不断、循环借用的过程,这反映了通过互相影响、共生和互

① Bolten,2000,第 8 页。
② Nicklas,1999,第 21 页。
③ Adler,1983,第 349 – 365 页。
④ Rowe/Schelling,1991。

换,文化之间产生的互相渗透和融合的作用。① Schotter(2000)的研究表明,"这种局部与整体的互相决定中体现的互相依赖的关系,也表明跨文化适应中互动双方的各个组成部分是平等与互依的。"②持有这种互动性观念的还有 Chen 和 Starosta (2004),他们进一步指出,敏觉力是指把多元化凝聚成统一体,创造力则是从统一扩展为多元的能力。敏觉力为创造力提供了发挥潜力的场地,创造力则提供了实现融合的有力手段。创造力在这个意义上带来了跨文化适应过程中无尽的潜力和可能。

跨文化适应的整体性观念反对二分法的指导思想,因为二分法思想给跨文化交际领域的实践层面和研究层面都带来了很大的困扰。这是因为,一方面,Asante (2006 年)认为,这一问题的产生是基于欧洲中心主义。③ 另一方面,将文化价值观视为是静止的、僵硬化或类别化,并且认为它们的差异是不可逾越的。正如 Chen 和 An(2009 年)指出,"对立的范式假设,如东西方之间,说明了文化差异会产生矛盾,从而阻碍了跨文化适应的实现。"④二分法思想过分地夸大了东西方文化价值的差异,将两者视为是彼此不相关联的。正如 Kluckhohn 和 Strodbeck(1961年)指出,"所有的人类社会都必须面对普世性的问题,而且每个问题的解决方法是有限的。但这些解决方法同时共存于同一个社会,只是有些方法比较突显,有些比较隐秘。"⑤

因此,更恰当的说法是,"在本体论假设上,东方人比较偏向整体性,而西方人则比较偏向原子性,所有的文化在一定程度上都是既有差异又有共同点的"⑥。Dai (2010 年)指出,跨文化性(文化间性)是指"文化成员通过协商和合作实现互惠互动的文化间的复杂结合"⑦,它是"不同文化视角相遇的空间"⑧。此外,戴晓东还把"对话"界定为交际双方通过言语或非言语方式,交换信息,努力实现相互理解,并且建立良性互动关系的过程。他揭示,跨文化对话的悖论之一是文化的统一性与多样性之间的矛盾。文化间性的建构能够把文化的普遍性与差异性有

---

① Lull,2000。
② Schotter,2000,第 119 – 132 页。
③ Asante,2006,第 152 – 158 页。
④ 陈国明,2012,第 134 页。
⑤ Kluckhohn/Strodbeck,1961,第 67 页。
⑥ 陈国明,2012,第 134 页。
⑦ Dai,2010,第 12 – 19 页。
⑧ Dai,2010,第 12 – 19 页。

机地结合到一起,全面地表达跨文化关系,使多重、不同的声音转变为有意义的对话。同样,Carbaugh 也以"对话"为中心解读文化话语理论。所有的对话都在文化语境中展开。文化塑造交际,不同的文化话语产生大相径庭的会话。跨文化对话者来回穿梭于不同的话语之间,在差异中寻求双方的共同点。

　　陈国明(2014)的将跨文化适应看做是"跨越边际的博弈"[①]是目前为止,关于跨文化适应呈现出整体性、互动性的最新、最权威的研究结果,"正是在边际线到边境区域中,文化展现了它在两种相对的力量(如中心/边缘,强势/弱势,真实/虚假)之间循环和转变过程的动态特性"[②]。"两个文化实体之间的互相依存和互相作用产生的整体系统,说明跨文化适应的动态特性是相对的。分开而言,两个实体是各自封闭的体系,通过对各自文化的自我吸收和凝聚完成内部的转变"[③]。然而,通过跨文化适应,两个实体的综合统一体就在彼此互动的不同阶段呈现了出来。跨文化适应的动态平衡是在从对立到统一的过程中维持起来的,这个过程建立在从文化的不同转化为文化的理解和接受的基础之上。这种转化反映在跨文化适应当中的两种变化,也就是本质的变化和速度的变化。这两种变化都受交际者文化差异程度的支配。

　　也就是说,跨文化适应是在平等互动基础之上,将孤立状态变为聚合状态的过程。换言之,处于中心和边缘、强势和弱势、真实和虚假之间的边际线都会

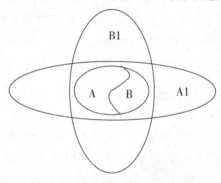

图 2-9　跨越边际的博弈

在跨文化适应过程中逐渐消失。两个交际者(即图 1 中的 A、B)之间认同和互相渗透的意识,就是解锁跨文化适应的关键。这意味着跨文化适应强调人类互动的整体性、统一性、互融性或说是"道"。

2.3.3　吉登斯的结构化理论

下面将从对吉登斯的结构化理论的方法论、核心观念和结构化理论视角下的

---

① 陈国明,2012,第 133 页。

② 同上。

③ 同上。

外派人员的文化适应理论进行介绍。

2.3.3.1　结构化理论的方法论

Anthony Giddens 的结构化理论得到了全世界范围内跨学科的重视,因为该理论被视为一般性理论或者超理论,因此该理论得到了多方面的应用。Giddens 试图利用该理论将两个目前为止被视为相互矛盾的理论传统结合起来:即将客体主义社会学理论(比如结构主义,范示的结构功能主义,形式上的、结构化的社会学、历史物质主义等等,将结构视为对行动起决定性作用的理论)同与之相对立的、将结构视为受行动所决定的主体主义理论相结合。换句话说,客体主义(objectivism)是从结构出发看待社会的;主体主义(subjectivism)则是从行动出发看待社会的。吉登斯认为,"我们最好是重新理解'宏观'与'微观'之间的对立,关注共同在场情境下的互动如何在结构上融入具有广泛时空伸延(time-space distanciation)的系统,即关注这类系统如何在大规模的时空范围中伸展开来。也就是说,要将问题探讨清楚,最好是按照我对社会整合(social integration)与系统整合(system integration)这两个术语的界定,考察这两种整合之间的关联"①。

吉登斯从结构出发看待社会的客体主义社会学理论最大的缺陷在于,他们忽视了人类行动者的行动是有意图和有目的的,人在整个社会中是无关紧要的一种客体存在,个人也只是在单纯地服从社会,对整个社会和社会结构的影响是微乎其微的;而从行动出发的主体主义理论,则专注于人的意图和目的分析,过分强调个人行为的自主性,从而忽视了社会结构的制约性在社会建构中的作用,隐去了对社会整体的结构这一人类行动的情景分析。实证方法与解释学方法的对立,是主客二元对立的思想的表现。吉登斯试图克服这种对立,用主体与客体、主观与客观相统一的视角看待社会问题。

2.3.3.2　结构化理论的核心观点

吉登斯结构化理论的核心观点包括:其一,社会体系和社会;其二,行动;其三,结构和结构化。具体说来,社会体系指的是与时空无关的社会关系的秩序,社会体系是行为者和集体之间的再生产的关系。经过协调的行动就被 Giddens 称为互动:"社会互动被理解为不确定的,但却是符合规则的,在消逝的时空中相遇时发所生的事件。相遇却是在不同的空间和时间不断再建构的。"②由此看来,社会

---

① 吉登斯,2012,第 xxvii 页。
② Giddens,1997,第 140 页。

体系就是通过定期的社会实践而组织起来的。Giddens 强调道:"社会体系只能存在于社会实践的持续性中,也因之而存在。"①结构是由规则和资源所组成的,这个规则也可以被有(知识)权威的行为者所打破,由此就产生了新的事物。也就是说,"行为者在特定的时空限制下的社会环境下,通过利用社会中的规则和资源,从而对社会结构进行再生产的过程。"②很多社会生活中的改变是因为出现了与最初的本意相背离的结果,换句话说,一个行动的结果即是下一个行动的初始境况。

吉登斯认为,"人的行动是作为一种绵延而发生的,是一种持续不断的行为流"③,这个行动流表现为"分层模式",可具体描述为:动机激发过程、行动的理性化过程和行动的反思性监控这三部分。④ 该模式借鉴弗洛伊德的心理结构模式,把行动分为无意识动机、实践意识和话语意识。由于话语意识和实践意识,这二者是行为者意识内部的机制,它们起着内因的机制作用,能够充分地反映行为者的自主性和主观能动性,因此吉登斯称其为行动的反思性监控。行动的反思性监控被定义为一种不仅涉及自身行为,同样也涉及他人的行为。这种反思即是对自身行为的纠偏与修正。这种能动性本身就是具有限制性的能动性,所以行为者的实践行为就会发生诸多意外,然而,正是因为这种意外结果的出现,为进一步的社会结构的研究创设了新的社会条件。

为了定义结构化的概念,吉登斯提出了"结构二重性"原理。所谓结构化就是指"结构不仅作为行为者行动情境结构中的行动中介发挥作用,而且它本身又是这种行为的结果。行动者的行动既维持着结构,同时又改变着结构,而且这种结构化的特征是流动的、持续的,它会随着行动者的行动投入到下一轮的生产中,并且这种生产行为源源不断、不会停止。"⑤由此可见,没有无行动的结构,也没有无结构的行动,并不存在谁先存在,谁制约谁的问题。

---

① Giddens,1997,第 137 页。
② 特纳,2006,第 451 页。
③ 吉登斯,1998,第 62 页。
④ 吉登斯,2012,第 3 页。
⑤ 同上。第 21 页

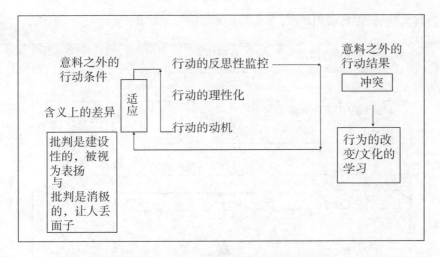

图 2-10 跨文化互动下行动的反思性控制①

2.3.3.3 结构理论视角下的外派人员的文化适应

跨文化的结构化的过程以及相互适应的过程——在个体层面以及人际间层面上——是互动过程"监视"的结果,这对于所有的参与主体都是自然而然进行的,为的是确保行动的流畅。对方的反应同自己的行动过程合并起来,并依据对方的行为做出调整。恰恰在跨文化的互动中,可以推测,"监视"并不是如 Goffman 所设想的顺带着就进行的,而是对方的反应在很大程度上是不可预知的。

在交流的基础上,来自不同文化背景的主体进行接触,根据文化差别的程度——确定不一致的行为习惯,这些不一致的行为习惯值得克服。适应过程走向哪个方向,个体之间在结构化的互动层面上,取决于跨文化交流的过程、权力关系和道德的约束力。互动层面同结构化层面紧密相连。这里,取决于(所给定的,但是不是无可争辩的)社会体系中的权力关系,取决于与之相匹配的体系的合法性和符号秩序。在两个层面之间起到传递作用的是形态层面,也就是权力的使用、道德以及阐释图示层面,这些就是参与主体寻找某个系统的知识储备的媒介。

在 Barnlund(1998)看来,人际之间的理解取决于感知倾向、对世界的理解和交流风格。在 Giddens 看来,对互动情景的感知,受到阐释图示的影响。在跨文化互动中起到主导作用的阐释图示一方面是文化的他者形象(Heteoro)以及自我形象(Autostereotype),它们与参与主体的文化身份紧密相连。阐释图示又与体系独特的意义归属,即含义相联系,含义即是文化的知识储备。

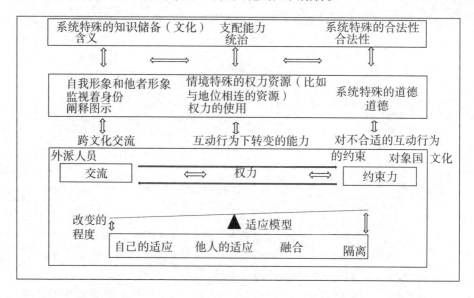

图 2 - 11　结构化理论视角下的外派人员适应理论①

　　交流的发生要经过反馈,即向发出信息者就自己对信息的理解和评价给出线索。如果交流的行为者是两个民族文化下的人,就是跨文化交流发生了。权力可以被作为社会共同生活的核心要素②,也可以被理解为对跨文化互动的过程产生影响的要素③。团队成员之间权力的平衡很容易对调节的过程起主导作用。④

　　综上所述,吉登斯的结构化理论注重"权力主体"的两点:"第一,注重权力主体的能动性和自主性,从而提出了互动行为下权力的转换能力;第二,吉登斯能够将权力的主体置身于现实的社会情境和关系中,从而得出权力的支配功能。"⑤

　　同时,吉登斯认为,由行动者建构的权力结构又反过来会对整个社会生产进行下一轮的再生产和资源调配,从而形成对行动者的再次支配和统治。吉登斯的结构化理论可以很好地对后文的合资企业中的跨文化适应过程进行阐释。合资

---

① Maletzky,2010,第 78 页。

② Giddens,1997。

③ Isolatus,2004;2006;Roth,2004;Zimmermann/Sparrow 2007,转引自 Giddens,1997,第 90 页。

④ Zimmermann/Sparrow,2007,第 85 页。

⑤ 武晋维,2012,第 17 页。

企业中的个人和组织作为"权力主体"具有能动性和自主性,两种文化在合资企业内的相遇带来了超出本意的行为结果。这就要求双方的个人和组织予以转变。这种新的适应又成为下一轮的再生产和资源调配,这就是吉登斯的"辩证控制法"。

跨文化是一个动态的概念,指的是相互的适应,即对双方来说都可以接受的,具有行动引导作用的互动的生成过程。根据 Giddens(1997b)的观点,跨文化的生成过程中,社会结构是协商的、创作出来的结果,社会结构将跨文化情境下的社会体系稳固下来。

Maletzky 认为,跨文化所展现的是跨文化的(部分)生活世界,或者至少是一部分跨文化的知识储备。本书中的跨文化被理解为代表跨文化情境下的社会体系的符号秩序,因而也具有行动引导的功能。跨文化可以被具有系统性特征的一小部分人所生成,由某些具有自省能力的人所生成,也可以为更大的互动情景展现出符号秩序。Bolten 的跨文化生成的模型主要指的是各个行为者的认知层面,其局限性表现在,忽略了环境的影响和互动过程。Brannen 和 Salk(2000)从更为强烈的互动性视角出发,明确地指明,环境对共同的组织文化的影响有多么重要[1]他们提出假说,当来自不同文化的人们在一个组织内工作时一个新的"经过协商的文化"[2]渐生出来了。上述的研究的局限性可以通过结构理论加以弥补,因为该理论既将行为者又将行为者所处的社会环境放到了重要的视角之下。从这个意义上来说,跨文化生成的过程可以被理解为结构化的过程。

2.4 小 结

上述章节 2.1 关于文化的综述表明,文化是原动力而不是障碍,文化具有协调集体力量、释放创造力、增强宽容度以及扩展视野方面的潜力。并且通过文化与管理的关系讨论,可以得出结论:本书依托的文化概念既考虑到了本质主义文化概念中的以差异性为导向的文化模式,也考虑到了社会结构主义的文化概念中文化身份架构及其代表的社会组织与他们所处的环境有关,故而所采用的核心文

---

[1] 参见 Brannen/Salk,2000。
[2] 参见 Brannen/Salk,2000。

化概念为：文化应当被理解为以差异性为导向的、互动的文化模式，一个既可作为表征（【英语】perceptas）被描写，也可作为认知（【英语】Konceptas）被理解的体系；一个由各种关系组成的变化的，而不是作为模式和物质而稳定存在的系统。

2.2章节中，根据本书的研究对象而言，应当遵循综合视角下的文化理论，也就是说，企业应被视作文化。因为文化是由个体之间的互动而展现出来的，也可由此而得以改变。这一点特别在跨文化企业的建立以及最初塑造企业特征的过程中很明显。长期建立起来的文化思维模式和行为方式对个体会发生影响，也会对他们的行为具有指导意义。在这种情况下，文化影响组织成员的行为，也影响企业的战略等方面。也就是说，企业特征和企业文化之间是相互影响的。而本书正是力求在上述研究成果的基础上给出一个关于跨文化情境下企业文化研究的更为全面的研究视角。

2.3章节分别从跨文化性、整体性理论和结构化理论这些跨文化互动理论对跨文化适应进行理论阐释。本书对跨文化性的理解从两个方面展开，即以传递为导向的跨文化性和以互动为导向的跨文化性。其中，通过"视角的交互性"成为后文实证性研究的理论基础。认为跨文化是不停地被新建构出来的，它使在第三性意义上的间性世界C，它既不与A的生活世界，也不与B的生活世界完全相符，而是在碰撞中产生的一种全新的质量，一种协同作用。接着，介绍了以"跨文化对话"和"跨越边际的博弈"为代表的跨文化适应的整体性观念，并指出整体性观念是建立在反对二分法的指导思想基础之上的。最后，本节中，着重介绍了吉登斯的结构化理论这样一个建构主义理论。这些理论也将用于对第4章、第5章的研究结果的理论阐释。

第三章

研究过程

企业文化的研究方法具有多样性,现有的具有可比性的关于企业文化的论文所采用的研究方法根据各自的认知特点而采用不同的研究方法。研究的视角,包括将主要视角放在观察角度的纵向民族志研究以及横向角度下的深度访谈和问卷调查法。[1] Schein 也认为企业文化的理解和描述的方法"迄今为止没有一剂妙方"[2]。研究方法选择也只遵循服务于研究对象的原则。

Stefanie 在《企业文化是跨文化》一书中,面对跨文化情境下企业文化的研究采取的是质性扎根个案研究法,对德国泰国企业的经济风格做以比照式分析,进而得出跨文化情境下企业文化的管理策略。Barmeyer 在《跨文化管理和学习风格》一书中采用的是质与量,着位与非位相结合的研究方法对法国、德国和魁北克的管理风格和学习风格做以比照式分析,进而得出跨文化情境下的管理和学习策略。Martin 的基础性研究"组织中的文化——三个视角"也将研究限制在个别企业的详细研究上,同企业的员工采用了大量的质性访谈。Stüdlein 也认为,质性研究方法的特点是,研究问题受到现象的影响,现实也就影响了方法的选择。[3]

3.1 研究方法的选择

本研究中,研究者采取基础理论研究和实证研究相结合。即研究者首先尽可

---

① Sackmann,1991,第 180 页。
② Schein,1995,第 157 页。
③ Stüdlein,1997,第 13 页。

能对相关理论进行梳理并加以概要地阐述,从而为实证研究搭建概念架构。实证研究采取质性扎根个案研究为研究方法。即本书的研究具有如下特征:本书采用的是无前设的质性研究,即采用的是归纳式的扎根取向方式搜集资料,个案研究为具体的操作方法。

3.1.1 质的研究——方法论

陈向明认为,"在开始一个研究之前,需要思考的第一个基本问题是哲学取向。研究是生产关于世界的知识。针对同样的社会现象,不同流派的研究者使用不同的研究方法,形成不同的研究问题。如果希望理解不同的研究者为什么对同样的社会现象有不同的问题意识和技术偏好,为什么质性研究通常使用访谈、观察、实物分析和民族志的方法来探讨意义解释类问题,而量的研究则通过问卷调查、实验、测量、统计等手段来检验可概化的理论假设,就需要我们对研究者的信念、价值观和所秉承的研究传统有所了解。"①而对这类问题进行探讨,"范式 paradigm 不失为一个好用的概念"。②

库恩(2003)对范式做了如下定义:"'范式'是一个科学共同体成员所共有的东西,是由共有的信念、价值、技术等构成的整体。"③在共同体内有一些公认的科学成就,在一段时间里为共同体提供典型的问题和解答。某范式之所以在该共同体内获得了地位,是因为比其竞争对手能更成功地解决一些问题,而这些问题又为实践者团体认识到最为重要。不同范式之间具有不可通约性,其区别和变革类似一场"革命"。以共同范式为基础进行研究的人,都承诺以同样的规则和标准从事科学实践,但又不必完全由规则所确定。概言之,范式是一种"学科基质"(disciplinary matrix),它包括:符号概念、共同承诺的信念、价值和范例。④

本书使用"质性研究"或"质化研究"这个译名,与社会学界使用的"定性研究"内涵相似。本书采用陈向明在《质性研究:反思与评论》中对"质性研究"的定义:"以研究者本人为研究工具,在自然情境下采用多种资料收集方法,对社会现象进行整体性探究,主要使用归纳法分析资料和形成理论,通过与研究现象互动

---

① 陈向明,2008,第1页。
② 陈向明,2008,第1页。
③ 陈向明,2008,第3页。
④ 陈向明,2008,第3页。

对其行为和意义建构获得解释性理解的一种活动。"①它具有探索社会现象、阐释意义、发掘整体和深层社会文化结果的作用。质性研究是一个跨学科、超学科的领域，受到很多社会思潮、学术理论和研究方法的影响。

质性研究和量化研究两种方法均有优缺点。量化研究方法主要适合进行描述性的或验证性的研究，比如"什么"、"谁"、"在哪里"、"多少"等问题，而质性研究方法的侧重点在于解释性的研究，比如探究"为什么"、"如何做"的问题。② 简单来说，质性研究的方法得到最多的批判就是其任意性，量化研究方法得到最多的批判便是肤浅性。量化研究首先重视的是"测量"，质性研究重视的是"理解"。

量化研究与质性研究最根本的区别在于："前者认为，人世间的事物之间存在相关关系（特别是因果关系），通过数据分析能够相对精确地揭示这些关系，并能预测未来的发展趋势；而后者认为，有人存在于其中的社会世界是非常复杂而又充满意义的，而且意义的解释是地方性的、多元的，必须通过研究者的主观参与才能被理解。这两种研究各自代表了非常不同的世界观：前者必须将复杂的问题简单化，才能用量化的方式对现象进行因果关系的计算；而后者势必将简单的问题复杂化，才能揭示意义的多重性和情境性。"③

本书的目的不在于验证已有的结论，而在于发现新的理论。"质性社会研究可以也应该有助于发现具体的意义、结构、社会变化和发展。"④围绕本书的研究目标——描述并分析跨文化情境下的企业文化，应选用质性研究为主要的研究方法，是因为质性研究具有如下特点。

质性研究的第一个特点是：现实是由个人与社会世界的互动所建构的。⑤ 质性研究"意味着对于'经历的'、'感觉的'、'遭遇的'的经验的直接关注"⑥。巴顿解释道："质性研究是对于情境的独特性进行理解的一种努力，这种独特性是特定场景以及场景中的互动所展现出来的……要去理解场景的本质——那种场景对于参与者意味着什么，他们的生活像什么样子，对他们而言正在发生着什么，他们的意义是什么，在那种特定的场景中世界看上去像什么。"⑦

---

① 陈向明，2008，第 1 页。
② Rathje，2004，第 22 页。
③ 陈向明，2008，第 6 页。
④ Heinze，2001，第 14 页。
⑤ 麦瑞尔姆，2008 年，第 5 – 6 页。
⑥ Shermann/Webb，1988，第 7 页。
⑦ Patton，1985，第 1 页。

第二个特点是,研究者本身就是收集和分析资料的最基本工具。资料是经过人(研究者)——而不是通过没有生命的题单、问卷,或者计算机——这种工具的中介作用而取得。①

质性研究的第三个特点是,研究者必须亲自去接近人、地点、场景、机构(田野)。②

第四,质性研究一般会采用归纳的研究策略。③ 也就是说,这类研究构建抽象的概念、假设、理论,而不是去检验现有的理论。演绎的研究者希望寻找到能够与理论匹配的资料,而归纳的研究者则希望找到能够解释资料的理论。典型的质性研究的结果是以主题、范畴、类别、概念、尝试性的假设,甚至是理论的形式出现的,这些都是通过对于资料的归纳获得的。

最后,质性研究关注的是过程、意义和理解,所以其成果具有丰富的描述性。研究者更多的使用图片和文字——而不是数字——来传达其研究所得。

德国学者 Stefanie Rathje 从三个方面认为跨文化情境下企业文化的研究应当采取质性研究:

▲理论的缺乏

目前缺少跨文化情境下企业文化的发展的实证性可经得起检验的理论。现存的知识也都是片面的,并且部分是相互矛盾的。没有足够的基础来支撑对假设进行验证。

▲理论的需要

全球化的趋势产生并且增强了对以行动为导向的解释模式来发展跨文化情境下的企业文化发展的需要。发展出新的模式似乎比检验现存的模式更有意义。

▲过程核心

跨文化情境下企业文化的发展的知识类似于对研究对象进行过程性研究,基于数据的量化研究很难符合研究对象。④

不同的作者对于质性研究的变体的称呼也各不相同,有取向(Tsech,1990)、理论传统(Patton,1990)、研究策略(Denzin and Licoln,1994)、流派(Wolcott,1992)

---

① 麦瑞尔姆,2008,第6页。
② 麦瑞尔姆,2008,第6页。
③ 麦瑞尔姆,2008,第6页。
④ Rathje,2004,第22页。

或者主流传统(Jacob,1987,1988;Lancy,1993)。[1]

泰斯克所列的 45 种质性研究的方法是一个囊括了研究设计(行动研究、个案研究)、数据分析技术(内容分析、话语分析)和学科取向(民族志、口述史)的综合的清单。[2] 后来,她对于这个分类进行了重新处理,将其归为三种基本的取向:语言取向、解释描述取向,以及理论建构。[3]

巴顿 Patton 则采取一种不同的视角,即,根据"特定的研究者提出问题的种类"来确定质性研究的类型。不同的学科或者不同的学术传统导致不同的问题。他界定了十种类型:民族志、现象学、阐释学(heuristics)、民族方法学(ethnomethodology)、符号互动论、生态生理学、系统理论、混沌理论、权势的以及定向研究。[4]

邓津和林肯 Denzin and Licoln 也采取了不同的策略,将个案研究、民族志和参与观察、现象学、民族方法学、诠释实践、扎根理论、传记方法、历史社会学,以及临床研究等,归于"研究策略"之下。[5]

兰希 Lancy 探讨了他所谓的教育质性研究的主流传统,其中包括人类学、社会学、生物学观点、个案研究、个人陈述、认知研究,以及历史研究。[6]

在质性研究作为方法论的前提下,选择具体的哪种操作方法也是根据具体的"研究策略"的特点而做出的选择,本书所选用的是扎根理论和个案研究。由上述的介绍可知,扎根理论和个案研究在有些学者那里,被视为是同级别的研究策略。而在有些学者,如 Rathje 那里,扎根理论被视为研究原则,个案研究为具体的操作过程,质性——扎根理论——个案分析是逐级深入的具体化过程。本书采用 Rathje 的分类方式。

[1] 《质化方法在教育研究中的应用:个案研究的扩展》莎兰 B. 麦瑞尔姆 著 于泽元译 重庆大学出版社 2008 年(7 页)

[2] Tesch, R. Qualitative Research: Analysis Types and Software Tools. London: Falmer Press, 1990. p58

[3] Tesch, R. Software for Qualitative Researchers: Analysis Needs and program Capabilities. In N. G. Fielding and R. M. Lee (eds.), Using Computers in Qualitative Research. London: Sage, 1991.

[4] Patton, M. Q. Qualitative Evaluation Methods. (2nd ed.) Thousand Oaks, Calif.: Sage, 1990.

[5] Denzen, N. K., and Lincoln, Y. S. (eds.). Handbook of Qualitative Research. Thousand Oaks, Calif.: Sage, 1994.

[6] Lancy, 1993。

3.1.2 扎根理论——研究原则

Eisenhardt 认为扎根理论质性研究方法使用的前提是:"如果就某个现象了解的不多,现在的视角似乎不合适,因为这些视角具有少量的经验支撑,或者这些经验相互矛盾。当研究一个新的纵向改变的过程时,适合选用扎根理论。"[1]Flick认为,使用扎根理论的前提是,"如某种现象如此新鲜,以至于经典的演绎方法论——由理论模型推导出来的并且经过经验检验的问题和假说——会绕过研究对象的多样性"。[2] 同样的,在使用扎根理论之前,我们需要先清楚什么是"扎根理论"? 这要从扎根理论出现的背景说起。

3.1.2.1 扎根理论的背景与出现

扎根理论出现的背景是在"到 20 世纪 60 年代中期,当复杂的量化方法在美国获得主导地位时,社会学质性研究长期以来的传统已经衰落了,学科训练朝着量化方式所规定的研究方向发展。这是由于认知的方式依赖于人们有关知识如何形成的理论。一元论方法的信念即系统的观察、可重复的试验、对概念的操作化定义、逻辑推导出的假设以及验证了的证据,形成了关于量化方法的假设。20世纪 60 年代量化研究者并不认可质性研究,他们把质性研究看作是印象式的、轶闻式的、非系统的和有偏见的。量化研究者只是用访谈或观察来帮助他们设计更精确的调查或更有效地实验。量化研究者从逻辑上验证由现有理论演绎而来的假设,所导致的结果便是,他们使得现有理论更为精致化了,但却很少产生新的理论建构。

扎根理论最初出现在社会科学家 Glaser 和 Strauss 的成功合作中,他们一起研究了医院中的死亡过程。他们的研究团队对死亡过程中专业人员及病人进行了观察和访谈。对他们的数据进行了清晰的分析,产生了对社会组织及死亡过程的时间序列的理论分析。当他们建构关于死亡过程的分析时,形成了系统的方法论策略。"Glaser 和 Strauss 的著作《扎根理论的发现》(The Discovery of Grounded Theory,1967)第一次明确指出了这些策略,提倡在给予数据的研究中发展理论,而不是从已有的理论中演绎可验证性的假设。"[3]

---

① Eisenhardt,1989,第 547 页。
② Flick,2000,第 10 页。
③ 卡麦兹,2009,第 6 页。

3.1.2.2　扎根理论的主旨

陈向明归纳出扎根理论的主要宗旨,即"从经验资料的基础上建立理论。研究者在研究开始之前一般没有理论假设,直接从原始资料中归纳出概念和命题,然后上升到理论。这是一种自下而上建立理论的方法,即在系统收集资料的基础上,寻找反映社会现象的核心概念,然后通过在这些概念之间建立起联系而形成理论。扎根理论一定要有经验证据的支持,但是它的特点不在其经验性,而在于它从经验事实中抽象出了新的概念和思想。"①

卡麦兹认为,"Glaser 和 Strauss 把认识论批评和行动的实践准则结合在了一起。他们指出,系统的质性分析拥有自己的逻辑,能够产生理论。他们特别关注对社会过程的抽象理论解释进行建构。"②一个已完成的扎根理论要满足一下标准:"要与数据非常契合、有用,具有概念深度,能够经受时间的考验,可调整并具有解释的力度。"③《扎根理论的发现》提供了有力的论证,使得质性研究本身作为一种可靠的方法论路径获得了合法性。

3.1.2.3　扎根理论的特点

归纳起来,Glaser 和 Strauss 的质性研究同以往的研究方法比较起来具有如下特点:

第一:扎根理论建立在早期质性研究者含糊的分析程序和研究策略的基础上,并使其清晰化了。之前为进行田野研究所进行的指导主要处理的是数据搜集和田野背景中研究者的身份问题。作者们很少告诉读者如何处理和分析堆积如山的数据资料。Glaser 和 Strauss 为质性研究操作所写的书面准则改变了口述传统,使得分析性的指导方法更加容易掌握了。④

第二:Glaser 和 Strauss 基于在社会背景中对过程的研究。这样,扎根理论会以新的理论术语解释研究过程,说明理论类属的属性,展示这一过程得以出现和变化的原因和条件,并描绘出它的结果。这些实践有助于研究者控制研究过程,增强研究的分析力度⑤。

第三:大部分扎根理论是实质理论(substantice theories),因为题目所解决的

---

① 陈向明,2011,第 327 页。

② 卡麦兹,2009,第 7 页。

③ 卡麦兹,2009,第 8 页。

④ 卡麦兹,2009,第 8 页。

⑤ 卡麦兹,2009,第 7 页。

是在具体的实质领域中所限定的问题。扎根理论的逻辑能够达到这个实质领域，进入形式理论（formal theory）的范围，这意味着产生抽象的概念，使它们的关系具体化，以理解多重实质领域中的问题（Keraney，1998）。①

3.1.2.4　扎根理论的三种不同派别

扎根理论嫁接了社会学中两个互相矛盾而且彼此竞争的传统：哥伦比亚大学的实证主义和芝加哥学派的实用主义及田野研究。这也表现出 Glaser 和 Strauss 在扎根理论的意义和过程方面存在不同看法。Glaser 批判 Strauss 的方法太中规中矩、太结构化（Glaser，1992）。Charmaz（2006）也为建构主义扎根理论做辩护，这样便形成了三种不同的解释，扎根理论也得到了发展。

（1）Glaser——实证主义的方法

一方面，扎根理论方法的认识论假设、逻辑和系统方法反映了 Glaser 在哥伦比亚大学跟随保罗·拉扎斯菲尔德（Paul Lazarsfeld）所接受的严格量化训练。Glaser 关注的是为质性研究方法进行编码（Lazarsfeld & Rosenberg，1955），这样就为进行质性分析建构了具体的准则。Glaser 也提倡建立有用的中层理论。中层理论包括对具体社会现象的抽象表现，具体社会现象要扎根于数据。这样的中层理论与 20 世纪中叶社会学的"宏大"理论很不相同，宏大理论曾横扫社会，但并不是建立在系统分析数据的基础上。Glaser 把扎根理论沉浸在冷静的经验主义、严格的编码方法之中，强调渐生过程（【英语】emergent）的发现，其著作《理论敏感性》提供了这一方法最为清晰的早期陈述。

（2）Strauss 和 Corbin（1990，1998）的系统化过程

Strauss 把人看作是在其生活及世界中的积极行动者，而不仅仅是更大社会力量的消极接受者。"他认为过程，而不是结构是人类存在的基础；事实上，人类通过参与过程产生了结构。Strauss 把这些概念如行动者、生成过程（emergent process）、社会的及主观的意义、问题解决过程及行动的开放研究引入了扎根理论。"②这些观念反映了实用主义哲学传统（Blumer，1969；Mead，1934）和符号互动论。这一视角假设，互动本身是动态和解释性的，解释人们如何创造、扮演和改变意义和行动。

Strauss& Corbin 认为，"研究开始时并不存在应该证明的理论，而只是一个研

---

①　卡麦兹，2009，第 10 页。
②　卡麦兹，2009，第 9 页。

究领域——在研究过程中才逐步确立这个领域的关键重点。"①"常规的比较方法包括了将数据的一部分与另一部分做比较,以发现它们之间的相似和差异。数据也会按照相似的度向被归并在一起,这个度向暂时被给予了一个名字,逐渐就会成为一个类别。分析的总体目标是在数据中寻求一种模式。在建构扎根理论的过程中,这些模式通过资料之间的关系体现出来。"②

Glaser 把扎根理论定义为一种发现的方法,把类属作为从数据中生成的,依赖于直接的、常常是狭隘的经验主义,分析基本的社会过程。Strauss 则把这种方法向证实方向发展了,他与 Corbin 合作的著作进一步沿着这一方向发展。③ 与此同时,学者数量的增长使得扎根理论偏离了实证主义的 Glaser 版以及 Strauss 和 Corbin 版④。研究者使用扎根理论的准则,就像是用什么东西都可以容纳的容器意义,比如编码、写备忘录和为发展理论而进行的抽样,而且比较方法在很多情况下都是中立的。

在 Strauss & Corbin 的系统化分析中过程中,研究者选取 20 到 30 名受访者,基于"田野"的采访,以收集采访数据,达到该范畴 Category 的最大值。范畴代表着组成事件、意外、实例的信息(Strauss & Corbin,1990)。

扎根理论数据收集的方法是一个 Z 字形路线,到田野中收集信息——回到办公室分析数据;回到田野中收集数据——回到办公室分析数据。对理论进行检验应该在什么程度上停止? ——这取决于研究者建构理论时面临的内、外部条件。内部条件通常是:理论已经达到了概念上的饱和,理论中各个部分之间已经建立了相关、合理的联系。外部的条件主要有:研究者所拥有的时间、财力、研究者个人的兴趣和知识范围等。

扎根理论中的理论建构不是一个一劳永逸的事情,不可能一蹴而就,需要不断发展。所有的理论都是流动变化的,都具有时间性和地域性,都涉及不同的创造者和使用者。扎根理论是为了理论建构的目的进行抽样,而不是为了人口的代表性进行抽样。研究者以开放式的编码开始工作。Strauss & Corbin,1990 认为核心现象的类属包括:原因、战略、情境下的以及期间所发生的情况和结果。

---

① Strauss& Corbin,1996,第 IV 页。
② 麦瑞尔姆,2008,第 13 页。
③ 卡麦兹,2009,第 11 页。
④ 卡麦兹,2009,第 11 页。

（3）Charmaz（2005，2006）的建构主义方法

最近另外一种扎根理论的视角是从"实证主义的基础"中重获扎根理论。社会的情境应当构成我们在扎根理论中的分析单元。她依赖于后现代的视角（研究和解释的政治属性，研究者部分的自反性，对表现出来的信息所具有的问题的认知，合法性和专制性的问题以及将研究者从'全知的分析者'复位到'认知的参与者'）进一步扩展扎根理论。

Charmaz 的建构主义视角强调不同的本地世界、多重的现实以及特殊世界、观点和行动的复杂性。她认为，理论的发展依赖于研究者的观点，从植入于其中的、隐藏的关联、情境、关系之内的经验中学习，将权力、交流和机会的等级展现出来。她更强调的是个人的观点、价值、信念、感觉、设想和思想，而不是研究方法。

Charmaz 将扎根理论方法看作是"一套原则和实践，而不是处方或包装好的程序（prescriptions or packages）"①。她还认为，扎根理论的优点在于能够"把其他方法补充到质性数据分析中来，而不是站在这些方法的对立面"。至于调查过程和研究过程中的"过程"一词，卡麦兹认为，"一个过程是展开的时间序列，这个序列可能有着清晰的开始标志和结束标志，有着两者之间的多个标志点。这个时间序列在一个过程中是连续着的，而且是变化着的。这样，单一事件就连接成为一个更大整体的一部分。即使最系统化的过程也会包含意外，因为当下来自过去，但从来不会完全意义。当下是带着新的特征出现的（Mead，1932）。这样，一个具体过程的经验和结果就具有某种程度的不确定性。"②

虽然我同意卡麦兹的观点，"数据和理论都不是被发现的。我们是所研究世界及所搜集数据的一部分。通过我们在过去和现在的参与，以及与人们、视角、和研究实践的互动，我们建构了自己的扎根理论"③，以及"任何理论形式提供的都是对被研究世界的一种揭示性图像，而不是世界实际的面貌。"④但是，总的来说，我的观点同芝加哥学派一致，认为扎根理论要建立在实用主义基础上，要形成解释性的分析，并且这种分析要认可这些建构。因此，本书遵循 Strauss ＄ Corbin 的研究方法，因为他们的研究方法更为系统，有助于形成新的理论。

其研究过程为：

---

① 卡麦兹，2009，第 12 页。
② 卡麦兹，2009，第 12 页。
③ 卡麦兹，2009，第 13 页。
④ 卡麦兹，2009，第 13 页。

——确定研究问题是否适合使用扎根理论。当某个理论不适合解释过程,或者也许存在某些理论,但是这些理论不完整时,适合使用扎根理论。

——研究问题集中在理解个体是如何经历这些过程的,该过程是如何展开的。

——这些问题典型地适合采用访谈的方式进行,尽管观察、文件和视频资料可以提供资料,但访谈是最为适合的方式。

——数据的分析过程是阶梯式的。在开放式的编码中,研究者通过将信息分类形成关于某现象的信息类属,即主轴编码。主轴式编码中,研究者使用编码范式(paradigm)或逻辑图解 diagram,其中研究者确定核心现象、发现原因、特殊战略和情境下的以及期间所发生的情况和结果。

——遵循"故事链"将类属之间连接起来。

——研究者可以发展和进行直观的描绘,从而真实地进入某个情境矩阵,阐明对该核心现象产生影响的社会的、历史的、经济的情况。

——数据收集和分析的过程的结果是一个实质理论,更贴近某个特殊问题或某类人群。

3.1.3　个案研究——操作过程

什么时候运用个案研究,要根据研究者想知道些什么而定。Yin 认为,对于"怎样"和"为什么"的问题,个案研究有明显的优势。[1] Bromley 写到,个案研究如界定的那样,"最接近于主观的兴趣,部分是由于它在自然情境中进行直接观察,部分是由于它们所得到的是主观因素(思想、感觉和理想),而实验和抽样调查通常使用方便推理的数据,如测量结果、官方记录等。"[2]另外,个案研究倾向于拓展更广泛的证据网络,而实验和抽样调查通常只关注在一个狭窄的范围。

过程作为个案研究的重点领域可以从两个方面来看待其意义。"过程的第一个意义是追踪:描述所研究的背景和人群,发现措施或项目被实施的程度,用一个具有形成性的方式提供即时回馈,以及类似的东西。过程的第二个意义在于原因解释:发现或肯定一定的措施如期望的那样产生了效果"。[3] 本书的研究内容,

---

[1]　Yin,1994,第 9 页。

[2]　Bromley,1986,第 23 页。

[3]　Reichardt and Cook,1979,第 21 页。

"中德合资企业中第三种文化的动态生成"形成恰是一个个案的渐生过程。通过调查可以发现研究对象所采取的措施中哪些具有良好的效果,哪些有利于企业的融合。

3.1.3.1 个案研究的定义

伊恩 Yin 把个案研究界定为研究过程:"个案研究是实证性探究,它在真实生活场景下对当前现象进行探索,特别适用于现象和场景的界限并不明显的状况。"[①]Stake 则重点关注研究单位——个案。[②] 要对个案研究的特征进行界定最重要的方面在于对其研究目标,也就是对个案进行清楚划限。Smith 曾把个案界定为"有边界的系统"[③]。Stake 补充了此观点,提出"个案是一个综合系统……个案是一个有边界的事件,是单一实体或单位……个案应该是特定的、复杂的、具有特定功能的事物。"[④]一个评判研究主题是否有边界的方法是询问数据收集范围究竟具有多大程度上的确定性。Miles and Hubermann 把个案看作"一个有边界的场景中所出现的某类现象"[⑤]。有边界的系统或个案,可能因为特定的关注、事项或假设而被选择出来,用 Adelmann,Jenkins and Kemmis 的话说,它可以是"一个类别中抽取出来的案例"[⑥]。

和实验、抽样调查以及历史研究不同,个案研究并不强求任何特定的数据收集和分析方法,无论是测量还是访谈均可。[⑦] 质性研究是基于这样的事实:选择这类研究的研究者感兴趣的是洞见、发现和解释,而非假设验证。个案十分关注整体的描述和解释:好几个学者均提出了类似的讨论,Cronbach 提出的"在场景中解读"[⑧],Yin 注意到,"个案研究特别适用于无法把现象中的变量从它们的场景中剥离出去的情境"[⑨]。Wilson 把个案定义为"运用质性的、复杂的和综合的话语描述和分析一些实体的过程"[⑩];Macdonald and Walker 把个案定义为"对一个行动上的

---

① Yin,1994,第 13 页。
② Stake,1994;Stake,1995。
③ Smith,1978。
④ Stake,1995,第 2 页。
⑤ Miles/Hubermann,1994,第 25 页。
⑥ Adelmann/Jenkins/Kemmis,1983,第 3 页。
⑦ 麦瑞尔姆,2008,第 21 页。
⑧ Cronbach,1975,第 123 页。
⑨ Yin,1994,第 9 页。
⑩ Wilson,1979,第 448 页。

事件所给予的审视"①；Guba and Lincoln 认为个案研究的目的是"发掘研究实例所属类别的特性"②。Becker 则认为，"个案研究的目的具有两面性，一方面要达到对所研究群体的综合理解，另一方面要对社会结构和过程的常态发展出理论性陈述"。③ Merriam 和 Wolcott 把个案研究看作是"现场研究的最终产品"，"密集的、整体性的描述和分析"。④

3.1.3.2 个案研究的特点

Merriam 认为，个案研究具有独特性、描述性和解释性。⑤ 独特性指的是个案研究关注特定的情境、事件、项目或现象。个案本身对于其所反映和代表的现象、事务等的意义十分重要。个案研究"专注于特定人类群体面对特定问题所采取的对策，对情境保持整体性的态度，它们是问题中心的、小规模的、全方位的努力"⑥ 结合本书的研究内容，我们所专注的特定人群便是中德合资企业的员工和组织；他们所面对的特定问题便是中德跨文化情境下的企业中的生活世界；他们面对这样的企业生活采取了哪些对策，对情境保持什么样的态度。

描述性是指个案研究的最终产品是对所研究现象的一个丰富的、深度的描述。"深度描写（dichte Beschreibung，thick description）"是从人类学所借用过来的术语，意谓对所探索的事件或实体所进行的完整的、文学性的描述。个案研究通常会包括尽可能多的变量来描述它们，它们同样被贴上"整体性"、"生活化的"、"扎根的"、"探索性的"标签，"它们用事件、引述、样例和人造物品来写作报告阐明自己的观点"⑦。本书将采用深度访谈的形式，以力求获取研究对象在这样的跨文化情境下的企业生活全貌。描述包括三个步骤，首先是对自己的文化进行解析，第二个阶段是接受对方的评价，接下来进入下一个阶段，即各自发生了哪些改变。

解释性是指，个案研究所展示的是读者对研究现象的理解，它们可以带来新的意义发现、拓展读者的经验或者印证他们已知的东西。"通过个案研究对所研

---

① Macdonald/Walker，1977，第 181 页。
② Guba/Lincoln，1981，第 371 页。
③ Becker，1986，第 233 页。
④ Merriam，1988，第 21 页；Wolcott，1992，第 36 页。
⑤ 麦瑞尔姆，2008，第 21 页。
⑥ Shaw，1978，第 2 页。
⑦ Wilson，1979，第 448 页。

究现象进行再思考,过去不曾知晓的关系和变量出现了,对于事物怎样发展的洞见是个案研究可以期待的结果"①。通过本书的研究,可以为中德跨文化情境下的企业带来一些新的启示和经验或者印证他们已知的东西。

　　总体来说,质性个案研究可以通过实际展开的探究过程、分析的单位(有边界的系统,个案),或最终产品进行界定。作为探索的产品,个案研究是对单一实体、现象或社会单位进行的密集的、整体性的描述。个案研究是独特性的、描述性的和解释性的。

3.1.3.3　个案研究优势和局限

　　任何研究涉及都有自己相对的优势和局限,任何特定设计的价值都和选择的基本原则有着内在的相关,选择的基本原则就是某种研究设计可以最恰当地对研究问题进行探索。

　　个案研究中所研究的个案,是否具有代表性呢? 如果根据定量研究的逻辑,个案作为样本所代表的是一个经验层次的总体,那么,在统计或概率的意义上,个案很难确保这样的代表性。只有在研究总体是同质的前提下,从中所抽取的个案样本才具有这种"总体代表性"(即样本能代表总体),否则,在研究总体是非同质的情况下,一个(或几个)个案往往很难具有统计意义(或经验层次)上的"总体代表性"。因此,用定量研究的"总体代表性"标准来要求个案研究的样本,或者说,个案研究企图追求定量研究的样本"总体代表性",不过是一种堂吉诃德式的企图(即难以实现的目标)。②

　　为了要了解个案研究不同于问卷调查的抽样逻辑,我们必须首先了解个案研究所能达成的目标。"社会研究往往可以分成探索性研究和结论性研究两大类,后者又可进一步区分为描述性研究和解释性研究两类。一般来说,探索性研究对样本的代表性没有严格的要求,而描述性研究和解释性研究则对样本的代表性有较高的要求。同样道理,个案研究也可以区分为探索性研究和结论性研究(包括描述性研究和解释性研究),但在描述性研究上,个案研究对代表性的要求不同于问卷调查。描述性个案研究可能涉及代表性问题,也可能不涉及代表性问题。而是否涉及代表性,取决于描述性研究的目的。如果是以积累资料为目的的描述性个案研究,就没有代表性问题。而试图将研究结论进行外推的个案研究,则涉及

---

　　① Stake,1981,第 47 页。
　　② 王宁,2002,第 42 页。

代表性问题。因此,总起来说,个案研究可以分成涉及代表性问题和不涉及代表性问题两类。而涉及代表性问题的个案研究,所要求的代表性,也不是问卷调查所要求的'总体代表性'"。①

对此,王宁对结论性个案与外推型个案进行了比较分析。正如麦瑞尔姆所述,"描述性个案研究也可以作为一种揭示性研究。通过对某些鲜为人知的个案的描述,可以解释某种隐秘现象、新鲜事物或发展趋势,消除人们的认识盲区,扩大人们的视野,甚至可以对某种刻板认识或片面的话语霸权进行挑战。尽管这一类个案研究不具备"总体代表性",它们却具有重要的认识功能。"②

"一些结论性的个案研究也可以不涉及代表性问题。例如,诊断性(或运用性)个案研究的结论必须是确定性的,属于结论性个案研究。研究者运用现有的理论,对某个特定的个案或案例进行分析,从而找出问题和症结。但是,这一类个案研究中的个案本身就是其全部研究对象,即是说,它本身就是'总体',因此,这一类个案研究类似于普查,不存在所谓样本代表总体的问题。"③

"外推性个案研究就涉及代表性问题,因为它涉及所研究的个案是否可以代表所外推的其他个案的问题。但是,它所涉及的代表性,显然不是"总体代表性",因为个案抽样很难确保这种代表性。"④总之,个案研究中的个案样本具有类型代表性,而问卷调查样本具有总体代表性。二者不能混为一谈。

"个案研究对复杂社会单元的探索提供了有效途径,这些社会单元往往包含对理解某些现象具有潜在重要性的多种变量,它可以提供洞见、阐明意义以拓展读者的经验。这些洞见可以被建构为尝试性的假设,为今后的研究奠定基础。"⑤

Collins and Noblit 注意到这类研究(他们称之为田野研究)在政策研究方面的优势:"田野研究可以更好地抓住情境和场景,这对于政策或者介入性项目来说要比积累单个特征更富有补充性意义。第二,田野研究所揭示的并非静态的特征,而是对行动中的人以及他们在特定背景下如何互动的理解,这样对人们行为的推论就不像量化研究那样抽象……田野研究可以比实证主义设计对社会变革更有

---

① 王宁,2002,第42页。
② 王宁,2002,第42页。
③ 王宁,2002,第42页。
④ 王宁,2002,第44页。
⑤ 麦瑞尔姆,2008,第29页。

用一些,而变革通常是政策所想达到的目标。"①

Rathje 对个案研究方法具有的优点总结如下:个案研究的目的是对从某个知识视角所选择的维度内部活力做以清晰理解。一方面,可能是某个事件内部的多个分析层面,另一方面还可能表明几个相关"事件"。第一、可以生成新的理论,个案研究分析中对相互矛盾事实的分析有助于促进发现新的关联。创新型问题的解决方案经常来自相互对立的事件之中。在差异性的数据基础之上的发现有助于从认知上离开传统的理论原理。第二、其研究结果总的来说表现为具有较强的贴近现实的特点,很有可能从实证上被证明是真实的,因为每个研究结果都是直接同所调查出来的数据相关的。Eisenhardt 总结道,"研究者从研究之初就是在对数据做出回答……同现实证据的紧密联系通常会生成最真实贴近事实的理论。"②

促使我们选择个案研究的那些特征,也给它的应用带来一定的局限性。

第一,时间和经费的耗费是巨大的,无论对研究者而言还是对于使用者而言。Guba and Lincoln 注意到:"个案研究可能会过度简化或者过度放大情境,导致读者对事件的实际状况做出错误的结论。"③

第二,研究者本人的敏感性和融合能力也会影响研究结果。必需的观察和访谈训练是很多研究者难以做到的。对于如何建构最终报告也没有指导,对于如何分析所收集的数据也只是近几年在学术界才有一些讨论。更多的都是依靠研究者自身的本能和素质。

第三,Guba and Lincoln 所说的"非常见的道德问题,一个非道德的个案研究者可能会最终从他所获得的数据当中选择出他们所希望阐明的任何论点。"④个案研究的读者和作者都容易对最终结果的获得产生偏见。

第四、信度、效度和概括性上也有局限性。Hamel 观察发现:"个案研究在代表性方面具有根本性局限。它在对研究中实证材料的收集、建构和分析的过程中缺乏一定严密性,这种严密性的缺乏会导致由研究者的主观性所带来的偏见问题"。⑤

---

① Collins 、Noblit,1978,第 26 页。
② Eisenhardt,1989,第 547 页。
③ Guba/Lincoln,1981,第 377 页。
④ Guba/Lincoln,1981,第 378 页。
⑤ Hamel,1993,第 23 页。

　　动态范式的支持者们主张对不同文化体系相遇时所碰撞出来的"文化摩擦"进行研究。因而本书研究需要围绕核心现象展开,这个核心现象即是"面对差异的适应策略",即互动视角下的研究。

　　一个研究者,无论他的研究是多么非结构式,多么具有归纳取向,都会带着某些引导性的想法进入现场。[①] 本书的质性研究没有做预先的研究设计,因为"许多社会学者与人类学者认为社会过程实在太复杂、太过相对性、太难理解或太过奇特,并不适合采用明确的研究设计。"[②]因此,本人采用"较宽松的结构,以渐渐浮现的、归纳式的扎根取向方式搜集资料,亦即让概念架构在过程中从田野浮现出来,研究问题渐次清晰;未进入现场前不决定选哪个场所与行动者;若要用研究工具,也应该是根据场所及其中行动者的看法之性质再做定夺。"[③]但"研究者展开研究之时,对于究竟要寻觅什么,心中不可能没有一些想法,而且如果他不把这些想法尽量想清楚,也是愚昧的。"[④]因此,较严谨的设计是必要的。较严谨的设计可以让研究者头脑清晰,不必担心范围过广与资料过多的问题。由于"在做概念化工作时,演绎法与归纳法都会用到——若要运用多名研究者的观察资料,则更需要两种取向"[⑤],文献搜索的过程用的是演绎法,扎根理论、个案研究用的是归纳法。概念架构的梳理是必要的,只有在具有一定的背景知识的情况下,"在做访谈和观察时才会看出一些细微处、复杂处及微妙处,知道要问什么问题、要参与什么活动,也知道我们的理论兴趣是怎么体现在现场中。如果不运用这些概念上的优势,等于是在自我设限"[⑥]。Holzmüller 作为一个跨文化管理研究方面的专家,他建议在此领域的研究中,应将质性研究作为重点:跨文化情境下,基于目前的研究现状,在很多研究问题上,个案研究、比较个案研究、探索性描述、丰富而有感情的描述等研究方法,较之狭隘地设定的科学研究对于认识的获得具有更大的价值,狭隘地设定的科学研究在跨文化研究中对于复杂的概念和方法问题来说,并不合适。[⑦]

　　即本书是在对"相关课题和核心概念"进行基础理论研究基础之上,从自己收

---

① 迈尔斯/休伯曼,2008,第 24 页。
② 迈尔斯/休伯曼,2008,第 24 页。
③ 迈尔斯/休伯曼,2008,第 24 页。
④ Wolcottt,1982,第 157 页。
⑤ 迈尔斯/休伯曼,2008,第 25 页。
⑥ 迈尔斯/休伯曼,2008,第 25 页。
⑦ Holzmüller,1995,第 307 页。

集的原始资料出发,进行分析整理后,在原有材料的基础上建构"扎根理论"。区别于其他的带有假设的研究方法,本书介绍"相关课题与核心概念"的目的不是为了给本研究提供给一个理论框架,然后按照这个框架从原始资料中挑选一些佐证来验证研究者本人预定的假设。对前人的理论加以介绍是为了给本研究提供一个背景框架,标示本研究在所涉及的领域网络中的地位,同时帮助研究者深入分析原始资料,为在抽象层面建立"扎根理论"提供参考。

对于文化的质性研究依据谈话、观察和对历史的考量而分析的每个情境是研究和解释的核心对象。其他可以体现文化特征的文献资料也可以用作补充材料。研究者对于异文化的个人经验同样是研究结果可信度的前提。[①] 个人的经验和详细的知识可以更清楚地看到深层文化差异的本质。在这些"软"民族志研究方法之下,基于各种文化差异和通常会再次出现的情境,理解细微的含义的差别,结合其他个案,得出对整个文化的考量,而不必被偶然事件所控制地进行。[②] 也就是说,不仅仅要对某个时间点的说法——实证性量化研究是这样的——进行调查。这种以归纳为导向的研究方法被 Clifford Geertz 理解为"深度描写"。这种方法特别在对文化的研究是很有意义。因为,关于文化影响的意识不仅仅是由理解而控制的认知过程的结果,而且也是一种想要将文化作为一种情境而接纳和理解的热情。[③] 德国哲学家 Graf Hermann Keyserling 认为以行动为导向的知识并不马上就意味着理解:"理解并不等于知识;理解是直接的对意义的理会,而不是其它的,如同绘画作为一门艺术,区别于模拟者的作品,这是对可见的意义的直接理解。"[④]

3.2　研究的进行

本书将扎根理论视为研究原则,具体的操作过程依据组织研究学领域中的个案分析,这也是 Eisenhardt(1989)和 Yin(1994)所发现的。在质性扎根理论个案分析法之下,我们可以在详细的个案研究基础之上通过归纳而发展出理论或理论模型。该方法基于这样的假设,同经历过的事实所建立起来的直接的、紧密的联

---

① Keller,1982,第413页。
② Johnson/Tuttle,1989,第461页。
③ Barmeyer,2000,第64页。
④ Keyserling,1928,第11页。

系构成了发展某种可经得起检验的、重要的、真实的理论的基本前提。①。

图过程步骤：研究过程的操作方式（参照 Eisenhardt 1989）

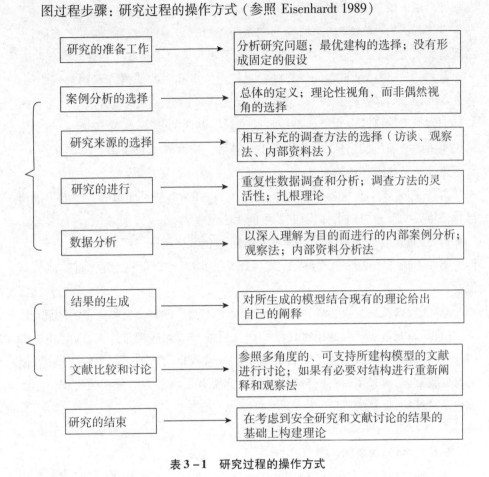

表3－1 研究过程的操作方式

3.2.1 数据收集的方法

在收集资料的时候最重要的是，如何从被研究者那里获得能够表现他们的所思所想、所作所为的资料；以及如何从他们的角度理解他们的行为和意义建构。本文中主要使用的收集资料的方法是：以访谈法为主，以观察法和实物分析法为辅。访谈法主要回答问题是：我如何了解被研究者的所思所想？观察法主要回答的问题是：我如何了解被研究者的所作所为？实物分析法主要回答的问题是：我

---

① Eisenhardt,1989,第 532 页。

如何解释自己所看到的物品的意义？鉴于三种方法在本文的重要性的不同,本研究重点采用访谈法,而以观察法和实物分析法为辅。

有学者认为,概念架构与研究问题是防止资料过多的最佳武器了。因此,资料搜集无可避免地是一个选择的过程,研究者不可能也不会拿到所有资料。

首先,录誊录稿是粗略的。有些誊录稿把情境和一些非语言资料都省略了。将录音或影带做转誊是一种形式的转换,乃是将一话会话形式或言语形式转化成一种记叙形式。这其中会出现不少危险,包括:肤浅的编码、去除情境、在报告人的说明里遗漏前后的信息,以及见树不见林等。研究者在誊录稿看见的东西,无可避免地一定择选择性的。

其次,报告人本身也会有所选择,有时是故意的,有些是无意的。他们可能掩己自己重要的行为与知觉,而研究者可能无法觉察到。

第三,观察也是选择性的。研究者不断地在做决定——何者要纳入资料中,何者不要。他并不必然会理解到(或为什么):某事件被他注意到,而其他事却没有。

总之,资料搜集会有选择性是必然的,但它本身不能解决资料过多的问题。

所以,研究者应该明确记得自己的研究目的与概念透镜是什么,同时还要保持开放的心态,以未启的或未预料的新事物来教育自己。为了避免眼光狭隘、偏见与自我欺骗,可采用每一波资料搜集后,都要有资料浓缩与分析的过程。亦即编码及持续的、反复的反思。

3.2.2　研究对象的选择

本书所选择的 3 家企业均为中德合资企业,为了研究的代表性,所选企业均为汽车生产型企业,因而研究结果具有一定的推广性。出于质性研究的伦理问题,本书对于受访企业的信息、受访人员的个人信息均采用匿名制。为了研究对象的代表性,笔者预先对研究对象进行了设计:

对受访员工的工作年限做以区分,从 0 - 2 年到 5 - 10 年以及 10 年以上。员工的职级也有区分,从普通员工到中层领导以及高层领导。从车间工人到管理人员都属于调查对象。

对于访谈人员的信息要求如下表:

▲个人信息:

年龄、性别、职业身份、在该合资企业工作年限、所在部门、教育背景、国外

经历;

　　▲与跨文化企业文化形成有关的问题:

中德双方在合资企业内部表现出了怎样的差异

企业员工采取了哪些措施来适应对方的文化

企业采取了哪些措施来实现双方文化的融合;

　　▲与跨文化企业文化形成原因有关的问题:

哪些因素会对跨文化适应策略产生影响

3.2.3　质性访谈提纲的确定

第一步:文献搜索

　　上述对理论基础和相关课题研究成果是笔者进行质性量化研究设计的重要理论依据。通过前期的文献搜集,可以建立相关研究成果之间的关联,为本研究提供参照系。

第二步:访谈提纲的制定

　　在接下来所要进行的预访谈中,采用开放式的访谈提纲,让受访人员描述具有典型性的中德合资企业中的文化差异以及他们的跨文化适应策略,以期发现在这样的互动过程中所生成的潜在的文化聚合力和冲突性。本人于2013年4月,对长春一汽大众的1名中国和1名德国员工分别进行了开放式的质性预访谈。在接下来的近2年时间里,本人又不断地将上述实证访谈结果与已有的文献资料进行比照。并且陆续地于2015年2月至5月期间,到已被确定为访谈对象的三家中德合资企业进行实地访谈,除了进行专门安排的一对一访谈之外,还采用了集体访谈、观察、收集企业内部资料等数据收集方法。经过不断地Z字形路线,即"从田野中收集信息——回到办公室分析数据;回到田野中收集数据——回到办公室分析数据",最终将研究内容归纳为如下五个维度:等级观念、工作方式、工作态度、员工关系和员工交流。并且,在访谈结果的分析中,发现工作方式呈现出更多的一致性,并且受访人员也均认为,这部分内容属于现代化企业管理的内容,与文化无关,故此在最终的结果呈现部分,没有将工作方式列入第四章跨文化适应策略的动态分析,而是将这部分内容作为影响因素,列入第五章组织的影响因素中。最后确定的访谈提纲(具体访谈提纲请见附录)选择能表现出典型中德文化互动过程的文化概念(即类概念、属概念,在资料分析中即为"代码")进行质性访谈。

建立于 Lakoff 和 Johnson（1980），特别是 Johnson（1987）与 Lakoff（1987）的认知理论基础上的概念化比喻理论（Theorie konzeptueller Metapher）在相关的文献中应用广泛，由于篇幅的关系，本书中无法详尽。Jäkel（2003）和 Baldauf（1996）也有相关的论述。认知比喻理论主要是从单一文化的视角进行研究的，并且特别适用于实证性研究。然而，迄今为止从跨文化问题的角度发展该理论的研究还没有。

认知比喻理论的基础在于这样的观点，即我们无论是在日常语言还是专业语言的交流情境，都习惯用已知的、形象化的加以转喻的概念化领域来表达交流中的抽象目标领域。已知的内容主要是建立在具体的、对世界的经验基础上的，而这个具体的经验来自于预先概念的个体发展层面，主要是指人们的倾向可能和行动可能。由于不同的文化适应过程，可以设想，对"世界"的概念化，文化与文化之间的理解是不同的。这种适用于所有专业领域的概念化带来了特殊的概念性比喻，据此专业领域交流的抽象目标领域可以通过语言来表达。这种比喻的理解远远超出了传统意义上对作为语言的特殊形式——比喻的理解。文化理论的重要性体现在建立于转译原则（【德语】übertragungsprinzip）基础上的认知比喻理论，即从已知的"世界经验"到所交流的目标领域。恰恰是从比喻转译过程（从已知到未知）中的"世界"经验的关联中可以看到文化的差别。

最终维度选择的考量点不在于对全貌的描述，而是能体现出典型中德双方在合资企业内部互动过程中的类属概念，这些概念对于描述中德合资企业文化的特殊性以及促进该跨文化企业文化的发展是有意义的。

接下来，本书采用半结构式访谈。该研究方法被诸多学者所使用[1]。Brotz 认为，研究中的不标准以及半标准式访谈形式表明，每个回答是意义、是有目的的，全面的观点模型和动机结构是值得关注的。[2] Flick 认为，"提纲式访谈及其在实证性社会研究中的广泛使用同样是由期望所决定的，（……）在相对开放式的访谈情况的设计中，受访主体的视角比标准式访谈或问卷更有效。"[3]半标准式访谈的特征是开放式的和封闭式的问题的结合，这些问题以访谈提纲的形式为访谈者"或多或少地规定了谈话的形式和内容"[4]。在 Flick 看来，同标准式访谈的关键

---

① Hecker，2009。
② Pan，2008，第 166 页。
③ Flick，2000，第 94 页。
④ Brotz，1984，第 166 页。

区别在于,"访谈中没有对答案给出规定,受访者可以自由地表达他们的观点和经验。"[1]Scheel 和 Groeben 详细分析了半结构式访谈,建议对主观理论和对所谓的"结构 – 套环 – 技术"[2]的发展进行重构。本书的访谈强调访谈的搜寻信息的功能,将受访者视为同样重要的伙伴。访谈者在访谈中表现感同身受,采访均采取当面一对一进行。

Witzel(1982,1985,in Flick,2000,S. 105)建议围绕问题进行访谈,这样的访谈主要是从心理上能够注意到揭示主观性问题的视角,并且予以应用。Kleining(1988 in Flick,2000)的接纳式访谈描写的是一个隐藏式的过程,受访者不知道他们在被询问。[3] Meuser& Nagel 以专家访谈而闻名。[4]

提纲的作用正如 Meuser & Nagel 所描述的双重作用:"采用提纲而进行的论文,排除了研究者作为一个无能的谈话伙伴的可能。(……)以某一提纲为线索也排除了谈话离题的可能,另一方面,还允许专家就他的事情和对事物的看法即兴演说。"[5]

正如 Gläser 和 Laudel(2004,88)所断定的那样,"提纲针对的是研究领域,也对于必须找到的知识加以区分,以便回答研究问题。"

第三步:访谈的进行

正如上文所述,访谈的进行和访谈提纲的制定过程是相互为伴的。在对访谈数据进行粗略分析之后,所得出的结论会成为下一次研究的关切点。带着一些问题去进行下一轮的采访。最终,共收集有效的访谈资料 36 份,其中中方 20 份,德方 16 份。数据在中方、德方的第 13 – 14 名左右即出现了数据饱和,但鉴于已经确认了到企业的访谈时间安排,还是对受访人员进行了严肃而认真的访谈,每个人的访谈时间在 45 – 65 分钟之间。下面的两个表格为受访的德方人员和中方人员的情况。

---

① Flick,1995,第 177 页。

② Scheel &Groeben ,1988,转引自 Flick,2000,第 101 页。

③ Scheel &Groeben ,1988,转引自 Flick,2000,第 101 页。

④ Flick,2000,第 109 页。

⑤ Meuser& Nagel,1991,第 448 页,转引自 Flick,2000,第 110 页。

表 3 – 3 受访的德方人员清单

代码	职位	在合资企业时间	年龄	国籍	所学专业	所在部门	此前是否有国外留学或工作经历
D1A	技术专员	2 个月	30 – 35	德国	企业经济学	外事协调科	5 年
D2A	部门经理	3 年	50 – 55	德国	机械制造	质保部	
D3A	技术支持	3 个月	40 – 45	德国	机械制造	质保部	3 个月
D4A	技术专员	1 年	35 – 40	瑞典	企业经济学	物流部	15 年
D5A	部门经理	10 年	55 – 60	德国	企业经济学	物流管理	
D6A	部门经理	8 个月	50 – 55	德国	机械制造	质保部	
D7A	技术总管	3 年	50 – 55	德国	机械制造	质保部	
D8A	专家顾问	5 个月	30 – 35	德国	汉语言文学	外事协调科	
D9B	技术支持	1 年	40 – –45	德国	机械制造	质保部	
D10B	项目经理	4 年半	35 – 40	德国	机械制造	质保部	
D11C	技术支持	15 个月	50 – 55	德国	物流管理	物流管理	
D12C	实习生	2 个月	25 – 30	德国	机械制造	研发部	
D13C	助理经理	2 年	40 – 45	德国	机械制造	研发部	
D14C	助理经理	2 年	35 – 40	印尼	机械制造	研发部	20 年
D15C	部门经理	2 年 4 个月	50 – 55	德国	机械制造	研发部	
D16C	助理经理	2 年	30 – 35	德国	企业经济学	研发部	

表 3 – 3 受访的中方人员清单

代码	职位	在合资企业时间	年龄	国籍	所学专业	所在部门	
C1A	二级经理	4 年半	25 – 30	中国	德语语言文学	人力资源	
C2A	二级经理	12 年	35 – 40	中国	德语语言文学	质保部	
C3A	0.5 级经理	20 年以上	50 – 55	中国	机械自动化	培训部	
C4A	翻译	2 年	25 – 30	中国	德语语言文学	财务部	
C5A	经理助理	15 年	30 – 35	中国	德语语言文学	总经理办公室	
C6A	二级经理	15 年	35 – 40	中国	机电一体化	质保部	
C7A	二级经理	15 年	35 – 40	中国	工程自动化	质保部	
C8B	中级经理	12 年	35 – 40	中国	德语语言文学	人事部	

C9B	工程师	9 年	30 – 35	中国	机械制造	研发部门	
C10B	经理助理	5 年	25 – 30	中国	德语语言文学	研发部门	
C11B	经理助理	4 年半	30 – 35	中国	企业经济学	财务部门	留学 5 年
C12B	工程师	5 年	30 – 35	中国	企业流程管理	物流管理	留学 5 年
C13C	经理助理	2 年	25 – 30	中国	德语语言文学	总装车间	
C14A	技术专员	7 年	30 – 35	中国	英语语言文学	物流管理	
C15A	经理助理	5 年	25 – 30	中国	德语语言文学	能源部	
C16A	技术专员	12 年	30 – 35	中国	物流管理	物流管理	
C17A	技术专员	8 年	30 – 35	中国	德语语言文学	物流管理	
C18C	技术专员	5 年	30 – 35	中国	企业经济学	物流管理	留学 5 年
C19C	项目经理	6 个月	30 – 35	中国邑德国籍	机械制造	研发部	留学 10 年
C20C	工程师		35 – 40	中国	机械自动化	研发部	

3.2.4　数据收集的策略

受访者和访问者共同创造了意义,它们环绕着"事实"产一出一个"故事";双方"读取"下列各种信号,包括片语、停顿、离题、提出一新话题、坚持探究到底、就此项目再问(而非彼项目)、打断讨论等。报告人会"学到"访谈是怎么回事、决定自己要说什么——这个故事会是怎样的,他也将学会用什么方式表达这个故事。[①]在我的访谈中遇到了各种各样的突发情况。有的受访者在我介绍过我的访谈背景和访谈核心问题之后,他反问我,"您能把您目前的访谈结果给我总结一下,然后我围绕这个结果来回答。"还有的访谈者,在开始时说,"真的很抱歉,我恐怕帮不到您的忙,因为我已经感到不到这种文化差异了。"因此,在每段访谈之前需要对自己的访谈问题和阶段性访谈结果不断地加以熟悉、归纳和总结。并且面对受访人的顾虑,要加以鼓励和引导,尽量按照他/她的思路来开展谈话。在了解了他的背景之后,尽量多围绕他熟悉的领域和经历进行讨论。

因此,访谈所采取的策略越宽松,就会越难进行资料的比较。就如 Mishler 的

---

① Mishler,1986,转引自迈尔斯/休伯曼,2008,第 78 页。

引证显示:有 1/3 的结构式并谈并未依照原计划去提问。再者,如果对受访者的生活情境未加了解,就依循一个标准程序去访谈,这种一击式的访谈效果是令人生疑的;基本上这类访谈只是"两个陌生人的会面",他们彼此是没办法理解对方受社会影响所形成的意义架构的。

本书采取问题访谈法,而没有采取专家访谈法。因为在预访谈中得出了这样的结论,不能以员工的职位高低和在跨文化环境中所处的时间长短来衡量每个受访者观点的轻重。对于刚刚接触跨文化环境的员工来说,他们最初对于文化冲突所感受到的阵痛也是其调适自己适应新的环境的重要环节。对于富有经验的跨文化从业的成功人士而言,文化的差异不再那么明显,是因为异文化对他们的影响已浸入了他们自身的人格修养中,换句话说,他们的认知、情感和行为能力已远非纯粹的本国人。处在每个阶段的人认为重要的东西是不同的,正如同儿童时期、中青年时期和老年时期,所经历的生命的阵痛都是不同的。企业不仅仅是由具有较强跨文化能力的高层领导所组成的,也有普通员工。

除此之外,本研究在进行中还使用了观察法和实物分析法作为对访谈内容的支撑材料,而这也是麦瑞尔姆所建议的,"非结构化访谈经常和参与性观察联合使用"①。

观察不仅仅是人的感觉器官直接感知事物这么一个过程,而且是人的大脑积极思维的过程。质的研究认为,观察不只是对事物的感知,而且取决于观察者的视角和透镜。观察者所选择的研究问题、个人的经历和前设、与所观察事物之间的关系等都会影响到观察的实施和结果,需要认真进行分析。② 质的研究中的实地观察可以进一步分成参与型观察与非参与型观察两种形式。笔者进行的是参与型观察法,即在被观察者工作的环境中,在密切的与他们的接触和直接体验中倾听和观看他们的言行。这种观察的情境比较自然,笔者不仅能够对当地的社会文化现象得到比较具体的感性认识,而且可深入到被观察者文化的内部,了解他们对自己行为意义的解释。观察的步骤一般是从开放到集中,先进行全方位的观察,然后逐步聚焦。不论是在开放还是聚焦的过程中,研究者都面临着如何与被观察者互动以及如何选择观察内容的问题。波格丹和比克兰认为,观察者在做实

---

① 麦瑞尔姆,2008,第 53 页。
② 陈向明,2011,第 227 页。

地笔记时应该对如下几个方面进行反思:①1）反省自己的思维方式;2）分析自己观察的角度;3）对观察中出现的伦理问题进行反省;4）反省自己对研究问题的前设;5）对目前自己仍感困惑的问题加以澄清。

在笔者进入企业进行访谈时,也在不断地观察企业的内部格局、员工之间的交往方式,并且在对看到和听到的事实进行描述以外,还对自己是如何看到和听到这些"事实"的进行了反思,对在观察的过程中走过了一条什么样的心路历程进行反思。我使用了现场"个人笔记"和事后写"备忘录"的两种方式进行。

实物分析法中的"实物"包括所有与研究问题有关的文字、图片、音像、物品等。② 将实物作为质的研究的资料来源是基于这样一个信念,即任何实物都一定文化的产物,都是在一定情境下某些人对一定事物的看法的体现。因此,这些实物可以被收集起来,作为特定文化中特定人群所持观念的物化形式进行分析。语言主要依赖于概念的使用,而实物更加依赖于形象的召唤和联想以及物品本身的使用方式。③ 笔者搜集的与研究问题相关的资料包括:合资企业内部编写的《汽车德语手册》、组织机构图、跨文化培训教材、跨文化能力培训课总结报告、员工手册等资料。同时,在笔者到对象企业进行访谈时还拍摄了一些照片。这些实物资料在对访谈数据进行分析时起到了重要的支撑作用。

研究的不足之处在于:

——受访人员的跨文化敏感性不强,他们没有意识到跨文化问题的所在。

——受访人员的跨文化策略不具有说服力,或者会在下一步的互动中导致出现新的问题。

——回答的内容不够详尽,无法再现互动的真实场景。中德双方的回答可能会出现不对称性。

——受访人员的跨文化策略不具有典型的代表性,很难找出普遍适用的做法。

为了避免上述问题的出现,在访谈中采用如下方法予以弥补:

——同具有实证研究经验的研究者和专家多交流,询问其研究中的经验和教训

——设计访谈提纲,以此确保受访者不要离题

---

① Bogdan/Biklen,1982,第87 – 88 页。

② 陈向明,2011,第257 页。

③ ,陈向明,2011,第257 页。

——进行预访谈,以检验该研究方法和分析方法的可行性。由此发展出访谈的敏感性。

——就前面访谈中受访人员所提到的话题进行整理,在后续的访谈中就该话题向互动伙伴进行进一步的询问,以达到访谈内容的契合。

3.3 数据的整理与分析

3.3.1 数据整理与分析的难处

众多的材料给研究带来各种视角,但同时也给分析带来很大的困难,常见的研究即"拼装匠"风格的研究[1]。定性研究过程本身就是一个三角测量的过程,即通过不同的方法对现象获得深度理解。三角测量并非验证方法,"它把不同的方法、经验材料、观点和观测者组合进一个研究,以增加研究的严谨、幅度、复杂性、丰富性和深度"[2]。本书采用观察法与内部资料分析法进行三角测量,以验证访谈内容的有效性。"定性分析的一个主要问题在于阐释过程中不可避免的主观性,为了尽可能消除解释者偏见和主观选择性,定性分析开始遵循严格的程序模板或程序规则,并尝试引入定量分析中的'信度'、'效度'、'代表性'等概念,通过编码和对比,再加上传统的定性分析标准,如可解释性、透明性和连贯性,使得定性研究的过程更加规范、阐释的结果更加客观,研究的结论更加可信。"[3]

本书采用的建立代码的方法属于"分析归纳法"[4],即"扎根理论"取向。

在这类归纳取向的编码技术里,Strauss(1987)的方法是最有用的方法之一,而说明最清楚的著作则是 Strauss& Corbin(1990)。它的步骤如下:搜集初步资料;

---

[1] 列维－斯特劳斯,1987,第 22－23 页。

[2] Flick,1998,转引自夏传玲,2007,第 149 页。

[3] 夏传玲,2007,第 150 页。

[4] Fielding&Lee,1998 菲尔丁和李认为,定性分析主要有三种流派:第一种方法是分析归纳法。兹纳涅茨基(Znaniecki)认为,"社会学研究应当是基于少数个案的'分析归纳法',通过对这些个案的深入研究,获得有关总体的一般属性及其决定性关系,以及这些属性出现的必要条件"。第二种方法是基于编码的方法。编码的方法于 40 年代扩展到处理半结构化的访谈材料,直到 60 年代在"扎根理论"的应用中而日臻成熟。第三种方法是基于言语的方法,受语言学的影响较大,包括框架分析、叙事分析、会话分析和话语分析。

写成札记;一行行读札记;在段落旁或下方,写上想到的类目或标签;渐渐累积成代码清单;形成更为抽象的类目(亦即可以包括多个示例或观察类目);把示例写在类目索引卡上。

3.3.2 编码的过程

1)三级编码

第一步采取开放式编码,指的是研究者以最大限度的开放性心态面对转写之后的原始数据。

第二步为关联式代码。给代码拟定清晰的定义非常重要,这样做才能使研究者可沿用此定义一直分析下去。二级编码的主要任务是发现和建立概念类属之间的各种联系,以表现资料中各个部分之间的有机联系。

第三步,核心式代码。初次编写的形象式代码,可用来描述札记所记录的那些现象;模式编码则是要上升到更具普遍性或更具解释性的层面,比如主旨、规律性或原因。Kaplan(1964)说过,扎根的根基就在于研究者要寻找"可重复的规则"[1]。模式代码是一种解释性或推论性的代码,显示了浮现的主旨、结构、解释,这类模码编码可以把大量的材料汇集在更有意义、更为精炼的分析单位中。模式代码是一种后设代码(meta-codes)。第一层次的编码是用来精简文段的,模式编码则是把精炼的文段汇集在少数的几个群组、主题或结构下。这类似于统计分析中的"聚类分析法(cluster-analytic device)"、"因素分析法(factor-analytic device)"或者"核心类属"。

对于本研究而言,模式编码有3种功能:

第一、模式编码将大量资料简化为较少的分析单位。

第二、模式编码要求研究者在搜集资料时即进行分析,可使后来的田野工作更为集中。

第三、模式编码可帮助研究者精心构造一张认知图,这张图是逐渐成形、更为完整的一个基模,可用来理解当地的事件与互动。

2)编码信度的检验

若有人持有不一致的看法,则表明原来的定义应该扩大或修改。本人为了尽可能地提高编码的信度,本人采取了两种手段:一是,内部信度检验手段。即先为

---

[1]　迈尔斯/休伯曼,2008,第97页。

十来页的札记编码,然后把它丢开,过几天再重新为这份札记做一次编码。二是,外部检验手段。即分别找了五个助手(研究生)阅读经过我编码的札记。在他们阅读之后,与我就不同观点之处进行讨论。

3)分析的详略程度

每一文块(短语、句子,或段落)通常都可归给多个代码,但如果用人工方式去编码,那么每一段文块的边上,就会挤满了代码。Nvivo10.0 很好地解决了这一问题。可以将同一文块同时归入不同的代码之下。

5)编码式分析归纳的弊端和评估标准

编码式分析归纳的扎根取向受到人们攻击最多的地方就是,给段落编码并把相关段落组合成一个范畴之下的文本,这种操作过程把编码段落和诠释总体割裂开来,从而使深描失去了段落和语境。

扎根理论的评估标准可分为两类:基于分析过程的和基于分析结果的。在斯特劳斯和科尔宾看来,过程评估标准包括:抽样细节、引发突生概念的事件、主要范畴的识别、不同范畴之间的关系、理论抽样、反例、突生的核心范畴;结果评估的标准则包括:概念来自资料、概念系统性地与范畴相关联、具有概念深度(Strauss&Corbin,1990,1998)。

3.3.2.1 Nvivo 10.0 的技术分析

由于本书的分析策略基于编码—检索的扎根理论框架,定性分析辅助软件的好处显而易见。一旦有了资料,就可以进行编码工作,分析过程和资料收集过程同时并行。对于编码过程产生的大量代码,Nvivo 可以帮助研究者简化代码。而且,"软件的检索功能也大大提高了研究者编码过程的前后一致性,代码之间的关系也更容易被发现。代码的修正过程也可能借助于程序而得以保存,成为一个记载所有代码特征的'编码簿'"[①]。

另外一方面,我们也要看到计算机辅助手段的弊端。正如有的学者指出的,定性分析软件本身不是方法,研究者才是资料分析和理论建构的最终决定者。Nvivo 软件分析数据的一个弊端就是代码过多。对原始材料细节的关注凸显,而且阐释代码的理论意义显得不足,应不时地反思一下编码和研究问题之间的联系。

3.3.2.2 数据分析结果的说明

通过访谈提纲中的提示语为"请您以某一关键性事件为例",可以很好地通过

---

① Fielding&Lee,1998,转引自夏传玲,2007,第 156 页。

受访者在描述具体的关键性事情过程时所用的提示语来区分"自我形象"、"他者形象""他我形象"和"新的自我形象"。

1）自我形象

对于"自我形象"的资料选择标准是在两种文化的碰撞之前的各自想法,受访者所用词语大多为:"我们原以为……","在中国……","在德国……","我们通常认为……"等。

2）他我形象

"他我形象"的资料选择标准是经过文化碰撞之后的各自想法,比如"我的调整策略是……","我们的文化不好的地方在于……","中国（德国）的文化好处在于……","我的方法是……","我的适应策略是……"等。

3）新的自我形象

"新的自我形象"的表述词语大多为:"我后来我总结出来一点经验……","我跟德国人讲很多问题就是一定要","如果……他是不会接受的。""我在我自己的管理中,也要求……""大家都应该……"。

4）他者形象

他者形象的表达词语大多出现在访谈问题"中方（德方）做出了哪些有助于和有碍于问题解决的行为",其回答具有如下特征:"令我觉得不舒服的是……","这样底下人抱怨很多……","……这样是不好的","最佩服的肯定就是……","他们……还是不错的","……以前他们不会这样要求的"。

3.4　本章小结

本章对本书所选用的研究方法进行了论述。首先介绍了本书将质性方法作为方法论,并且给出理由:理论的缺乏、理论的需要以及过程核心。并且质性研究的各种变体称呼加以说明。本书选用扎根理论为研究原则,个案研究为具体的操作过程。接下来,研究的进行部分里,介绍研究对象的选择和访谈提纲的确定过程。本人按照扎根理论数据收集的方法的Z字形路线进行数据收集,采用的方法为半结构式访谈法,并且辅以观察法和内部资料分析法。最后,本书按照扎根理论对数据进行了开放式、关联式和核心式编码,并辅以Nvivo10.0的技术分析图和数据分析的说明。

第四章

跨文化企业文化的自我渐生过程
（结果呈现一）

　　本章研究内容为中德合资企业中的跨文化互动的动态过程。每部分内容均由如下七个环节组成：德国人自己的解析（德方的自我形象）；中国人对德国人的评价（德方的他者形象），中国人自己的解析（中方的自我形象）；德国人对中国人的评价（中方的他者形象）；德国人自己的反思（德方的他我形象）与调整（德方的新的自我形象）；中国人自己的反思（中方的他我形象）与调整（中方的新的自我形象）；小结。中德双方在每次的文化碰撞之后，都会依据自我形象→他者形象→他我形象→新的自我形象→……这样的循环而进行。

　　每部分内容均从认知、感知与行为三个维度来对跨文化交流中的互动进行阐释与分析。总体来说，成果的展现是以积极和消极互动两种过程为主线的。首先，中德双方各自的文化范畴定位是导致积极和消极互动的认知原因。其次，双方在文化碰撞中感知到了各自文化范畴定位中的积极和消极因素。再次，双方在此基础上进行了反思与调整，从而践行自己的新的文化认知，并且这种行动又将形成各自新的文化范畴的定位。这样的循环进行，从而实现有利于提高企业凝聚力的企业文化的动态发展。

　　本书对积极和消极的定义，基于互动的立场，即是双方的认知、感知和行为比较的结果。取决于以下两点：第一，行为主体在适应过程中的他者形象与对方对自我形象的诠释是否能够协调一致（交叉式），从而被对方感知为是积极的还是消极的互动。第二，行为主体的他者形象是否能够激发对方进行自我反思与调整（交叉式），并最终呈现出与行为主体的自我形象或他者形象一致的形象。即，判定积极与消极的标准在于行为主体的他者形象是否能够激发互动对方做出与行为主体所表现出来的认知和行为相一致的积极调整。其它的没有形成冲突的、没有违背彼此的文化基本假设的要素,因为其并未引起不良互动的发生,因而被列入积极的要素。

最后的小结部分,展现的是双方互动过程中所形成的聚合因素和冲突因素。其判定的标准也是基于双方互动的立场,即是双方的认知、感知和行为比较的结果。其判定标准取决于以下两点:第一,是否被对方视为消极因素;第二,是否只出现在一方的四大形象中,而未被对方同时感知。其它的没有形成冲突的、没有违背彼此的文化基本假设的要素,因为其并未引起互动的发生,因而不被列入聚合和冲突因素。

根据本研究的实证性研究结果,下面将从员工交流、工作态度、员工关系、领导风格四个层面来展现跨文化互动过程。

4.1 员工交流

根据访谈的结果来看,员工交流是本书的四大层面中最核心的内容,也被本书称为合资企业中跨文化适应策略的最重要的要素。将员工交流称为最核心的内容是因为它与其它几个层面之间均存在着密切的关系。下面将围绕上述的八大形象展现中德双方在企业内部交流方式上的认知、感知到行为的互动。

4.1.1 德方对交流的看法

德方对交流的看法包括:第一,不同的看法被视为表扬;第二,语言的重要性;第三,团队交流;第四,交流的目的。

4.1.1.1 不同的看法被视为表扬

与中国文化求同存异的交流准则不同,德方认为,坦诚地表达自己对客观事实本身的看法,是交流本身的问题,与对个人的评价无关:"如果有不同的看法,在我们的文化下是一种表扬。比如我的同事介绍过他的方案之后,我知道他付出了很多辛苦,但是如果他的这套方案行不通,我们还是要提出自己的看法的。这与能力无关,而是这只是客观事实本身。"(D13C)同时,也有受访人员强调了批判的必要性:"要善于批判,批判在我们的文化中是值得欣赏的,要能够主动发言进行讨论。这是我们德国品质的基石。这有利于快速地解决问题。"(D16C)

4.1.1.2 语言的重要性

合资企业中语言是重要的交流工具,英语、德语被认为是合资企业中的官方语言,带着翻译的交流方式是不好的。

首先,英语好的人会受到尊敬,也会带来事业上的上升:"对中国同事来说,多学学英语,一旦他们的英语讲好了,他们就会变得智慧。他们英语好了就会得到更多的任务,在小组内就会取得更大的成绩。会德语的同事就会有优势,他们在这里的工作会容易很多,也会得到大家的认可和尊敬。"(D12C)

其次,有的德国公司将英语定为工作语言,这就要求员工要做好讲英语的准备,并且能够熟练地使用英语来工作:"我们在德国的母公司招聘时,应聘条件也是要求英语水平要高。我很少见到我身边的同事不准备或者不愿意讲英语的。现在这边我们一切办公软件都需要用英语。在我们公司就是哪怕我自己做些工作记录,最好也都用英语来写。包括我们的文件夹,都是用英语写的,以便于其他同事的查阅。"(D12C)

第三,虽然德语不似英语是通用语种,但德国人很高兴有人能和他说德语:"如果要与人打交道就要说英语,总是有语言障碍的。如果有中国同事会说德语,我们也很高兴和他说德语。"(D13C)

第四,带着翻译的交流方式不好,正如这位受访人员所认为的:"这里的官方语言是英语和德语。我总是认为,带着翻译的交流方式不好。因为一:不是两人之间直接的交谈,没有情感、反应的流露。二:我很难判断,我所说的是否都被正确地翻译过去了。"(D4A)

4.1.1.3 团队交流

德国人习惯于一起讨论问题,德国人的思维中已经存储了团队工作的程序。正如这位受访人员所表述的:"团队工作是我们企业所希望的工作形式,也是经过研究检验的行之有效的工作方式。人要具有社会属性。"(D10B)

4.1.1.4 交流的目的

在德国人看来,交流是人与人交往必须掌握的基本技能,是德国社会对人的核心行为能力要求之一。交流可以达到如下的目的:弥补损失;推动工作;互相补充;得出结论;分享信息;确保信息链没有中断。

第一,弥补损失:"我们认为应当及早发现错误,并且纠正,这样比过后再去弥补损失得要少。并且在汇报出这样的错误之后,避免下一次再出现这样的错误。为的是工作的效果和效率。"(D14C)

第二,推动工作。德方希望中国同事开诚布公地讲出他们的好的想法。因为德国的经验并不能完全是适应于中国这里。所以德方希望"中国同事,要有勇气,如果你有好的想法,张开嘴,这种好的想法会把我们的工作带得更远。"(D13C)

第三,互相补充。因为中国员工更了解当地的情况,他们更需要中国员工的想法。德方认为:"讨论的意义在于,如果有了很多不同的看法,可以很好地相互补充。这个人认为重点在这方面,另一个人认为重点在那方面。解决方案通常都是折中的方案,是最优的方案。"(D13C)

第四,得出结论。"讨论的目的是得出结论,取得成果。是由下级向上汇集而成的结论。每个层面的人要做报告,最终汇聚到项目领导那里,发现问题在哪。"(D14C)

第五,分享信息。有受访人员表示在德国,同事之间分享信息这是理所当然的:"在德国,如果我们这个项目里有6个同事,如果我知道了一些信息,我也希望其他5位同事都知道。我们应该将信息传递出去。同事之间应当分享这些信息,在德国是理所当然的事情。"(D4A)

第六,确保信息链没有中断。交流意味着信息链的链接,有德方表示:"如果我得到了某些信息,我会将这个信息告诉我的同事,我要做的是来确保工作之间的链接是否建立起来。我们公司有很多职能部门,对于这个问题是否会有相关的职能部门来解决。这个是非常重要的。"(D8A)

4.1.2　中方对德方交流方式的评价

众多为受访者均肯定了中德方工作交流方式上存在着巨大的差异,有的认为,最大差异在于"中国人想得比较多,比较委婉,德国人比较直接。"(C12B)还有人认为,最大的差异在于"中方的领导不愿意开会,参与会议的人也很少。德方领导什么事情都愿意通过开会解决。"(C10B)

4.1.2.1　积极的交流方式

在中国人眼中,德国人如下的交流方式被视为积极的交流方式:第一,定期交流;第二,充分交流;第三,客气真诚地交流;第四,建立私人关系。

4.1.2.1.1　定期交流

在合作当中尽管也有一些不同的想法、不同的意见,但是在这样一种坦诚的环境下公开说明的话基本上都能相互理解。有的合资企业里,"我们召开高层会议的时候,每周有一次外方的经理会议,是由外方的经管会成员来传达所有的信息。此外,为了交流他们每周的周三、周五还有一次 Stammtisch,就是所有外方家庭的家属自费聚在一起。"(C3A)还有的企业里,领导和员工有定期沟通已成为公司的日常规范:"每周会有一个交换思想的碰头会。每个季度,或者隔一段时间去看看绩效,目标是否要调整,因为任务可能会有些变化,是否需要支持。每年做总结的时候,他会很直接的问你对这个公司和个人有什么更多的期待。"(C20C)

4.1.2.1.2 充分交流

德国人的充分交流表现在如下几个方面:

第一,敢于询问。"他们会扣根结底地问清楚你这个事、这个缩写到底指的是什么。假如你用个什么缩写,不常用的话,那么会上肯定会有人问你这个缩写是什么意思。"(C20C)

第二,刨根问底。德国人的严谨和认真的工作态度反应在交流方式上就是要找到根本原因。对此,中国人表示赞赏:"最佩服的肯定就是较真儿这方面,就是对于技术问题的这种究根问底,找到这种 root case 根本原因。比如说今天我这个车方向盘在抖,他不是说把这个方向盘这个单台车解决掉,他会去研究这一批车或者这整个这个设计方案上有没有什么问题,然后去从根本上去解决这个问题。"(C20C)

第三,实习生也会反问。德国人很重视信息的反馈,不会畏惧于等级观念。哪怕是实习生都会在领导给出差评之后,当面去与领导交谈,"德国实习生会反问,'我哪里做错了'"。(C19C)中方员工上述的表述证明了,实习生的反问给她留下了震撼。实习生并不是公司的正式员工,按照中国的等级观念,人们会畏惧于等级观念,领导和长辈的话,是不会轻易反驳或者是反问的。这一要素,从另外一个角度反映了等级与交流之间的关联。

4.1.2.1.3 客气真诚地交流

德国人客气真诚地交流给中国员工留下了美好的印象。他们认为:第一,经理人员用词委婉;第二,微笑,眼神交流;第三,不再傲慢了。

第一,经理人员用词委婉给中方的翻译人员留下了深刻的印象:"他们待人接物的礼仪还是不错的,他们在用词、说话上面,比较委婉,然后需要说很多,然后才能说到那个主要意思。他们现在就是慢慢地也在学会中国人表达方式。就是会把背景先给你说一遍,目前情况先给你说一遍,需要的知识再给你说一下。"(C1A)

第二,微笑,眼神交流。"德国人的社交礼仪不可否认的好。见面打招呼,对你保持微笑,最重要的是他们很重视目光的交流。他们认为眼神的交流是对一个人最重要的尊重,也在表示你在认真地倾听,你是在跟他 mitdenken。"(C1A)

第三,中国人看到了德国人的改进,傲慢的态度不那么明显了:"他们那种傲慢的那种态度,应该没有那么明显了。他们能够端正自己的心态,去更务实地去跟中国人合作,和交谈。"(C1A)

4.1.2.1.4　建立私人关系

会后私下里沟通,努力建立稳定的私下关系,这种方式是中国人习惯的沟通方式。德国人也学会了这种沟通方式,令中方受访人员感到很欣慰:"令我们觉得很欣慰的是,会议结束后,德方经理去找中方再沟通;然后再开会再讨论。不会在会上大吵大嚷的了。"(C4A)"有的老板,会比较希望和员工之间建立一种稳定私下关系,有时候我们会组织一些活动,来增进整个部门里边的团结性。"(C18C)

4.1.2.2　消极的交流方式

被中国人视为消极的交流方式包括:第一,缺少情感层面的交流;第二,讨论没有结果。

4.1.2.2.1　缺少情感层面的交流

边缘化、情绪化的交流方式和不信任,被中方受访人员感知为缺少情感层面的交流方式。

1)边缘化

在中国人在秉承着"有朋自远方来,不亦乐乎"的古训之时,而德方人员却不懂"来而不往非礼也"。这就造成了下面的跨文化困惑:"一个德方经理刚来时,我们部门请他吃顿饭。过了一段儿,我提醒他要回请一下。可是他说,我从外面来的,为什么要我请他吃饭。而且他总是给自己部门揽活,揽了很多以前从来没出现的工作。这样底下人抱怨很多。"(C5A)

2)情绪化的交流

平和、谦让、委婉的中国性格在遭遇强势、直接的德国性格时,会带来双方的跨文化阵痛。

一方面,德国人性格强势,而中国人谦和:"我觉得日耳曼民族的人还是比较强势的,中国人或者说汉族人的思维比较谦和。"(C12B)

另一方面,德国人的直接在追求委婉表述的中国人的感知中,会被认为是一种无礼和不尊敬的表现。"为人处事上过于直接、过于强势。这也是比较多的德国人所具备的一些性格特点。"（C1A）德国人从小到大的成长环境之下，他觉得无论什么场合说话都没有任何问题，他就无法理解就是我们的同事为什么会觉得"不能说话，怕说错话"。（C19C）还有受访人员也认为德国人："在中国不能刚是刚，你要为了达到目标让大家更流畅的工作。为了提高你的效率所以你要有一些可选择的选项。你不能自己说，我就框到那个合同里面。这样是不好的。"（C7A）

由于德国人的直接，就导致了一些令双方都不愿意回忆的故事的发生。导致了"一位中方 50 多岁老员工的离职"、"中方领导的愤然离去"和一位翻译"得了抑郁症"。

正如这位受访的中方人员所回忆的案例："有个德国领导当着大家的面，训斥了一个师傅，这师傅也就辞职了。"（C10B）还有一位受访人员也回忆了情况比较尴尬的场景："我开过一次会，德方是一个大领导，中方经理在为自己做辩解时，德国人说'你出去，你给我出去，我不想再给你说这个问题。'非常的尴尬，然后中方就直接出去了。"（C1A）另外，这位中方员工清楚地记得德方领导的一次在中国人看来近乎是不近人情的替换翻译的案例："他对翻译很不满，想把翻译给换掉。但他想他需要拿出一个证据来证明你有错。然后他就收集证据，将这些证据写了一张纸让这位翻译签字。有点太不近人情了。"（C7A）

3）不信任

不信任是员工之间的交流的极大障碍。在中方员工看来，不信任的表现为两个方面。一、德国认为我们的测算有误差；二、隐瞒信息。

这位受访人员讲述了因为德方经理对中方员工的工作能力的不信任而产生的交流障碍问题。"我们当时做了一版方案，可能要增加二三十人，当时他是同意这个方案的，所以我们后续又准备文件去签字，去签字的时候他突然说我不同意这个事情。当时我们有点儿没太想到，因为我们为了这个事情我已经联系完了，要进人了。他当时没有特别直接去说这个事儿，但是大概的意思就是说，我们的测算可能有些误差。"（C8B）

同时，这位中方经理认为隐瞒就是一种不信任："比如说，我们同样的一个问题，在厂内发生的，我们一想知道德国是怎样的一个状态。在某些情况下，他会刻意隐瞒德国的一种状态，就是属于信息的保密。我认为首先这可能是不信任。"（C6A）

4.1.2.2.2　讨论没有结果

有受访人员认为讨论的效率取决于主持会议的领导："往往是没有一个结论。

当然取决于这个会的领导者是怎么样的。他的领导者如果他的思路是很清晰的话。他会出一结论,会把一点一点都列出来的。但往往是一窝蜂,群龙无首的状态就说完就完了。"(C19C)还有受访人员也认为"讨论太多了":"我自己也经常会跟他们说你们说得太多了,甩开膀子干吧。"(C19C)

4.1.3 中方对交流的看法

中国员工对交流的看法包括如下几个方面:第一,害怕被笑话所以不发言;第二,语言很重要。

4.1.3.1 害怕被笑话所以不发言

"有可能是有的人说的东西你根本就没听懂,但是中国人有可能不好意思问,想的是我要问了大家会不会笑我。"(C20C)

4.1.3.2 语言的重要性

中国员工对语言的认识包括如下几点:将英语视为公平的手段,语言会带来信任,德语意味着隐秘,语言意味着优势,语言不好会带来问题以及语言与专业知识的结合的必要性。

第一,英语被视为公平。"开会时,如果双方都是有争执的,你说德语,你说不过他,毕竟不是母语,你吵架都吵不过人家,你何不用英语呢,对两方都是公平的。"(C17C)

第二,语言会带来信任。与谈话伙伴讲他的母语会拉近人与人之间的距离。一位从德国母公司作为德方外派助理经理的中国人向我们讲述了他的经历:"最开始,我来了以后要练英语,德国人跟我说,你如果一旦说英语,那种信任立刻就会降低。如果这个人会说德语的话,或者接受过德国的教育的话,德语一说出来给人的感觉就更加有心了。"(C19C)如果德国人会说中文,同样会令中国人感到亲切:"一个老外,哪怕只会说三句五句中文的时候,这种亲切感立马就加强了。"(C9B)

第三,德语意味着隐秘。谈判时,德语就意味着隐秘。"比如说俩德国人,他们是一方的,跟你对峙,他如果知道你会说德语,那他俩肯定会警惕一下。"(C17C)或者"他交代的任务是他不想让人知道的,比如他家庭上的一些事情。"(C17C)

第四,语言意味着优势一位经理的助手对目前合资公司内部的语言上的交流顺畅程度予以了肯定,特别是工程师之间的交流。"业务上的交流我们的工程师都会语言,可以直接向领导汇报。就是开会的时候我做一个辅助性的翻译。语言的问题目前在合资企业已经不是很明显了。"(C10B)同时,另外几位受访人员的访谈内容也从另外的侧面说明了公司里外语交流的顺畅程度。公司的要求就是中方员工通晓英语或德语。"据我所知,很少会有员工德语英语什么都不会然后就被招进来了,除非是那种直接外派过来的领导。"(C10B)

具体到不同的合资公司,讲英语的机会多还是德语的机会多,就与各个公司的企业文化定位有关。比如下面的受访人员来自公司 B,他感觉到讲英语的工程师或多或少都会有一些劣势:"那边发过来的图纸,基础文档,还有比较重要的大型会议都是德语的。(C9B)

另外这位来自公司 C 的受访人员表示,他们公司英语讲得多。"我们公司的员工来自不同文化、不同语言地区。不光德国人和中国人,还有印尼的、东欧的、斯洛文尼亚、西班牙、意大利的。"(C20C)在这样多元化定位的公司中,虽然她会说德语,但是因为德国母公司派过来的经理来自世界各地,说德语的机会就不多了。"我们都是英语,我们不让说德语。我会说德语,但是经理们一点都听不懂,这样就显得不太尊重。"(C13C)由于外派过来的外方经理来自世界各国,他们的英语发音也会给中国员工的理解带来障碍,"就连我们德国经理都跟我们说,你们可以跟他用英语交流已经很幸运了,有的时候我们连德国人都没法交流。"(C20C)另外这位受访人员也表示:"很多时候在我们公司,我觉得德国人也愿意跟你说英语。"(C17C)

语言的重要性是受访人员的普遍共识,语言是招聘员工的两大标准之一。"语言很重要,如果不理解,会造成许多误解。我们的领导一直强调语言能力非常重要,再招人一个标准是有相关的工作经验,另外一个沟通要好。"(C15C)此外,还有的受访人员认为,应当提高自己的沟通能力,"有的人很会跟人聊,我觉得这个与语言水平无关,就是你这个人爱不爱开玩笑、爱不爱说笑。"(C17C)

第五,语言不好带来的问题。如果语言沟通不顺畅会导致一些错误的发生,比如这位受访人员会感到"会议纪要不准确":"大家就养成一种习惯开会时,把写下来的话,再都把它看一遍。由于语言的问题经常会有这种情况,'不对啊,我们当时不是这样说的'。"(C19C)还有受访人员坦言对自己来说,语言是与德方同事交流的障碍,他认为:"我跟德国的同事也没有办法完完全全达到中国人之间的这种程度。"(C19C)

第六,语言与专业知识的结合。技术语言是企业里交流的重要内容。如果不能很好地掌握技术语言,就会对双方的交流造成障碍:"德语里面好多汽车德语,好多都是从英语来的,有的是从美式英语,有的是从英式英语而来,大家用法也都不一样,所以有时他们全都听不懂。"(C20C)

下面这位受访人员讲述了一个关于专业知识不懂会造成翻译上的错误的最典型的例子:"我到了车间去实习,第一天那个工人就过来问你帮我问一下那个老外这门到底要不要装车。但我就说装车?装车是往货车上装呢还是往车身上装?因为对我的理解来讲我所认知的范围就是把东西装到车上,扔到车厢上去这种装车。"(C2A)

一位资深的中方高级经理,管理翻译人员很多年,他认为"翻译的方向性太杂,我们不能面面俱到。还有一个错误的概念,翻译应该提高语言水平。这其实是个误区,语言是一种能力而不是知识。听说读写的能力我们有了,剩下的就是增强我们的专业性。我们最迫切需要的,是把翻译培养成一个领域的翻译。"(C3A)

4.1.4 德方对中方交流方式的评价

德国人将中国人的工作交流方式分为积极的交流方式和消极的交流方式。其中,向员工提出的要求多了,提醒和建议受用以及中方的主动交流,被视为积极的交流方式。在对中方消极的交流方式进行阐释的基础上,言语和非言语上的难以理解、不讨论、委婉地表达以及讨论没有效率四个方面,被视为消极的交流方式。

4.1.4.1 积极的交流方式

在德方的观察之下,中国人已经表现出了很多与他们在跨文化课堂上所了解到的典型中国人的行为方式出现偏差的积极行为。这也证明了跨文化静止观点下的弊端,文化比较带来的是思维定式,而在合资企业的发展过程中,中国员工已经表现出了很多符合西方理念的交流方式。

4.1.4.1.1 向员工提出要求多了

中方经理在日常的工作中已经开始效仿德方经理的管理风格。"比如说他们向员工提出的要求多了,比如更多的分析能力、更多的日常工作能力、更多的完成任务能力,要能够发现安装产品的细节方面问题,要更了解产品的实物,更多的分析,了解流程的时间,要能够展示出错误。"(D10B)很多中方经理已经接受了定期汇报的工作流程:"现在的中方经理会要求每周汇报下自己的工作情况了,以前他

们不会这样要求的。"(D10B)

4.1.4.1.2 提醒和建议受用

这位受访人员感知到中方的搭档经理和翻译都会给她提出很好的建议和提醒。他表示感谢,这样定期的交流,对他很重要。在异国他乡,能够有人给他真心的提醒,他既对他们充满了尊敬,也充满了感谢:"中国的领导层已经非常国际化了。她非常懂得如何激励员工。所以,我会定期地和她进行交流,了解一下中国员工的业务水平和管理能力如何。"(D15C)

这位德方经理认为中国经理的建议很受用并且认为,这样的提醒是一种牢固的信任关系的体现:"我们之间有非常牢固的信任关系。如果我哪里没有照顾到中国的国情,她会单独找我进行谈话,只有我们两个。她了解中国同事的情绪,她知道该让哪两个人一起合作比较好。因为她看得懂中国人之间的表情和手势。"(D15C)

4.1.4.1.3 中方员工的主动交谈

"我们在前四分之一年的时间内时常有摩擦。这种状态不是我希望的,也不是她希望的。我们就用了一个周末的时间好好地讨论一下。现在,我的搭档也会主动来找我。"(D10B)

另外一位受访人员也对中国同事的直言不讳感到赞赏和感谢,并接受她的教育:"我的这位中国同事,她直接跟我说,我们现在需要做的是这件事。她会拒绝我的提案,直接说,你这样做是毫无意义的。她试着教育我,让我认识到做那么详细的计划是没有必要的。我感谢她对我的直言不讳。"(D15C)

也有受访者从另外一个方面肯定了中国人已经开始接受讨论、主动讨论的趋势。他看到了中国人的进步,思维在被德国人影响着,以目标为导向:"现在会议上经常有意见不一致的时候,但是不是冲突。有了不一致的意见就要进行讨论。我觉得中国人工作的思维被德国人影响,也是以目标为导向,直奔目标了。中国人从心理上接受了德国人的工作思维。"(D11C)

受访人员表示,德国人在意识到中国人的不习惯讨论的工作习惯之后,开展了部门内部的"做报告技巧培训",特别在此之后,德国人意识到了自己的努力有了成果:"在我的培训之后,他们已经有这样的趋势了,经常在一起讨论。"(D16C)并且,他们看到了很多这样的成功案例。

在德国人看来,中国员工更需要的是自我意识和自信心。"随着时间的流逝,在这里工作时间越久的人,他们越会愿意直接表达他们想说的话。"(D12C)

4.1.4.2　消极的交流方式

德方还就从自己的角度描述了中德间交流困难的表现形式以及原因。德方员工将中国员工在交流方面的消极互动的具体表现归结为如下几点:一、言语和非言语上的难以理解;二、不讨论;三、委婉地表达;四、讨论没有效率。

4.1.4.2.1　语言和非言语上的难以理解

很多德方员工都认为语言是阻碍员工之间交流的很大原因。他们认为英语、德语对中国同事来说难。"绝大部分的德国同事的英语要比中国同事好。据我所知,我们这家合资企业招聘中国员工要特别注意英语水平。但是我们有的办公软件,所有的组建都使用德语。这对中国同事太难了。"(D12C)同时,技术专业术语也是合资企业内部交流中的难点:"我们开会时常会中断会议,因为语言问题。技术专业术语不容易,需要学习。"(D11C)

此外,汉语对很多外方人来讲,也是"存在着很大的鸿沟":"我也试图着学了些汉语,我发现真的是非常难。汉语和英语、德语之间存在着很大的鸿沟。"(D4A)

语言的交流不容易,即使懂汉语,但是"中文最对我们外国人来说很麻烦的一点就是,如果某个词我没学过,我就没有可能真的理解。"(D8A)对于"交流中词的内涵"(D8A)也是不好把握的。同时,非言语交流对中德之间的交流也构成了障碍。德国人看不出中国人的表情:"通常在一个文化圈内在一起工作的人们之间,在经过一段时间的磨合后,是能够看得出来他是高兴还是沮丧的。但是我们对中国人的表情看不出来。"(D15C)

4.1.4.2.2　不讨论

首先,对于中方的中说"是的、好的",有受访人员认为,"中国的"是"的含义意味着只是一种确认,是出于一种礼貌。"(D2A)还有的受访德方人员认为有两种可能:"第一、他们没有听懂,但是为了面子问题。第二、他们更多地也表现出服从于德国人所说的,即使他们心里不同意。"(D11C)

其次,中国人的讨论方式还表现为"没有反馈,沉默":"最初我们在讨论的时候,是一个很大的工作小组,其中有德方10人,中方20人,进行讨论的永远都是德方。中方一直沉默,没有发言,没有反馈。"(D13C)这样的交流方式令德方感到不满。因为他们对很多涉及中国化本土化的业务也不是很有把握,因为反馈很重要:

"我们希望中国同事勇敢地告诉我们,'不,我并不想这样做'。我们给出目

标,中间的过程是开放的,希望中国同事采取更好的办法、更容易的办法达到目标。"(D13C)

第三,掩盖问题,追求和谐是中国人习惯的一种交流方式。可是在以"客观事实为中心"的德国看来,这并不是什么美德,而是问题的隐患:"中国人的这句话'大事化小,小事化了'不好。小的错误表现出来后,如果不解决,会带来很大的隐患。"(D10B)和谐的代价就是德国人退让"在中国,很多事情追求的是和谐。我们在这个国家是客人,在协调一致方面,当然是德国人要多退让一些。"(D6A)

第四,没有团队中的讨论,令德方受访人员感到不习惯:"在这边不是那么自然而然可以讨论起来的。德国的同事会两个人、三个人之间对此进行讨论,新的想法。这边不行。一般都是听领导的指令。没有反驳,领导怎么说,就怎么执行了。"(D4A)

信息不透明也是给德方的感受:"在这里,我不能随意地找人去问,信息流不是很透明。我的德国同事经常告诉我,中国这边什么都很复杂,我不能什么都知道,我不知道是不是这个样子。"(D4A)

由于上述的中国人的不愿意讨论的习惯,令很多德国专家感到中国人不需要我们,我们在这里是多余的:"中国人不太需要我们,很多中国人很自信,可以自己解决问题。但是我认为事实并不是这样。"(D3A)另外一位受访人员也表达了相似的看法,"在这里是多余的"(D7A)也会导致德方人员获取信息难的状况出现:"对我来说是信息获取问题比较难。我有几周回德国去度假。这期间没有人告诉我任何信息。在这里,信息流不畅,我被隔绝了。"(D4A)对此,这位受访人员给出的解释是"对我的同事们来说,需要和我说德语、说英语,很费力,所以他们就作罢了。"(D4A)相比而言,德方员工则感到中方领导获得的信息量大。"我的中方搭档一定是信息比我畅通得多,打个形象的比方,员工们像他汇报100,向我只是50。他的信息量比我大一倍。"(D5A)

4.1.4.2.3 委婉地表达

德国人预期的是中国同事能够直接地表达出他们的想法,可是中国同事的委婉表达令德方感到不解:"我将任务交给中国同事时就很直接,他拿到工作任务后,会很礼貌地找到其他的中国同事,进行一番预热性的谈话。"(D16C)

4.1.4.2.4 讨论没有效率

首先,讨论浪费太多时间:"决策得太晚了,讨论得时间太长了。我们经常遇到的情况是中国人同中国人说,德国人同德国人说,没有人在之间通报,这就是两倍的时间。"(D5A)其次,讨论拖延工作效率"这里的工作效率要比德国慢。我们作为欧洲人,必须多解释,为什么我们要这样做,这可能就是文化背景的影响。"(D6A)再次,不断地讨论却没有决定。"在同中国同事的相处中,有一个关键词,就是忍耐。每次开会都是不同的人,每次都是从头开始讨论,但始终没有正确的结果。"(D5A)

此外,德方还就中德间交流困难的原因进行了自己的阐释。他们将如下六个原因:面子、傲慢、害羞的性格、等级观念的限制、翻译不畅的影响、中国人喜欢私底下交流和喜欢自己独立处理工作的习惯视为中德之间消极交流互动的原因。

德国人将中国人"爱面子"视为阻碍中德之间交流的很重要的因素。因为面子,会导致产品的质量下滑,会令中国员工不承认自己的错误,会导致员工之间的关系决裂。比如,这位受访人员表示:"人都会犯错,错误必须要指出来,我们生产的是汽车,我们的产品需要保障。所以这个时候,不要顾虑什么面子,重要的是产品。"(D16C)很多受访的德方人员都意识到在让别人丢脸在中国后果更严重:"在德国如果我让别人丢脸了,过一天,就过去了;在中国,我可能就和他永远决裂了。"(D1A)

第一,和德国人给中国人的印象一样,德国人也认为中国人是傲慢的。"我也经常和我的同事们聊,为什么这个城市里住着这么多傲慢的人。他们自认为自己比别人好。"(D5A)

第二,与中国人对自己的认知一样,德国人也认为中国人很害羞:"有很多时候,我并不知道该如何和中国人进行互动。中国人很害羞。我们只是能通过日常工作中的接触而相互认识。"(D14C)

第三,等级观念限制了发言。中国是一个讲究秩序的社会,两千年来,在人们心中根深蒂固的观念就是要遵守等级和秩序,有受访人员也看到了这一点:"他们认为,自己的想法,根本就不该被考虑。我就按照领导说的做。"(D15C)

第四,翻译是讨论不顺畅的原因。有受访人员表示:"我们的搭档能够理解多少取决于翻译。如果我的翻译没有正确理解我的意思,他也不会正确的翻译过去,可能需要2-3次的讨论,直到他们都完全理解了。"(D5A)

第五,中国人的"喜欢私底下交谈"(D15C)和"中国人习惯于自己做事情,我很少看到他们几个人聚在一起讨论问题。他们还是主要关注于自己的事情"

(D10B)的交流习惯也是中德之间消极互动的主要原因。

4.1.5 德方的反思与调整

在对中德方关于交流的认知和行为方式的自我形象和他者形象进行比照之后,德方做出了自己的调整。调整包括两部分:反思自我和采取应对策略。

4.1.5.1 认知上的反思

德国人对自己的反思包括不应该当面批评、相互的舍与得和文化中间人的作用是桥梁三个方面。

4.1.5.1.1 不应该当面批评

首先,很多受访人员反思自己的文化,认为"德国人很吵",这样"情绪化的交流"会变成一种"对个人的指责",并且"反应过早导致丢掉了很多内容"。正如这位德方受访人员对自己国人和文化的看法,"他们根本就不能谦虚些,他们太具有竞争性、太吵……我们德国人似乎也是从中感到了乐趣,他们乐于争吵。他们还要用论据来证明自己的观点,然后对方的声音更高,再用自己的论据来证明自己的观点。"(D6A)这样情绪化的交流会演变成一种对个人的指责,"会超出业务本身的问题,而变成了一种对个人的指责。双方相互攻击。所以我在这里的交流方式就要改变。"(D9B)

并且,德国人反思到这样的过激反应再遇到中国人的礼貌、谨慎、平和的交流风格时,会带来的后果,"丢掉很多内容":"德国人太快,直奔主题,非常不礼貌。我们根本没有注意到大家没有在认真听我们说话。"(D15C)

鉴于此,这位受访者的适应策略就是"安静些,后退些,来观察,多交流。"(D6A)"我们在这个国家是客人,在语言的选择和论据方面都要小心谨慎。"(D3A)

4.1.5.1.2 相互的舍与得

中国同事在开会之初用于问候、客套的时间是非常好的投入。这可以避免冲突,是对对方的尊敬。"这对我们德国人是个非常重要的学习课题。这就是相互的舍与得。"(D15C)德方人员表示出了对中国礼仪的尊敬的态度,并希望学习。

4.1.5.1.3 文化中间人的作用是桥梁

"在这家合资企业,我们作为外派人员的任务是搭建桥梁,我们合资双方的企业是两个、三个世界的结合,而我们的任务就是解决问题。"(D2A)

4.1.5.2 行动上的调整

德国人还针对中国人的交流方式,采取了应对措施。具体包括:第一,委婉地解决问题;第二,开诚布公地交流;第三,传授汇报技巧;第四,不断地询问;第五,中方需要时再提出自己的看法。

4.1.5.2.1 委婉地解决问题

德方委婉地解决问题的方法包括如下几种方式:其一,有的受访员工表示,自己在用行动来践行委婉地解决问题的方式:"对于中国人,我不会像我们那样直线式的、目的明确的解决问题,给出明确的指令要谁去负责。"(D9B)其二,还有受访人员会与中方进行交心的谈话:"我会冷静下来,退后一步,等没有其他人的时候,再单独找他,就我们两个人进行私底下的谈话,来聊聊,是怎么回事,怎么才能改进工作。"(D10B)其三,还有德方认为在处理问题的时候应采取一种家庭式、有人情味的处理方式。比如,这位德方人员是汉语言文学毕业的,他将没有目的地过去聊一聊作为自己的适应策略:"我到某人那里去坐一下,不是说目的很明确的谈论工作。而只是去聊一聊,看一看。没有动机,只是为了建立起一种联系,为了得到一些信息。"(D8A)其四,轻柔地弹奏。有德方人员认为发现了错误要说,这是坚持德方的原则,以事实本身为导向,但是还要注意方式方法:"如果我发现中国同事工作中犯了一个错误,我会指出来,就像拉小提琴,可以很轻柔地弹奏。比如,'我们是不是可以……,或者,我们能不能这样……,那样的话是不是会出现一些问题,您知道吗?'"(D10B)其五,如确实争吵起来了,争吵之后的道歉也是很有效的办法:"争吵过后尽量让我的中国同事们消化,当我们一起开会的时候,我也会向他们道歉。也会感谢他们,没有记恨我什么。"(D7A)

4.1.5.2.2 开诚布公地交流

"当然我也有技术保密的部分。但是我不总是考虑这一点,而是我每天都在试图着解决问题,和我的中国同事一样寻找最佳方案,完成工作,达成目标。所以我总是试图着开诚布公地交流。"(D7A)

4.1.5.2.3 传授汇报技巧

有受访人员表示"中国人的汇报方式在德国人看来是极为糟糕的"(D4A),为了让提高中国员工的汇报技巧,德方还会有专门的传授汇报技巧的工作安排。"我们德国人使用PPT更多的是图片,少些文字。我当然也会试图告诉我的中国同事他一定要学会这样的汇报技巧,我认为这也是我的工作任务。"(D4A)让中国同事感到安全是德国人的解决方案:"我们有定期的碰头会workshop。我们提供

一个框架条件,让中国同事感到安全,这样他们才能畅所欲言。"(D16C)

4.1.5.2.4　不断地询问

有德方受访人员表示,不断询问是他们应对中国同事不喜欢交流的办法:"对于中国同事,我们就需要不断地询问,nachhacken(咬硬骨头),很辛苦地获取一些信息。这是我们在德国不习惯的一种工作方式。"(D13C)同时,这位德方受访人员的办法认为简单地总结下关键点是好的策略。德方员工需要对中方员工的信息理解情况进行检验,"看看他们是否都明白我所说的内容了,还有什么问题吗。最后,再简单地总结下关键点。"(D11C)

4.1.5.2.5　中方需要时再提出自己的看法

对于自己的想法何时提出,有受访的德方员工认为,"等待时机,就是等待他要去向更高级的领导汇报,北京总部作报告的机会。这时他会过来征求我的建议,他会问我该怎么汇报。"(D10B)最后,面谈而不是发邮件,也是与中国员工交流的良好方式:"在这边,我更会面谈。我会直接得到反馈信息。邮件里却不会给我这些信息。这个细节也是我在来到这里之前所无法掌握或感知到的。"(D8A)

4.1.6　中方的反思与调整

中方在经过将自己的自我形象、他者形象与德方的自我形象、他者形象进行对照之后,反思了自己,调整了行为。

4.1.6.1　认知上的反思

中方反思自己的傲慢体现的是对对方工作的不尊重。性格、翻译水平都会给交流带来障碍。直接的冲突也是不利于问题的解决的。

4.1.6.1.1　傲慢

傲慢是视野不够开阔的表现,是不利于交流的:"有些领导的视野就不开阔。他也不懂。他不在乎,他不尊重我们外方经理的工作,对我的翻译工作也是不尊重的。"(C4A)

4.1.6.1.2　员工的性格和水平

员工的性格和水平对双方的沟通也是重要的影响因素:"性格的问题,翻译的水平不够,有一个关键点给翻错了,导致双方达不成一致意见。"(C2A)

4.1.6.1.3　交流方式的不当

其一,有员工对自己与外方发生直接冲突的案例感到后悔:"我现在也就回想我当时,我就觉得当时不应该冲,不要建立直接的冲突。"(C17C)其二,坦诚、开朗。有受访人员甚至认为坦诚、开朗的性格要比对异文化的了解更重要:"如果一个人想要很好地和外国人合作的话,他可以对外国的文化不是特别了解,但这个人必须秉承着比较开朗的性格,坦诚,能够很好地去沟通。"(C2A)同时,从思想上认识到不直接表达、委婉这样的交流方式在合资企业中给德方理解上带来的困难,即先从认知上认识到自己的行为是需要改变的。正如这位受访人员所表述的:"我们根本就没有做这事,就找各种理由搪塞过去。总想绕过这个问题。我们也得提高自我修养,自我能力。我们不要一味地探视、打太极、绕弯子。"(C4A)最后,这位受访人员也认识到:"中国人有时候比较沉闷。不说话。其实他知道内容,但是不想说。我觉得这个是不利于这种交流的。"(C18C)

每个文化的变迁不容易。认知只是改变的第一步,还要体现在具体的行动上,根据访谈结果来看,中国人行动的改变具体表现为直接交流和中间人的身份。

4.1.6.2 行动上的调整

在上述的反思基础之上,他们调整了行为:直接交流、要发挥中间人的作用。

4.1.6.2.1 直接交流

直接交流包括以下四个方面的自我突破:

第一,有受访的中国人认为是因为自己的不自信才不敢去表达,因此要逼着自己去表达:"大多数时候中国人其实是有的可讲,但是不自信。得有一段时间突破期就是逼着自己去表达,尤其开会的时候,就要给自己打气。"(C19C)

第二,学会拒绝。"我发现有的中国人一看见老外,他马上说话就低了一个底气的感觉,这样对方就会觉得我就是了不得了。要学会拒绝。"(C17C)

第三,很多受访人员都意识到,应当把事搁在桌面上说。"问题急在哪,可不可以调整。重要的就把这事摊在桌面上说,不愿意披着藏着,那样难受,说不清。"(C3A)有的受访人员干脆直接将问题放到大会上来交流。"我之前的工作内容是要跨很多部门,私下里沟通不了,就开大会的时候说,开会的时候他就不能躲了。"(C12B)

第四,及时汇报、沟通。

"为了弥补沟通不畅的问题,我们后来就是议题拿来之后我们总是把我们做的材料每一季都跟他汇报。"(C7A)还有同事表示,"在例会上的汇报和头脑风暴法,我们大家都集思广益,在欢乐中讨论问题"。(C17C)同时,一位资深经理表示,他的经验就是要与德方进行定期而坦诚的谈话:"我在实际中的做法有如下三点。第一点,我们要坦诚地把工作规则说清楚。以合资公司利益最大化为标准。第二点,作为部门的两位领导,任何决定都应该是由我们双方经过讨论达成一致以后对外公布的。第三点是我们每周五要有一次单独的谈话,目的是交流信息。"(C3A)

4.1.6.2.2 要起到中间人的作用

合资企业中的员工都是文化中间人的身份,每一次沟通都是跨文化的沟通。一位资深的翻译认为:"翻译,要起到协调的作用。老外最信任的中方员工就是翻译。翻译要能够要站在他的角度替他考虑问题,但不能把他对中国的偏见任其发展。有些地方他认识不到的,你要帮他认识他,帮他解释,但前提是让他信任你。让他尽快地适应这个环境。你说的话能让他听进去。这样有助于他跟中方沟通。我这些年来就是这样工作的。"(C5A)

4.1.7 小结

上述结论,可以看到中德双方在交流中所呈现出的聚合因素和冲突因素。

聚合因素:

第一,"交流方式得当"被视为中德双方在交流层面起到积极促进作用的第一大要素。这一要素体现在中德双方的所有形象中。双方达成共识的对交流起到促进作用的因素有:定期交流、真诚交流、团队交流、直接交流、顾及情面的交流。其中,团队交流和直接交流是中国人为适应德方交流方式所做的改变,顾及情面的交流则是德方为适应中方所做的改变。一方面,德国人意识到了自己文化被中方感知为不礼貌,过激的争吵会变成个人的指责,令讨论变成了激化矛盾的过程。因而,注意了自己的行为方式,委婉地解决问题。试图通过建立私人关系以为解决问题创造环境。另一方面,中方也意识到了委婉和沉默的弊端,逼着自己去表达,直接交流,及时汇报。

第二,"语言"被视为被视为中德双方在交流层面起到积极促进作用的第二大要素。该要素在中德双方的自我形象中均有体现。语言带来信任、对隐秘的保护以及会带来工作中优势的一种工具。语言对工作起到重大的辅助作用,特别是语言与专业知识的结合是合资企业中有利开展工作的必要条件。

其次,合资企业的员工都是文化中间人的身份,中方要帮助德方适应,德方也要为合资企业中的两三个不同的世界搭建沟通的桥梁,这些要素也均体现在中德双方的他我形象和新的自我形象中。双方经过自身的反思与调整,"向中间地带行走",是共同的努力。

冲突因素:

第一,"缺少情感层面的交流"被视为有碍于中德双方的跨文化适应互动过程的不利因素。这一要素在德国人的他者形象,德国人他我形象和新的自我形象中均有体现。德国人的过于强势、过于直接,不顾及场合说话的性格给中方员工带来了情感上的伤害。这违背了中国人对于"面子"和"关系"的基本假设。因此,该要素显示出德方改正自己,向中方学习的特点。

第二,中国人的委婉的交流方式被德方认为是不利于问题的解决的。这一要素在中国人的他者形象和中国人的他我形象和新的自我形象中均有涉及。"是的好的"、"不讨论"、"沉默"、"打太极"等表达方式给德方人员带来的印象是,中国人不需要我们,信息获取难,很难正确地理解中国人的意识。该要素表现出中方要改正自己,向德方学习的特点。

第三,行为层面上,中德双方均认为"讨论效率低"是不利因素。该要素体现在中德双方的他者形象中。双方均认为"讨论效率低"是不利于合作的要素。并且,双方均给出了各自的原因阐释。

最后,表现出不对称的要素有"交流的方式和目的"和"言语和非言语的难以理解"。前者在中德方的认知层面上出现不对称的现象,该要素体现在德方的自我形象和他者形象中,而中方对于这个话题并没有给予更多的关注和自己的思考。交流的进行是在德方的要求之下进行的,具有被动性。而德方则从各个方面论证了交流的目的。"言语和非言语的难以理解",该要素体现在中国人的他者形象,被视为德方与中方员工进行交流的障碍,却未被中方感知。

上述的互动过程可呈现于如下图示中:

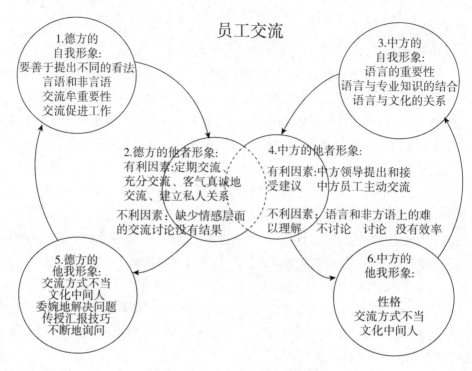

图 4 - 1 员工交流层面互动循环图

4.2 工作态度

工作态度通常被理解为对工作所持有的评价与行为倾向,包括工作的认真度、责任度、努力程度等。由于这些因素较为抽象,因此通常只能通过主观性评价来考评。"工作等同于努力"的概念被 Hermanns/Zhao 所强调,他们将西方文化中对于工作的概念视为"塑造身份 identitaetaskonstituieren"的理念。比如 18、19 世纪中德语字典中将工作解释为"体力的使用、创造、产生影响、技能、辛苦地、努力的"[1]或者是"一个人体力的使用,与努力的程度有关"[2]。Rathje 在她的研究中,将"计划性、严谨和秩序"[3]视为标志德国人的工作方式的三个标准。德国人的上

---

① Sanders 1860, S. v.

② Adelung 1793, s. v.

③ Rathje, 2004,,

述工作方式,也表现出了他们的一种"对不确定性的恐惧"。本书的工作态度的理解指的是决定工作行为的心理因素。

4.2.1　德方对工作态度的解析

德方受访人员将自己的工作态度阐释为如下四个方面:第一,精准性;第二,工作的主动性;第三,规则与计划;第四,决策。

4.2.1.1　精准性

精准性具体来说指的是:结构化分析,自律性较强和注重细节三个环节。

德国人的专业能力,特别是在汽车制造业或人力管理方面的经验都可以向中国传授。有的受访人员对德国人自己的结构化分析能力表示赞赏:"德国人对事情的结构化分析,对事情的深入分析,都是非常棒的。"(D1A)同时,德国人的严谨还表现在规则性、原则性比较强之上。员工会根据公司的规定,履行自己的日常职责。德国员工表现出较强的自律性:"德国公司的员工早上来的也比较早,有时候还要加班,也工作到比较晚。"(D2A)此外,还有受访人员指出,在产量与数量的矛盾之下,德方关注的是质量,要注重细节:"我们德国重在确保质量,德国的工程师要求的是产品要漂亮、要优质、要好用,我们没有产量目标。对我们来说,首先重要的是质量,产量多少我们不关注。我们在德国受过的训练就是这样的。这些美好的口号在德国的确都变成了真实。"(D7A)这段话描述了德国工程师对细节的关注。并且"这些美好的口号在德国的确都变成了真实"这句话表明了德国人的自豪感。"我们在德国受过的训练就是这样的"也是表达了他们以自己国家的注重质量的民族文化和教育环境深深为荣。

4.2.1.2　工作的主动性

有受访的德国人员表示拖延不是我们的文化:"拖延问题,绕过问题,就像嘴上说,你说的是对的,但是明天还在抱怨。这不是我们国家的文化,不是我们的民族精神。我们想解决问题,不是把问题留到明天。"(D3A)德方的受访人员认为,工作任务的描述不能成为一个人工作的围栏,工作人员不能"不越雷池一步",员工应当自己主动地发现问题,从团队的角度出发。这也是员工责任心的表现:"工作任务的描述是很清楚的,但是理论归理论,实际归实际。我在外派之前,我的任务描述是解决问题,不让外派的人员有抱怨。这就是我的任务描述。我与中国员工的区别在于,我会投入得更多些。我经常希望,我们能够从一个团队、一个部门的角度来思考问题,或者多考虑些我们同事的感受。"(D8A)

4.2.1.3 遵守规则

规则这一维度,经常被研究者列入工作方式。本书将这一维度列入工作态度,意在表明,是否有必要遵守规则被视为一种主观的态度。正如德国人自己对自己的定位:"德国人的天性里就是要有清楚的规则、准时、负责、遵守约定。"(D5A)德国人认为规则具有三个方面的作用:第一,规则意味着熟悉与习惯;第二,规则可规避风险;第三,规则确保结果;第四,规则意味着要共同遵守。

第一,规则意味着熟悉与习惯。正如这位受访人员所表述的,德国的规则意味着:"如果出现问题,按照一、二、三点解决。按照顺序来依次解决问题。德国人期待的是,一个问题,一个统一的解决方案。如果下周,再出现同样的问题,同样的解决方案。我们的预期是,用熟悉的、习惯的技能来解决问题。"(D9B)

第二,规则可规避风险。一位德方受访人员表示:"规则对我们来说意味着计划、往前看,对风险的评估,采取必要的措施来应对风险并定义可能有的结果。"(D15C)

第三,规则可确保结果。规则需要理性的判断。制定规则本身的意义就在于确保结果,因此,如果加以理性的思考是可以偏离规则的:"如果我的理智决定了,是可以偏离规则的,但是必须要有理性的思考。我们都是检查车辆的,员工要检查车辆,这就是规则,我觉得不好的是,如果所有的经理和师傅们在夜班的时候都休息了,员工没有去检查车辆,而是去玩手机了,或者坐在那里打盹,吃东西,这就不是好的灵活度。规则是要确保结果的。规则描述出了一条道路,结果要一样的,路径可以不同,结果就是车辆晚上也要接受检查。"(D6A)

第四,规则意味着要共同遵守。规则的制定就意味着有其合理的一面,大家就要共同遵守。比如,按协议进行技术转让。而这一问题是合资企业中容易引发矛盾的环节。德国的核心科技know how是德国企业的心血,因此德国人在技术转让问题上保持自己的原则,严格按照协议进行技术转让。"这与个人关系的好坏无关"(D2A),德国人表示:"我们同德国总部那边签署了协议,就要按照协议来执行。我们一直把最先进的关于物流管理的技术都转移给这家合资企业了。"(D11C)同时,德方受访人员还就与中方工程师合作过程中被中方感知为"德方有所保留"的问题给出了他们的看法:

"德国企业也在试图着保护自己的知识产权,因为这是他们自己花费了高昂的费用研发出来的,如果无偿地转移了,他们什么都得不到了。这是很正常的事情。德国的每家企业都是如此。就是在德国企业彼此之间,一个企业的核心研发

产品也不能无偿提供给其他德国企业。我认为这种想法是正确的。"(D6A)

此外,德国人基于线性时间的理解,认为规划起到了策略性的作用。"德国人目的性很强,看着未来,有策略性地迎接未来。如果人们事先注意到,观察到了,后面出现问题就会比较少。这是在我们这个合资企业里经常遇到的差别。我们德国人经常强调,如果有一些前瞻性的策略,那么可能有80%的问题都是可以提前避免的。"(D10B)此外,德国人依然坚持自己的守时习惯:"在工作中,截止日是明天就是明天,要准时。"(D10B)

4.2.1.4 决策

同样的,决策在本书中也被理解为是否要做出决策的心理态度。德方对于决策的理解基于以下两点:其一,在德国人看来,员工在明确目标的前提下,中间过程应当由自己决定。"在德国,员工需要明确的是目标,至于中间过程我可以决定这样那样操作,在德国的德国员工有更多的自由空间。"(D7A)其二,一个职位就意味着一种责任。在德国员工拥有自主决策权的同时,也要承担起这份责任:"一个职位就意味着一种责任。这个责任必须要接受。"(D15C)并且,德方也对德国人敢于决策的行为给出了理由,"有机会尽力去弥补自己犯下的错误"。正是由于这样宽松和给予信任的机制,才令德国人能够主动地承担责任:"在德国,只有多次出现过错误的员工才会被调任,但是不会被罚款。员工会说我确实尽力来实现我的目标了,我的目标是这样那样的,但是的确出现了不好的结果。人们有机会尽力去弥补自己犯下了错误。我们需要的是结果,而不是过程。最后的目的是我们要达到的样子。"(D7A)

4.2.2 中方对德方工作态度的评价

中国人以自己的价值标准对德国人所表现出来的工作态度进行了评价。德国人的工作态度被中方感知为积极的和消极的工作态度。

4.2.2.1 积极的工作态度

被中方受访人员感知为积极工作态度包括:第一,严谨;第二,追求质量;第三,务实;第四,规则与计划。

4.2.2.1.1 严谨

根据访谈资料的分析结果,在中国人看来,德国人的严谨具体表现在如下几个方面:

第一,对信息持谨慎的态度。德国人不会对所得到的信息持完全相信的态度,同时对于自己将要发出去的信息也会保持谨慎、科学的态度。这样的严谨态度得到了中方受访人员的赞赏。正如,这位受访人员表示:"他们可能会怀疑你的报告里的一个数字,他们会说我从哪些方面得到信息,然后我推理可能这个和你这个数字不一样,那你能不能回去重新再去检查一下,是不是有问题。"(C16C)同时,另外一位受访员工也表述出德国人不盲目相信新闻数字:"比如说对于我们产能规划或者新车型的规划,他是很谨慎的,不冒进,不像我们媒体上说今年、明年车市还有百分之十的增长,这边不会盲目的相信这类的数字,他会有自己的一个分析。"(C20C)

此外,在对于自己将要发出去的信息,德方也秉持自己的工作原则,在未经过科学求实的分析之前,"不能随便给个数":

"有一次,我们德方经理的搭档经理要去跟第三方公司谈项目,让我们的德方经理大致给个数。我们的领导就说我必须从客户来计算需求量是多少……他要算得非常细……最后他还是按照他的这个工作理念,计算出一个有参数的量,不随便给出一个数。"(C14C)

第二,工作细致、专业。有的中方受访人员对德方经理工作的专业态度表示出敬佩:"你找他的时候,他会把自己的想法全盘的给你写出来,非常细。我们老板他边上就有一个白板,一开会就是说往上写什么的,他会把这些东西写得很具体。他不会说是凭空地做一个决定,至少要去了解这些东西,相对比较细致,但是像他这种级别的领导有精力去抠细节比较难得。"(C14C)另外一位受访的中方员工也对领导工作的细致程度表示欣赏,值得学习:"他对于他所要求的工作非常细非常具体。具体到一张表应该怎么做。一个符号应该怎么写"。(C7A)在中方受访人员看来,德国人工作的细致还表现在对事情的过程、结果都要了解清楚:"这个工作是我负责完成的就必须完成。他会对事情的过程、结果都了解清楚。知其然知其所以。关于新技术的合同,为什么可以免,技术新在哪。明确规定了这个可以免税,那中方为什么迟迟不办。他一定会把这个点挖出来。"(C4A)这种严谨、细致的精神令中国人感到敬佩。此外,工作的专业性还会通过一些小事体现出来,这位受访人员对德方领导曾经对她的教育印象深刻:"我领导跟我说你必须要穿好的衣服来,别人看见你对你的第一印象就是你的穿着打扮和你的化妆等那些东西。时间长了之后你办事儿的能力才会显现出来。"(C13C)

4.2.2.1.2　追求质量

德国人的追求质量的工作态度也得到了中国员工的尊敬。正如这位受访员工所表述的,"真正的专家值得尊敬":"我们这个部门曾经有过一些知识专家,这些专家在这工作的态度和能力,大部分是不错的,走了十多年了,大家还在这怀念他。"(C7A)同时,这位受访人员也表达了对德国人追求质量的始终如一的赞赏:"虽然说是合作关系,但为了自己产品质量能够有一个始终如一的表现,德国人工作挺上心的,工作上一是一二是二,他们基本上保证了工作质量,就是我在这个地方呆一天我就会对这个事情负责。"(C18C)

4.2.2.1.3 务实

除了严谨、追求质量,在中国人看来,德国人值得学习的工作态度还有务实、勤奋。

有受访人员表示:"德国人做事特别务实,特别愿意去推动这个事情往前发展。"(C1A)这与中国人"想得比较多,比较迂回"形成了对比。此外,勤奋也是大多数德国外派人员给当地的中国员工印象深刻的积极工作态度:"跟我合作的老外说加班就加班,第一天飞回去第二天就飞回来的,或者当天飞当天飞回来的,真的是很勤奋,很多人的出发点还是为了公司着想。"(C12B)

4.2.2.1.4 规则与计划

中方人员感知到了德方人员对时间的准确性要求,中方员工了解德国人对时间计划的重视程度,他们要求很早就确定日程,这与中国多变的环境相冲突:"像我们每一次去德国参会,他们就很早地开始敦促我们尽量快地把日程和行程安排全部定下来。你们什么时候要跟谁见面,什么时候要跟谁有一个什么活动、座谈、参观,这个都是精确到时间点的,就是到钟点的。他们不太喜欢有突发的一些改变和新的安排。可是我们很多时候根本确定不了那么早。"(C1A)还有的中方人员表示:"我们都会有工作日程表,特别是我们领导,他们每天都排得很满。因为找他的也很多,各个部门的。我们虽然也不是一直排满,但是你会知道什么时间,你会跟别人开会,会有很多日程。"(C17C)

有受访人员认为,最佳的工作方式就是不古板而严谨,如果发现工作流程上有可以改动的空间,应当灵活地采用其他的办法,比如他的德方经理"做事情不像我们感觉的德国人那种做事方式,非常古板,不灵活。在流程上他可能会有变动,有灵活,但是在对待事情本身,他是一板一眼的,就是非常的认真。遵循我们有现成的流程,需要一步一步,12345,但是他有的时候认为这种流程效率太低,他可能会转其他的方式,但是解决问题的这个目标他不会轻易改变。"(C6A)

中方员工对于德国人遵守规则给出了他们的解释。第一,公司流程成熟。比如,还有的受访人员表示,他认为德国人遵守规则并不是他固执的表现,而是因为公司流程已经很成熟了,很规范了,值得优化的空间不大了:"我倒不认为他这是固执,这是因为没有必要去变化,因为整个公司,都已经经过了这么多年,都已经很成熟了,你说要改的话,除非把它全部推翻了再重新做一遍,不然的话涉及的面太多了。可以说他经验很丰富,各个东西都已经优化了,就是刚做出来就已经优化到百分之七八十了,所以他可以优化的东西可能比较小。"(C16C)第二,流程本身是有意义的。还有的受访人员对德国人遵守规则的解释是因为规则意味着这个过程是正确的,如果中间发生了改变,会令德国人感到这个过程是有问题的:"德国人做事情会认为,通常我们制定好一个计划就肯定往一个方向去走的,不应该在这中间过程中有一些变化。因为这个工序都是有意义的。中间如果出现了变化,这样他会觉得这个过程是有问题的。"(C8B)另外一位中方员工也持有同样的看法,她认为信息传送渠道都是经过检验的:"之所以设定从这个渠道来,是有一定作用的,因为到他那的信息是经过过滤的、有效的,他能及时反应。但另一种渠道过来的他还需要判断这条信息的真实性。"(C12B)

第三,德国的惩罚严格。有受访的中方员工认为,德国遵纪守法的原因是德国惩罚的严格,这是"非常大的风险":"他觉得是非常大的风险。大的公司都有审计的。如果税收这部分少这么多,他就会查。一查就查出问题了。"(C4A)

第四,遵守规则可确保长期性、可持续性、稳定性,"德国人遵守规则可能就是因为其可以确保长期性,可持续性,稳定性。"(C20C)他认为,这也是值得中国人学习的工作态度。

4.2.2.2　消极的工作态度

与此同时,被中方受访人员感知为消极的工作态度包括:第一,傲慢;第二,责任心不强;第三,不坦诚、不真实;第四,不灵活;第五,不信任。

4.2.2.2.1　傲慢

当触及到人与人的相处之道时,两种文化的碰撞就会表现出来。中国文化的基本假设是"谦虚谨慎"、"戒骄戒躁"、"虚心学习"。因为在中国人的眼中,德国人"德国什么都是好的"的态度令中方受访人员感到这是德国人的过于自信:"有时候德国人真是过于自信,觉得德国什么都是好的,有优越感。"(C15C)来自另一家合资企业的员工也认为德国人有点傲慢:"大部分的德国人到中国来工作,他的级别是有提升的。所以他们觉得,你们就是比我矮的,这就有点傲慢在里边。"(C1A)还有的德国人总有想"复制德国的想法"(C18C)。

4.2.2.2.2 责任心不强

在合资企业多年的合作中,德国人的完美形象也不复存在。有的德国人表现出特别高冷的姿态,这令中方人员感到"简直无法合作":"他这个人就是特别高冷。正常来说这种刚上任的经理要在会上做一个自我介绍,让大家对他有一个比较正确的认识。我跟他说了,他自我介绍的 ppt 周二下午要发给我。可是他就拖着不发,气死我了。他觉得你们经理都不能看,但是有的经理就是会看呀!简直无法合作!"(C13C)还有的德国人工作中也有些水分:"有的德国人是给我们做咨询的,他们都是按照项目挣钱的。项目做完我就挣完钱了事,所以说他为了保证进度,为了按时完成这个东西,就有时候会有些水分。"(C18C)

在中国人看来,责任心不强的另外一种表现就是"自私,只关注自己的事"。德国人在私人生活和工作生活的排序上没有中国人的"先工作后家庭"或者"为了大家牺牲小家"的基本假设。因此,这样的举动令中方人员感到极为的不负责任:"之前我去德国培训的时候我们都安排好了,这个培训两周,就是和德国的接口人都商量好了,然后本来去的时候这培训应该是两周……但是第二周他说我老婆生孩子就走了。也没有人接替他的工作。"(C13C)同时,这位受访人员也认为,德国人一个非常大的缺点就是只关注自己的事:"他们只关注德国人提的事儿。中国人提的很多的事儿都是排在往后的。"(C7A)因为只关注自己的喜好,所以很多技术人员来到这边做了管理者之后,就会出现:"如果他只是关注于做自己作为工程师的事的话,就会管理得乱七八糟。管理,他不喜欢,他也很烦,他不想干这个。"(C19C)

4.2.2.2.3 不坦诚、不真实

德国人有时也会表现出不坦诚、不真实的一面。比如,有的受访人员表示:

"这个德国人遇到问题就总说别人,你这个为啥出事儿了呢。就是他的认可本身出了问题,哪怕是这个环节中一个很小的问题他都不会指向自己。他就觉得他没有问题,他什么都是好的。"(C7A)另外一位中国同事也描述了德国人推卸责任的案例:

"一个德国经理报销的单据有点小问题,我下班时没有用工作邮箱发,而是用短信发的。我就没当回事,然后结果那天上午他也没来找我领导。结果他给我领导的解释,为什么下午才来找他谈呢,是因为我没给他单号,而实际上我给他发短信了,他一定收到了。可是他不承认,我感觉被坑了。"(C13C)

此外,不真实、不坦诚的态度在某种情况下继续发展,则会成为一种欺骗,有

受访人员描述了一件德方恶意欺骗的行为："有段时间,德方对他们的住宿条件意见很大。有德方拍摄了很多室内破烂的照片,比如空调、厨房、书柜等。德国高层看到后很生气。中方领导看到照片后也很生气,找人核实。结果发现,这并非德方住宿的地方,而是宾馆工作人员的工作和生活区域。这是种恶劣的欺骗。"(C5A)

4.2.2.2.4 不灵活

德国人性格中的教条也在本研究中得到了验证:"德国人确实是有一些教条,就认为我德国的东西就是好,而不看中中国的这个实际。要知道有些真的不适合这个现场用。就比如说我们的配件柜要选择什么型号的,这个型号是在德国所有工厂都用,但是这个型号可能对于中国的现场情况,就不是那么符合,但是他们就坚持要用,说这是 German design。"(C15C)

还有的中方受访人员认为德方不考虑具体实际情况也是其不灵活、教条的表现:

"比如住房标准问题上,德方非得用统一的标准要求我们这里。因为地区差的问题,我们这里不用那么多钱就可以租到一样标准的房子。"(C5A)

有受访人员向我们讲述了一个德国人保守与中国人灵活表现出冲突的案例:"一般都是项目提前三年开始规划,之后我们再一步一步往下做,在做的过程中,我们会发现很多情况变化,好像跟设计图这种东西已经不符了。那中国人就想能不能改一下,但是德国人说我当时设定的时候我是这样做的,那现在我就去 follow它。可是很多时候,既然实际情况已经改变了,跟我们当初设想的已经不一样了,为什么不做出一些改变去适应它,所以就因为这些,我们会产生一些冲突。"(C16C)

此外,另外一家合资企业的受访员工也讲述了一个关于是否买保险的案例:

"对于外派到德国的中国员工要买保险。保险在德国是个很严肃的问题。而我们有的员工短期派遣就没买保险。中方认为这个不是特别必要。最后德方坚持了自己的原则,在中方没有买保险之前,不给发邀请。"(C4A)

4.2.2.2.5 不信任

德国人具有非常强的知识产权保护意识,而这一点被中方感知为是一种不信任的表现。有的受访人员表示:"这不是一个个例的问题,就是说它往往会出现这种情况。比如说生产线,或者是在我们其他质量不通过的时候,有某种抱怨了,可能这个零件是从德国进口的,我们就想看看他们的解决方案。他可能跟你讲到其他的管理、过程、用户的操作啊,他可能会找一些其他的回答,不直接回答核心技术问题。"(C6A)另外一个中方同事也认为德方对中方是策略上的保留:"我们的协议签到什么程度,他就支持到什么程度,而不是说我们俩处的好,你在我们这儿呆的时间长,我可以给你的就可以给你,有些东西他还是不能给你的。"(C1A)这位受访人员还表示:"有个外方专家,他从他的德国同事那里获得的一些材料,他都会自己改过之后再让我翻译,翻译之后给其他同事看,肯定有一些核心技术机密的东西他自己会隐藏一下。"(C1A)

4.2.3　中方对工作态度的解析

中方对自己的工作态度的定位可以概括为两个方面:高效率、有创新性和灵活性。

4.2.3.1　高效率

合资企业里的员工大多是来自985、211大学的优秀学生。他们的学习能力和工作能力是有目共睹的。高效率也是得到了普遍的肯定:"我们的员工都是一旦组织目标明确了之后,在一种追求业绩的强烈意愿下很快就能够实现目标。我们可以加班,可以团队式加班,这些我们都能做到。"(C3A)

4.2.3.2　有创新性

此外,还有的受访人员表示,中国人并不缺乏创新精神:"中国人在创新方面其实是很强的,中国的好多企业为什么发展得这么迅速、做得这么强,甚至包括好多市场的一些商机,你比如淘宝、天猫、苏宁。在这种开拓性、创新性的思维模式方面,中国人比较强的。"(C9B)

4.2.3.3　灵活性

灵活的好处在于问题的解决途径快捷。与德国人的通过哪些部门来解决问题的工作流程式解决方法不同,中国人"不用通过这个部门,打个电话事情就解决了,虽然不符合流程,得到的结果也不是书面上的,但是问题也解决了,也没出现不好的后果和大的问题。"(C12B)

并且有中方员工对于中国人的灵活给出了解释,原因有两点:一是大环境的影响。二是中国变化太快。比如,这位受访人员认为:"一个大的环境对一个人的影响是特别大的。就像在中国随便会有人闯红灯,或者说本来我在那儿等得好好的,大家就都走了,然后就我自己在那儿的时候,当时也觉得自己是不是还要等下去。但是在德国同样等红灯没有人会走,如果你走你会很奇怪,所以这时候你不

会走,所以这就是中国的员工在德国的时候,也会比较遵守这个规章制度,除非他不知道。"(C8B)

另外一位员工也认为:"中国发展变化的实在太快,我们经常会发现,他们给我们设定的框架跟我们最后要实现的东西已经不符了。而且就是中国的很多东西是没有办法提前设想好的,有很多临时出现的问题包括路况啊……有一些政府方面的原因可能对某些部门可能影响比较大。"(C16C)

4.2.3.4　遵守规则

很多受访的中国员工都认为,现在合资企业里的中方员工都会遵守努力去做好计划和遵守约定:"因为工作都是已经固定的,财务的工作没有什么创新的,技术性的,就是质式的,只要你把数字全部弄对就行。我们要求的是精准嘛,不要出错。"(C11B)还有的员工根据自己的工作内容,将规则理解为就是要"check 你所有的流程":"在某个时间点,check 你所有的流程,你的进度是怎样的。然后在真正是在一个时间点之前,有一个准备会议。"(C14C)同时,另外一家合资公司的员工来自质保部,他认为,规则就是要"一丝不苟",一步一步去做:"我们做质量工作的相对来说可能就要求一丝不苟的,一步一步去做,不能太灵活。方法上你可以灵活一点,但是对质量问题的把握和改进,这个肯定还是得非常严格。"(C6A)

4.2.4　德方对中方工作态度的评价

中国人上述的工作态度得到了德国人的肯定。中国人除了具备积极的工作态度之外,还表现出了不主动工作的消极方面。

4.2.4.1　积极的工作态度

中方上述自我形象得到了德方的肯定。德国人认为中国人的积极工作态度具体表现为如下五个方面:第一,灵活度高;第二,高效率;第三,勤奋、认真;第四,基础知识好;第五,主动工作。

4.2.4.1.1　灵活度高

与下文关于中方不遵守规则被德方人员感知为消极的因素不同,有的德方员工则表现出了对中国人灵活度的理解和接受。他认为,存在之为合理,在中国,虽然没有完全像德国那样遵守规则,但在中国行得通的就是被证明可以接受的:"从大街上的交通情况就能看出来。每个人都在按照自己的意愿开车,但是也行得通。"(D9B)他认为规则并不是非得遵守的。重要的是结果,只要结果能够到达既定目标,那么中间的过程和解决方案可以由员工自己决定:"中国人更灵活些。先来检验这个问题是否很重要,是否可以解决,走捷径解决问题,对此需要什么,到了某个时候,用自己的解决方案,每个人的解决方案可能都不同,最终也解决了问题。"(D9B)

4.2.4.1.2 高效率

德国人对中国人的工作效率是认可的,但是他们对中国人工作高效率是加了很多前提条件的:"如果他们知道该做什么,在中国人了解清楚自己的任务后,没有等级方面的决策问题,他们的工作效率非常高,很快就解决了。在德国通常还需要再召开碰面会才能解决。这边不用,打个电话就可以。效率高很多。在解决问题,适应等方面,他们的灵活度比德国高很多。不过另一方面,如果涉及等级的决策权力问题,就需要耗时很久。"(D4A)也就是说,在没有等级和对责任的顾虑之后,中国人的灵活度就会带来高效率。等级和对责任的顾虑是限制工作效率的因素。

4.2.4.1.3 勤奋、认真

中国人的勤奋和认真也是得到了受访德方人员的普遍赞赏。有受访人员表示:"一旦就某事做出了决定,就进行下去了,非常快捷,不辞辛劳。我必须要承认,中国人的这点令我印象非常深刻。中国人加班不是问题。"(D7A)此外,德方特别对流水线上的技术工人的勤奋和认真予以肯定。"自从我来了之后,我总是向员工提出要求。我要求的都很多。我所要求的,一半能完成吧。但是我可以看到,中国员工工作量很大,也取得了很多业绩,很努力。"(D7A)

4.2.4.1.4 基础知识好

作为汽车生产型企业,产品的生产与具有高技能的技术工人是分不开的。这位受访人员也对合资企业里流水线上的技术工人表示了感谢,同时也对公司里管理部门的员工也表示欣赏:

"对于那些站在流水线上的技术工人,我们真的要感谢他们。我们的技术工人因为技术的问题被迫地要有效率地工作。我们的员工基础知识都很好,他们受过很好的学校教育。我们公司的员工都是来自精英大学的。他们读书的时候就很勤奋。"(D2A)

4.2.4.1.5 主动工作

上述三个方面在以往的文化对比研究中,通常被视为是中国人的优良美德。而主动工作通常不属于中国人。取而代之的往往是外方对中国人工作态度的抱怨:不主动。这在下文会有详细的论述。但是,就本研究的结果来看,在这样的互动中,德方看到了中国人的进步:承担责任和跟着思考。比如,有人表示:"如果他们了解了事情的来由,就越发会去承担责任。是的,中国人也学会了要承担责任。他确实做到了最初约定好的样子。就应该这样的 Das muss so sein."(D14C)此外,中国同事的"跟着思考"的能力得以改进:"这几年来,我的印象最深刻的就这一点。他们会跟着思考,给出建议,不再是一味地被动地接受。做事情有规划的意思了。这点是进步。"(D11C)

4.2.4.2 消极的评价

此外,德方将中方的工作不主动、懒惰、不注意形象、抄袭行为、不遵守规则与计划以及不决策以上六个方面视为消极的工作态度。

4.2.4.2.1 工作不主动

中方的工作不主动是被德方提及最多的要素。可以说,中方员工的工作不主动是合资企业内部相互的适应过程中最大的障碍。具体表现为如下几个方面:第一,不主动承担责任;第二,不承诺;第三,中国人需要外力;第四,只按规定行事。

第一,不主动承担责任。很多受访的德方员工都表达了希望中国员工不要等待上级的指令,要有动力、主动地承担起自己的任务的意愿。他们希望中国员工有责任感,因为"如果有了责任感就会考虑如何避免或者降低损失。"(D15C)这位受访人员的项目经理对中方员工的不主动承担责任的案例进行了描述,并给出了他的解释:"在加工工艺方面,我们发现了一个问题。然后我问,谁来负责此事?大家都朝着空气张望。出于如下两个原因:一,可能是因为小组效应。他们都怕在其他人面前丢脸。二,这边没有这个程序。就是说,如果质量保证环节出现了问题,谁来负责终端生产。"(D10B)

第二,不承诺是不愿承担责任的另外一种表现。正如这位受访人员所表述的:

"比如我们曾经有个项目,我需要与中国同事约个时间,需要文字的确认,可是他们始终不给我。总说可以在电话里说。可是在我们看来,文字确认的是可以事后检验的,电话的内容是没有办法检验的,也没有人知道他的工作流程是怎样的。这对我们来说是个问题。"(D4A)在这位德方人员看来,不给文字确认,就给自己的不负责留了出路。

第三,中国人需要外力。此外,中国员工工作表现出极大的被动性,需要外力。具体表现为:等待清楚的指令。比如:"中国人不是懒惰,而是不够主动。他们等待的是上级清楚的指令。可是德国的领导是不会给清楚的指令的。我们的理解是,员工应当按照工作实际情况的需求,关注下发生了什么事情。不要拖拉,延误工作的流程,德国需要马上反馈。"(D14C)同时,这位受访人员也表示,中国员工当任务完成了,他们又会开始等着了,等待下一个任务。而这与德国人的工作现象形成了反差:"在德国就没有这样的现象。哪怕就最下面的、最一线的工人,也很少有没有任务的时候。如果没有事情可做了,他们会自己试图找事情做。组织、数据管理、数据检查、清点库存、整理物品等等。但是这里我没有看到。"(D7A)此外,"问题不会自己解决"也是在访谈中被提及最多的要素:"中国人很多时候都在那里等着,希望问题会自己解决,或许什么时候工作就可以继续下去了。"(D7A)

第四,只按规定行事。中方员工的工作不主动性还表现在只按规定行事。德方认为,中方员工将工作流程视为是最重要的,目标无所谓。"只要不犯错误",就好了,这是中国人的普遍心态。每个人只关注自己的利益,"自扫门前雪","事不关己高高挂起"。但是对终端产品的质量的决定因素有很多,不只是每个人都遵守工作流程就够了的事情。如果每个员工能够多为终极产品考虑,就会及早发现问题。而不是只是关注自己的一点点利益。因此,德国员工认为,"只按照规定行事"、"只看自己的工作领域"和"尽量隐藏问题",是中国员工工作态度上最大的问题,也是造成产品质量不过关的重要原因。

比如,这位受访人员认为:"中方员工总是试图遵守规则,按照规则行事,不做违背规则的事情。有很多工作流程的规定,已经翻译成中文了,他们就严格按照规定行事,他们认为只要按照规定行事就是正确的,结果无所谓。对于他们来说,重要的是不要犯错误。我的印象始终是这样的。"(D7A)同时,中国员工的"只看自己的工作领域"也与德国员工的工作态度形成了反差:"这里的员工拿到了任务,他们一定要准确地说出,什么是我的任务范围,什么不是,不能多也不能少。他们不会看到超出自己任务以外的任何一点事情。德语说的,man guckt nicht auf den Teller heraus(不要往盘子外面看),在德国没有这样的员工。"(D5A)此外,中方人员的不直面问题,而是尽量隐藏的工作态度也被德方视为是对产品质量产生严重后果的重要原因:"中国这边的员工则是尽量隐藏问题。他们想说一切都很好,亲爱的同事,你做得也都好。他们害怕出现问题。我想这也是这里还必须要留住德国专家的原因。因为中国人的这样的工作态度是没有制约机制的。他们认为我把我的工作做完了,把车往那一推,就没问题了。但是如果有人告知出现了问题,怎么办?"(D7A)

由此,德方期待着"中国人的独立性":"我们的企业文化就是人要具有独立性。这是由我们从小所受的教育所决定的。在西方的价值观中,才能够其他人那里获取和搜集想法,得到反馈是很重要的。我们始终期待的是中国同事的独立思考、独立解决问题的能力,能够有创新性的想法和见解。"(D16C)

4.2.4.2.2 懒惰的形象

懒惰的形象也是对合资企业的工作不利的因素。在德国人眼中,中国人的午睡、拖延是导致工作效率不高的主要原因:"在这边,就像是大家很早去吃午饭,然后很多人回来午觉,对于这一点,德国人无法理解。工作效率不高。"(D2A)同时,这位受访人员表示,拖延也是在与中方人员合作当中时而发生的现象:"有的同事不会给我一个明确的答复,或者把事情支出去很远,也就是说他现在根本还不会开始动手。这种情况总是不断地出现。"(D4A)还有的受访人员,将中国人的工作不积极主动、懒惰等消极态度解释为:"有的员工就是混时间,但是他们拿一样的钱。因为工龄在这,只要是他先进入公司,他的工资肯定会高。"(D2A)

4.2.4.2.3 不注意形象

与德国人给中国人的积极印象中关于"细节凸显专业"的情形相反,中国人给德方留下的是一个不注意形象的印象:"另外一个感觉不太好的文化,很明显的,就是德国人来上班都是西装领带穿得很整齐,就比较注意形象,而中方就可能比较随意一点。"(D2A)

4.2.4.2.4 抄袭

与德国人关于知识产权的保护意识相关的,德国人对中国人的抄袭行为也表示了否定的态度,他认为抄袭不是解决问题的根本办法,要自己主动找到解决问题的方案:"我自己也经历过这样的抄袭情况。复制的缺点是:没有自己的思考和设计。如果不知道该怎么利用,怎么运转,是毫无意义的。我们希望的是他们自己找到问题的原因。在复制之后的下一步就是要学习。不要抄袭德国人解决问题的办法,不,自己找。"(D6A)

4.2.4.2.5 不遵守规则与计划

很多受访人员对中国人不遵守规则的态度表示了极大的不满:"我观察很多中国的同事太莽撞,对未来无忧吗?"(D15C)或者认为"中国的规则形同虚设,或者说,根本就没有规则。规则就是领导说了什么。领导说是就是,说不是就不是。哪怕有5个人心里都想,领导这么说是没有道理的。但是没有人会说出来。"(D5A)还有的德方认为"这边的情况经常是,不遵守规则了,这就是错误的灵活

度。规则被滥用了。"(D6A)

同时,双方在对于时间的理解方面还出现了很大的偏差。这种偏差表现在如下几个方面:一是,有的受访人员对中国人无法给出准确的说法表示不满。因为这会给他们的工作带来干扰:"如果我知道不是周五,而是下周一、二,那么我可能根本就不会说。我会说,我根本就不能确定。因为我们也不会来衡量你是否真的遵守了承诺。可是中国人习惯于给出一个大概下周一、二的模糊说法来应对我。这里同事的想法和我们德国人还会有些不同。"(D4A)二是,有德方表示中国人对于时间的节点的模糊是令他们感到困扰的问题:"在德国,如果我们要商讨什么事情,总是要提前约定好 Termin。还有,出现问题比较多的就是,我们的结束时间是什么时候。在德国,我们可以给出一个准确的时间节点。这边可能会到周五结束。但是,也可能会拖后几天。"(D6A)三是,还有的受访德方人员认为,中国人没有计划的概念,"中国人则是在应对,对一些之前没有预想到的事情做出应对。"(D10B)四是,会议日期提前通知的时间太短:"这里的会议日期提前通知的时间太短了。"(D6A)最后,双方对于计划的时间期限的理解表现出了差异性,在德方受访人员看来,中国计划的时间长,也是影响工作效率的事情:"在中国要忍耐一些低效率的事情。比如在德国的一个决定需要 1 年时间,中国需要 10 年。因为德国的文化与这里的不同。德国中期计划 1-2 年,我看中国的中期计划至少是 5 年。如果长期计划方面,德国是 5-10 年,中国就是 20-25 年了。这在德国人看来是不可想象的。"(D5A)

4.2.4.2.6 不决策

首先,德方以自己的标准来评价中方员工的行为时,就会明显地感觉到中方的"有想法、不敢决定",这令他们感到不解:"他们的想法、解决方案都在脑子里,只是一旦说你可以按照你的想法做事,要为此负责,这是你的决定,他们就不敢于做出决定了。这对他们来说是有一个很大的风险的。"(D9B)并且,德方认为中国人不做出决策的弊端是带来了损失。因为如果快速决策就可以减少损失:"如果我们有了解决方案,我们就会很快解决。这种讨论是目的非常明确地,因为在同一时间里这条流水线上运行着很多辆车都是同样的错误。我们还在讨论的时候,就流失了很多时间,不仅仅是时间还有金钱。"(D3A)此外,还有的德方同事认为,将决策权交给上级是不符合逻辑的。"有时我会感觉到这样的决定或许不是最符合逻辑的方案。而原本是最一线的员工最了解情况。"(D4A)

其次,德方又对中方员工不敢决定的行为给出了自己的解析。具体说来,分为如下几种原因:其一,不够自信。有受访的德方人员认为中方自己不做决定,而是遵循德国人的指令是因为,"对自己不够自信,拿不准或者怎样,就拿德国人来扛份,对他们来说德国人觉得可以就可以。"(D2A)其二,决定是与等级有密切关系的。这位德方人员因为参见过跨文化培训课程,他学会了思考问题的方式,就是将两种文化并列来看,他认为这是很重要的:"我的感觉是中国同事不是很喜欢做决定,他们很少做决定,因为等级观念比较重,他们认为领导是非常高的职位。"(D11C)其三,惩罚严厉。一位来自质保部的德方员工认为中国人不敢自主做出决定的原因,是因为中国对员工的惩罚很严厉。这种严厉的惩罚导致员工失去了自主工作的意愿,他们只关注自己手头的工作不要出问题:"在中国,如果员工犯了错误,会马上受到惩罚,非常严厉的惩罚,给他调任工作,或者罚款、赔偿等等某种处罚。对于员工来讲,他们只关注自己的手头工作不要出问题。"(D7A)

4.2.5 德方的反思与调整

在经过上述的双方的自我形象和他者形象的对照之后,德方进行了反思与调整。

4.2.5.1 认知上的反思

德国人对自己的反思表现在如下两个方面:第一,德国人享受特权;第二,德国人也不总是对的;第三,要灵活;第四,对午休表示理解。

4.2.5.1.1 德国人的特权

有德国受访人员对德国外派人员在中国一边享受着特权,一边却总在抱怨表示不满:"德国人在中国这里得到的都是非常好的待遇,都是由公司为他们支付的优厚待遇。如果当地的中国同事看到这些,他们会怎么想? 可是我们这些外方经理依然感到不满意,抱怨这抱怨那的,他们很快地升到了一个高处不胜寒的地方,然后就谁都不理解了。"(D8A)

4.2.5.1.2 德国人也不总是对的

有受访人员持有谦虚、务实的、开放的心态,他认为:"中国同事对领导很尊敬,对年长的人很尊敬,对专家很尊敬。可是我们也不总是对的。也可能我们引导的方向是错误的。"(D13C)此外,"好为人师"的态度令这位受访的德方同事感到很不舒服,他认为都要具有开放的心,可以反过来,向中国人学习什么。特别是德国人的教条束缚了令德国的发展失去了活力:"我感觉很不舒服,德国同事持有这样的看法,他们所做的一切也都是正确的。德国同事很少为中国这边的情况来调整自己。很多同事是要来给中国同事展示下,是怎样运转的。他们总是好为人师的样子。我总认为,可以反过来的,我们可以向中国人学习什么……我在想,我们德国人是不是太过于死板地遵守规定,太教条了。我们的规定就是太严谨了,一切都要精准,而失去了活力。"(D12C)同时,这位同事对德国同事"为什么要把这里当成德国"的看法表示不解:

"不要认为完全接受德国的工作方式就是对的,我在读书期间也几乎都是用英文授课的,会看到不一样的世界。德国毕竟是一个很小的国家,只有8千万人口,同中国的14亿人口比起来太小。我不明白德国人为什么要把这里当成德国。"(D12C)

4.2.5.1.3 要灵活

德国人意识到,不必计划得如此详细,因为"有些风险不一定就会出现风险,有些计划是多此一举的,也浪费了很多时间和精力。这对我来说,是非常重要的学习。"(D15C)

4.2.5.1.4 对午休表示理解

首先,有的德国专家对中国同事的午休表示理解,不能以自己的标准来要求所有人,因为国情不同,"中国人的年假太少了":"对于中国同事午睡的问题,我对我的外国同事的解释是,他们一年左右5-10天的年假。德国员工一年30多天的年假,除此之外还有很多法定节假日,如果与之相比起来,中国人休息的时间太少了。他们没有时间照顾家人,而他们只是利用上班的一点时间休息一下,我想他们需要好好休息。"(D2A)

4.2.5.2 行动上的调整

德国人的调整主要包括如下四种方式:第一,不断核实;第二,鼓励中国员工独立完成任务;第三,要灵活。

4.2.5.2.1 不断核实

针对中国同事拖延工作的情况,有的德方表示,会"不断地核实":"如果我需要什么东西,我会不断地询问我的中国同事。当然了,很友好地语气。我路过他那里,看一眼,再问问。"(D4A)

4.2.5.2.2 鼓励中国员工独立完成任务

德国人看到了中国同事有能力能够独立完成任务,"他们只是没有被很好地组织,他们需要总结经验和教训。如果人朝着一个方向在前进,然后看到最终百分之百地实现了自己的设想,他们就会把这样的经验转移到其他事情上。举一反三等等。就是在这个事情上出了错,再碰到类似的事情也不会再出错了。或许两次、三次出错,但是会从中得到经验和教训。"德国人秉持着德国社会宽容的文化,允许人们犯错,从错误中学习。"(D13C)并且,这位德方经理还表示,德方正在努力让中国同事承担得更多些:"我的经验是,如果让中国员工有些自由,自己找到解决办法,效果更好。这是对很多德国同事的建议。让我们的中国同事来完成更多的任务、订单。"(D13C)此外,德方还要培养中国人自己做决定的能力:"我个人感觉德国人在讨论中说的太多了,所以我通常在开会的时候,让我的中国员工按照顺序发言,表达他的决定。这样,我才能听到中国员工的声音。我们德国人迟早是要都回德国的,我想培养我的中国员工。"(D15C)

4.2.5.2.3 要灵活

从行动上,这位受访的德国员工表示,关于规则的遵守方面,在中国他会调整自己的行为,他不要求中国同事严格按照规则,而是关注哪里还需要改进:"中国这里规则是规则,他们的工作是另外的样子,不知什么时候,结果也出来了。这时候,我们再来检测看看,结果怎么样,是否有问题,哪里还需要改进。"(D9B)并且,这位受访人员认为,重要的是结果"如果不是非得遵守规则,也就没有这个必要。"重要的是结果,如何达到结果这是应该由员工自己做的决策。他应该自己去寻找最有效的、最简单的途径。如果有技术标准,在工作说明或者工作守则上写明了,就必须遵守。"(D9B)

4.2.6 中方的反思与调整

经过上述的中德方自我形象和他者形象的对照,中方也开始了自己的反思与调整。

4.2.6.1 认知上的反思

中国人的反思主要包括如下几个方面:第一,拖延;第二,缺乏主动性。

4.2.6.1.1 拖延

中国人的"拖延"、"消极怠工"形象一旦形成,将会对双方的合作造成不利的影响。正如基督教工作伦理中所表明的,自由、懒惰、浪费时间是罪恶的。因此,中方受访人员无论从思想上,还是从行动上都意识到了拖延、消极怠工的等同于的懒惰形象:

"中方不会把事情的真情情况告诉对方,而是很主观的判断这件事。这样就给德方的感觉是不作为了,没有做到透明化。中国同事解决方式通常有两种:一、客气礼貌的回复,目前处于审查过程,拖延战术。二、把这个工作推给别人。"
(C4A)由此可见,中方的应对策略是不那么傲慢地拒绝,也给出回应,但会拖延或
推托责任,而不给出正面回答。这样的行为会令德方感到误解,他们并不会理解
为中国人在拒绝此事,而是还在等待着中方给出一个结果。那么,在德国看来,事
情拖延下去就是中方没有解决问题。同时,另一位中方受访人员表示:"在学校的
时候为什么可以拖延,在企业就不可以拖延了,还是压力的问题。你在这儿工作
你必须得这么做,因为涉及你的下一年的工资涨幅。"(C15C)

此外,下面这位受访员工也看到了"消极怠工"给德国人所带来的反感:"德方
对中国人的那个工作态度特别在意,就是他不愿意看到生产现场或者是说工作的
那个环境里有一些消极怠工的一些员工的一些行为表现。对这一方面特别的反
感。"(C1A)因为在德国人的思维里,"工作和履行义务是取悦于上帝、表现博爱的
唯一途径。"53 他希望在整个团队里面每个人都能出体现出为这个工作去付出。

4.2.6.1.2　缺乏主动性

在受访人员的表述中,中方员工缺乏主动性的工作态度可以体现为如下几个
方面:第一,找借口;第二,使命感、责任心不强;第三,多一事不如少一事的错误思
想;第四,不会自主发现问题;第五,总是等待着任务。以上六个方面是应当予以
改正的。

首先,中方通对自己的工作态度进行了反思。他们意识到,"不要找原因":
"德方不希望问题出现了,中方员工就找原因,说这不是我造成的,而是希望就这
个问题我们先去想办法解决这个问题,你先别去找一些客观原因来影响这个问题
的解决。"(C1A)

第二,中方人员通过对照德国人强烈的使命感、责任心,进而对自己的思想和
行为进行了反思:"德方的使命感很强。任何一项工作,他必须要为公司做出这个
贡献。他会努力地把这个事情做好。任何工作都必须完成,具有奉献精神,努力
工作。我们中方还是应该向德方多学习,学习他们的先进管理经验和工作态度,
责任心。"(C4A)另外一位受访者表示:"和这些老外合作的人至少是本身具备一
定的专业素养或者责任心,这是最根本的一条。要是这个都不具备的话,这就不
是做得好或者不好的事了,就直接无法合作了,就这个状态。"(C2A)

第三,"多一事不如少一事"是中国人的道教的哲学思想,它帮助了中国人做
到"明哲保身"。但是这样的思想阻碍了社会的协作:"而中方则是'多一事不如
少一事'、'事不关己高高挂起'。这样的错误思想阻碍了合资企业中的协作问

题。"(C4A)此外,还有中方员工认为改动的责任很大是导致员工不敢做决定的原因:"中方领导会有一些担心和担忧,如果私自去做一些工艺上或产品上的改动的话,不经过他的自主领导,去通报这个事的话,这个责任有时候其实挺大的,而且可能会产生一些隐患,德国同事对我们擅自更改的情况他们也会有抱怨。"(C6A)并且有中方受访人员也意识到由领导来做出一切的决策,是有风险的:"总是由领导来决策存在着很大的风险,领导的任务量太大,并且如果领导决策错的话他的承担的职责也太大了,压力太大了。"(C20C)

第四,由于中国人的习惯思维,"不会自主发现问题",这种习惯被中方员工所批评:"如果能够自我自主的发现好多问题,就可以解决好多问题,将其发展为流程化,这样干更有意思。"(C19C)

第五,总是等待着任务:"中国员工习惯等着他的上司去派任务给他,而自己不会主动去发现任务。就算在你的职位描述里已写得很清楚了,他还是要等一个明确的命令。而德方期望我们自己去主动承担起自己的职责来,包括一些问题都是我们自己发现的,而不是靠领导去发现的。"(C20C)

4.2.6.2 行动上的调整

中方人员的调整主要表现为如下三个方面:第一,积极主动工作;第二,加强专业技术;第三,遵守规则。

4.2.6.2.1 积极主动工作

基于以上的反思,中方员工用行动来表现出工作的积极主动态度,"优化工作"、"尽力解决问题"和"工作更严谨了"。有受访人员表示:"当我熟悉这个流程之后,这个表可以优化的时候我会优化,一开始优化完了我给他看的时候他哈哈大笑,最后他全部接受,因为他觉得有道理,我优化完了他反而对我刮目相看,因为我想到了他没有想到的东西。"(C12B)还有的员工表示自己在尽力解决问题:"既然你去负责这个事儿了,你自己要想办法把这个事情做成或者是说最大化的利用你周边的资源去解决这个问题。"(C20C)此外,针对外方经理向德国总部发了不实的住宿条件照片的事件,"中方找人核实,再发现这种欺骗行为之后,我们正式致信德国大众。邀请了德国的工会主席到实地考察,挨家挨户地看。关于小区的这个矛盾也算是解决了。"(C5A)还有的受访人员能够效仿德方人员工作的秩序和规范化:"比如自己的工作方法、态度都有进步,更严谨些了,比如我的电脑里面,我所有文件夹的分类、命名这些东西都是遵循着一些规则。比如说我这个工作要什么时候完成,以前我说这周完成,但也可能要到下周才完成,但是在这里

工作之后我一定要确认到是哪一天。"(C15C)

4.2.6.2.2　加强专业技术

此外,在这样一个以业绩为导向的合资企业中,很多员工意识到自己的发展取决于"技术上要过硬",并且采取措施提高自己的专业技术:"我觉得如果在德国企业想综合发展,自己的技术上一定要硬,不论你是做什么,你是做商务部门也好,或者你是做技术部门的,你在专业上如果都拿得出手,这一点别人都会认可你。我自己现在就在加强这方面的学习,自己总结,跟踪最新的技术。"(C8B)

4.2.6.2.3　遵守规则

有的中方人员向德方学习,在日常工作中学会遵守承诺:"比方说我当着(他们的)面答应一件事,我到那个时间点行与不行我肯定会告诉他。这是我养成的习惯。"(C3A)还有的受访人员表示,整个公司也是在按照国家的法律法规在推进工作,为了实现国家的规定,需要在公司的内部规划上分几步来完成:"就比如说现在国家法规要求劳务派遣工人不超过百分之二十,这是国家一个硬性的要求。首先这个事情就会很好推进,因为德国人他要求守法。那这个事情我们就按照德方的要求去做,但是这个事情我们现在是超过这个比例的,那在这个过程中,我们就需要分几步走。"(C8B)

对于中国人该如何遵守规则,这位受访人员讲述了他的理解,要科学地制定质量标准:"质量标准的制定是我觉得从德国同事身上学习到的东西,他清楚这个质量标准是什么,就哪怕有些东西很模糊,他根据这个标准已经能总结出来,能发现这是个问题,那他根据这个问题再去改进。"(C6A)并且,这位受访人员还意识到,除了标准的制定之外,标准设立的科学是第二步,所有的人都遵守这个标准是第三步。只有做到这三个步骤,才能让中国人做到"有章可循、有法可依":"德国他为什么轻易发展这么快?而且很多方面都那么发达,我总结可能就是各行各业都有标准,这标准设立就非常科学,然后呢,周围的人都熟识这个标准,更关键是所有人都遵守这个标准,我觉得这个可能是给我印象最深刻的。这种标准问题可能你得需要大家去宣传,让别人去教你,告诉你,得有个普法宣传。"(C6A)

4.2.7　小结

上述结论,可以看到中德双方在工作态度中所呈现出的聚合因素和冲突因素。

聚合的因素:

第一，主动工作，是在中德双方的自我形象和他者形象，以及德方的新的自我形象、中方他我形象以及新的自我形象中表现出一致性的第一大要素。其中主动工作具体包括：诸如对信息和细节严谨态度，追求质量的始终如一，勤奋、务实地推进工作等。主动工作的态度得到了中方员工从认知到行为上的肯定和践行。这种积极的工作态度与德方的基督教工作伦理所提出的要求达到了一致。从而实现了良性的互动。该要素是众多因素中互动的体现最多的要素。以德方帮助中方主动工作，中方努力主动工作为特点。

第二，灵活度也是被中德方达成一致的，有助于实现良性互动的重要因素。这一要素在德国人对中国人的评价（中国人的他者形象）以及德国人的自我反思（德国人的他我形象）中均有体现。中国的灵活度有其文化的根源，中国哲学的根源在于三分法。中国人的思想中始终存在着阴阳相互转化，变动不居。这一要素以德国人向中国人学习为特点。

潜在的冲突：

第一，工作不主动是中德双方在合资企业的互动循环中最大的障碍。这一要素在德国人对中国人的评价（中国人的他者形象）以及中国人的反思与调整（中国人的他我形象与新的自我形象）中均有所体现，均被感知为是消极的工作态度。

第二，技术产权转让。就分析结果来看，德方的自我形象与中方对德国人的评价（德国的他者形象），在技术产权转让方面出现了不对称性，甚至表现为是一种不可调和的矛盾。德方认为自主的知识产权研发是自己多年心血的结果，而中方则认为，有所保留就不是倾心合作的标志。中国人希望人与人的交往是无界限的，中国人没有太多关于隐私的诉求。"君子坦荡荡，小人长戚戚"是中国人对人与人交往的基本假设。同时，中国人的抄袭行为也成为德方对中国人的不好评价的参照点。

第三，"傲慢"也被视为有碍于合资企业中的跨文化互动适应过程的要素。这一要素在中方对德国人的评价（德国的他者形象）与德国人的反思（德国的自我形象）中均有体现。德国人不应秉持着好为人师的态度，试图在这里复制德国。

第四，"责任心不强"和"决策"两个要素在双方的认知、感知和行为方面表现出了不对称性，被视为有碍于合资企业中的跨文化互动适应过程的要素。"责任心不强"，这一要素只存在在中方对德国人的评价（德国的他者形象）中，而未被德方感知。该要素表现出中德双方在该范畴内的不对称性。"决策"这个层面，在中德方的感知中存在着不对称。德方为中国员工不会决策、不敢决策感到困扰，而中方在访谈中却很少有提及,这表明了,他们并没有认为自己的不会决策、不敢决策会有什么问题。除了上述中方表述的显性理由之外,显性的原因是因为他们习惯于服从,认为服从于上级、服从于德方的决定就是很好地完成了自己的工作。这也是由中国的教育体制所决定的,中国人从小到大都是服从老师、父母、领导的决定。这种对"社会秩序"的尊重在中国人的潜意识之下束缚了中国人的主动性。这种主动性不仅包括决策,还包括主动承担责任、主动发现问题、主动优化问题。

交织因素:

规则也是被中德方既达成一致又存在分歧的因素。这一因素在中德方的自我形象、中德双方的他者形象以及中均有涉及。规则与计划是中方对德方的积极评价,而没有规则却是德方对中方的消极评价。

上述的互动过程可呈现于如下图示中:

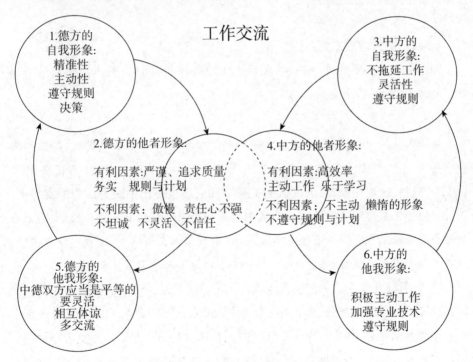

图4-2　工作态度层面互动循环图

4.3　员工关系

陈向明认为,"对个体具有重要意义的他人是个体认识自我和发展自我的重要参照系,个体的生命意义与他们紧密相连,通过与他们的认同而完成自己的社会化过程。"①"一旦个体离开了植根于其中的关系网络,便会失去生命的重要根基。而失去这个根基,个体便会产生孤立无援或被排斥的感觉:②这就是所说的"社会感"。虽然人际交往是人类共同的需求,但不同文化的人们对于关系的追求采用的是不同的方式。合资企业中的跨文化适应在各自对"人际关系"的有差异性的诉求中实现彼此的融合。

4.3.1　德方对员工关系的解析

德国员工对关系的理解包括:关系也很重要、一视同仁、工作和生活分得很开、"对事不对人"四个方面。

4.3.1.1　关系也很重要

德国人认为,德国社会也重视交往:"我们会和有的同事多些交往,和有的同事少些交往。我认为这不是与文化有关的事情。这是与个人性格有关的。"(D11C)只是,区别在于,德国人认为关系不好的层级要比中国人认为的高很多,正如这位受访人员所表述的:"如果我们对某个德国同事做出了错误的批评,他有时也会反应很激烈。即使会上吵起来了,过后我们再交谈一下,这事也就过去了。只不过德国人对于这种'关系不好'的层级要比中国人高得多。"(D9B)

同时,另外几位受访的德国人也表达出了德国人维持关系的方法与中国人无异,只不过程度没有中国人那么高。比如"德国人也会利用同上级的良好关系令工作变得顺畅些、简单些。"(D1A)或者德国在赠送礼物和宴请方面要遵守相关的规定:"比如,我们在德国也可以邀请吃饭,但是有宴请的相应规定;也赠送礼物,也有相应的规定,我们遵守了也就没有关系了。我们可以在一定的范围(走廊)内

---

① 陈向明,第12页。
② Ruthellen Josselson,The Space Between Us:Exploring the Dimensions of Human Relationships , San Francisoo:Jossey-Bass Publishers,1992,p. 180.

行动。找到一个中间道路。在立法方面,所有的经理也都要知道,可以做什么,不可以做什么。"(D6A)

4.3.1.2　一视同仁

受访者表示他不会觉得跟德国人的关系比与中国同事的关系更要好。因为"第一,这里的德国同事也都是在这里才认识的。第二,我们之间交往的时间和方式也与中国同事都是一样的,都在工作中的合作关系。我并不会因为他是德国人或是中国人而厚此薄彼。谁的建议更有效,我就采纳谁的建议。"(D8B)

4.3.1.3　工作和生活分得很开

德国人的"工作和生活分得很开"是在众多文献中不断提及的。如果因为私人关系好就在工作中失去了准则,在德国人看来,这种态度是被德国人所抗拒的。受访的德国人也给出了他们的解释:"私人生活上我可以帮助你,但是工作上不会因此而特别帮助你。工作中可能会出现冲突,然后就过去了。我们在工作中的冲突都是为了工作本身,并不是涉及自己的利益问题,所以不应该影响到私人生活。我们从小就是在这样的教育下长大的。"(D13C)同时,这位受访人员也证实了上述的说法:"只有与个别关系要好的同事,会在下了班一起出去喝酒时会交谈一些。与同事像朋友一样的友好,一起出去喝酒也是不常见的。可以说,同事之间只有工作层面的接触。"(D9B)

4.3.1.4　对事不对人

"对事不对人"也是德国人的行为准绳。在与中国人关于"关系"的理解形成了不可调和的矛盾。很多受访的德国人都表示了自己在这个问题上的不变立场。在德国人看来,德国社会评价个人的标准是他的个人业绩,而不是靠关系。正如这位受访者所述:"我是100%以事实为标准的人,因为我的领导期待的是我给他带来业绩。如果我做得不好,是会被骂的。但同样的,我如果做得好,他会对我的工作能力予以肯定,而不是说我是个很棒的人。"(D1A)另外一位德国同事也表明了德国人评价的标准是"产品"而不是"个人":"当我们发现一个问题,同中国人发生冲突时,我们针对的不是人,而纯粹是产品本身,为的是生产出好的产品。中国人将此事看得太个人化。他们认为他们对此事有责任,会因为我们用词不当而很快就感到自尊心受到了损伤。"(D3A)

同时,在德国人看来,德国的同事之间也会有友谊之说,但是这是与中国的"关系"不一样的。另外一位受访人员也表明了他对于中国的"关系"理解,不搞关系是"杜绝腐败的一种方式":"关系这个词,对我们来说是有问题的。德国人的

"后脑"hinterkopf(惯性思维或者说思维固见)认为,中国人喜欢腐败。德国人会认为,如果我让你帮了我,我就必须得帮你,这样的思维是不对的,我就会感觉到很有压力。德国人担心的就是陷入一种不得不帮忙的境况。所以,这也是杜绝腐败的一种方式。"(D12C)还有受访者认为,"如果不指出错误,就是一种包庇。"(D16C)

4.3.2 中方对德方处理员工关系的评价

中国人对与德国同事关系的解析包括如下几个方面:第一,关系融洽;第二;公私分明;第三,德国人不懂得感恩;第四,德国人厚此薄彼;第五,德国人性格孤僻。前两点为积极因素,后三点被视为消极因素。

4.3.2.1 积极因素

德国人对待员工关系的处理方式中,"关系融洽"与"公私分明"是被中方同事感知为积极的因素。

4.3.2.1.1 关系融洽

在这一方面,本研究表现出了与传统的"冷冷的德国人"相矛盾的结论。这一点可以用中德方之间的相互影响来解释。比如,有受访人员表示:"我们与德国同事会互相提供支持,大家会经常坐在一起,形成 partner 这种制度,我们处得非常好。就比如德方人员从那边过来,我们都主动会去接机,平常一起吃饭,周末还一起出去玩儿。大家就是不论生活还有工作上处的都挺融洽的。"(C15C)为了增强团队的凝聚力,"我们团队也是经常一起出去吃饭啊打保龄球。德国领导会通过一些其他的风格,有些领导喜欢唱歌,有的领导偏踢足球和打保龄球。大家也不会碍于情面不想去也去。"(C16C)同时,还有的中方员工甚至欣赏德方人员的社交能力:"他是属于在德国的人里面 network 特别的好的那种人,尤其跟德国人的 network 特别的好。"(C14C)

中方受访人员除了感受到与德国人相处融洽之外,还有的受访人员观察到德方人员也会趁着聚餐来发展与同事的关系:"中国人先回家了,但是很多德国人他们都喜欢聊,一直拿着酒,他也不会一下跟你喝一杯。聊完之后,他又去坐了另外一桌,跟另外一些人聊。他们也在利用这个机会拉近彼此的关系。"(C17C)另外一位受访人员也认为德国人很重关系:"德国人跟领导一定要保持很好的关系,因为德国人的领导很多都是德国人。所以,德国人始终跟他的领导保持很好的关系,即使他的领导给的一些要求不是他应该做的,但是他也没办法,他也得接下来。"(C17C)还有的受访人员观察到,在这边的德国同事之间的关系也非常紧密:"德国同事之间会互相介绍经验,包括跨文化的经验、语言上的经验、生活上的经验。他们德国人彼此之间联系的非常紧密。他们跟在德国自己那边的时候不一样,因为来了这边儿之后,他们就成为一个小团体,需要有自己的生活圈子。"(C9B)此外,关系对于德国人开展工作也是很有利的,因为:"他也会把游戏秘密告诉你,可能这些秘密也是在正常的工作关系中他不会告诉你的,但是你跟他关系很好他就会告诉你。"(C17C)

4.3.2.1.2　公私分开

与德国人对自己的定位一致,"就事论事"是德方处理问题的方式,"不带个人情绪,不会恩将仇报,公报私仇。他们想的就是如何把事情做好。"(C4A)并且,德国人的"你帮我和我帮你没有因果关系"也被受访的中方员工感知:"我觉得老外用了一种关系,这种关系也不是不合法的,或者不符合规矩的。但是,很多德国人他们就真的不会去想说什么,你为我做什么,我也要为你做什么,这中间是没有因果关系的。"(C19C)

4.3.2.2　消极的因素

中德员工之间被感知为消极因素的有:第一,不懂得感谢;第二,德国人厚此薄彼;第三,德国人性格孤僻。

4.3.2.2.1　不懂得感谢

受访中发现,德方的翻译或者助理,会因为领导的日常生活给翻译带来很多额外的负担:"有很多翻译给我们反映,就是说有些德方的人员他们会在日常生活中遇到的一些问题也会让翻译去帮忙。包括购物、房屋、说明书,他们都会让翻译去翻译。"(C1A)另外一位作为经理助理的中方受访员工也表达了同样的看法:"德国同事天天让我帮他给司机打电话,其实我是没有义务帮你的,但我身为东道主,你作为客人我愿意去帮助你,希望你能适应现在的生活……他好似已经习惯了。"(C10B)中国社会是一个讲究"礼尚往来"的文化,互相帮助是中国人与人相处的基本假设。这位德国同事在接受中方帮助的时候,却没有表达出"交互性",被中方员工感知为"不懂得感谢"。还有的受访人员认为,德国人来到中国之后,"他在德国的时候公私分的十分清楚,他知道不应该让同事来帮自己私人的事,他是完全懂得,但是他到中国来却会大力的使用我们的翻译。"(C10B)

4.3.2.2.2　德国人厚此薄彼

与德国的自我形象中的"一视同仁"形成了矛盾的因素是德国人留给中国人

的"厚此薄彼"的印象,德方人员会因为同事是德国人,哪怕级别非常低,都会觉得比跟他是同级别的中方信任更值得信任。"我的那个德方领导,他手下的下属我这个级别的有三个。我们这个级别的汇报应该是非常重要的,他应该先看看。但是他不看,然后他看什么呢? 如果有一个德国的同事哪怕是一个级别的非常低的同事的报告,他会当个宝似的,然后他以此评定所有中国人表现。"(C7A)这种天然的"圈内人"与"圈外人"的划分,"德国人和德国人好"令中方员工感到很不舒服,会有一种被隔绝的感觉。正如这位受访员工也表述了同样的看法:"我们做项目的时候项目上有一些德国技术支持的人,他们之间交流起来融合得比较快。随着工作的进展,员工之间的沟通会越来越多,就会感到把我们中国同事距离拉得远了一点,好多事情他们之间很快就做出一个决定,而你并没有参与进来,会有被隔绝的感觉。"(C18C)

4.3.2.2.3 德国人性格孤僻

文化比较中经常被研究者所提及的"德国人性格的孤僻"也得到了受访的中方人员的证实:"有些德国人给我的感觉是比较刻板的,他们在不妥协的问题上有一些是好的,但又一些其实是有碍于沟通的。"(C11B)还有的受访人员也感受到了德国民族的"冷":"德国是个很冷的民族,一到周末的时候,冷冷清清的。"(C12B)此外,还有的受访人员对德国人性格的孤僻给出了解释,他认为,这是因为他们注重自我保护,自尊感比较强。同时,这样的孤僻性格会随着他们地位的高升,越是尖端人才,自己的生活圈子就会越来越小:"他们的环境就是这样的,从小上学到工作,自己做完事情之后回各自的家。私底下的互相之间的交流相对而言少,一般情况下都属于泛泛之交。德国人比较严谨,又比较注重自我的保护,自尊感比较强,所以当他们遇到这种交流上的困难,他们不会很倾向于主动来跟你说。德国人他其实并不是特别社会化,他也不是特别在意或者认可说非得很多朋友在一起。德国那边越是往高的层次走的这种人,比如说工程师,越是技术比较尖端的这种人,他自己的生活圈子会越来越小。"(C9B)

4.3.3 中方对员工关系的解析

在中国人看来,关系很重要,关系体现在要有"人情味",同事也是朋友,要有宽容、善良、谦虚的性格,还要遵循礼节上的东西。

4.3.3.1 人情味

在中国人看来,人情味具体体现在"员工恋家"、"交流倾向性更强"、"人性化管理"三个方面。

首先,受访的合资企业员工表现出稳定性,这是因为"本地员工还是要多一些。本地的员工比较恋家,家在附近的就会来。"(C20C)

此外,中方员工还表现出交流倾向性更强的特点:"中国人可能更多的喜欢聚在一起,大家一起出去玩啊,一起出去旅游啊一起出去吃饭啊,慢慢大家就熟了。中国人在交流上的倾向性比德国人更强。"(C9B)这可以用霍夫斯泰德的个体主义/集体主义原理得以解释。中国人的集体主义倾向还表现在留学生在海外留学时的困扰:"在德国最大的困扰就是这个因为朋友会很少,圈子会很小。家里这边又有同事又有同学,还有自己的那些亲朋好友。"(C18C)

此外,中国人对合资公司的人性化管理也表示赞赏:"在文化方面,毕竟是这个环境,可能还是偏向于中国的文化,考虑一些人情的东西要多一些。"(C6A)有的受访企业还会考虑到很多员工的后顾之忧,比如"我们这里有健身房,今后这还要建幼儿园。"(C16C)

4.3.3.2　同事也是朋友

中国人的人际关系是以个人为中心层层向外扩展的同心圆。这些同心圆与个人的距离是不一样的,最靠近个人的是自己的家人,然后是朋友、同乡、同学、同事、邻居等等。有的朋友成为"至交"以后也有可能进入最内圈。在每一个圈子之间都存在着"自己人"和"外人"的区别。同事也是朋友,这一结论在之前的众多研究中均有所提及,这与德国人的公私分明形成鲜明对比:"同事也是朋友,我们关系也都很好,我也去参加我同事的婚礼,我当时的毕业论文,都是我当时的德国同事帮我修改的。"(C12B)由此可见,中国人以自己"同事也是朋友"的基本假设,也将德国同事视为朋友,并请求他帮助自己工作以外的事情。同时,另外一位员工也证实了上述的论述:"我们有蛮多翻译跟他自己的老外也是很好的朋友,包括老外回国休假的时候会把自己家里的花鸟鱼虫给翻译去照管,然后也经常会到家里走访。"(C1A)

特别是在与德国的情况对比之后,中方受访人员更加珍惜这种同事亲如一家人的感觉:"在德国一个部门要想在下班之后聚齐这是完全不可能的,每个人都会说我有自己的事情我不会去参加的。对中国人来说,除非家里发生大事否则都会去的。中国人可能更讲究人情往来。"(C10B)

4.3.3.3　宽容、柔和的性格

中国人的宽容、柔和的性格也被视为是维持关系的必要准备。中国文化认

为,"自我"与他人有着密切的联系,"自我"的社会需求只能在与他人的关系中、在与社会规范的一致中得到满足①(迈克,彭,1990)。因此,中国人认为,中方对德国员工要保持宽容,即使德国人犯了错误:"对于这个德国人来讲,他可能能力本来就这么大。你给他否了之后他回德国之后他就没法混了。"(C7A)与此同时,中国人善于倾听,性格柔和:"中国人自己善于倾听,总结性强,多做少说,很耐心。"(C15C)这位受访人员也表示:"如果双方的个性都比较强,都不是很柔和的人,或者是比较情绪化的人,突然之间情绪上来了,那肯定会起冲突。"(C2A)

4.3.3.4 礼仪上的东西

这位受访的中国人表示:"中国人喜欢用那种礼仪上的东西来表现出我对你的尊敬与友好,礼仪之邦。"(C17C)礼节上的东西也是中国人对于关系的维持是必要的。因为中国是"礼仪之邦":中国社会是一个尊卑有序的社会,遵守社会中既定的"礼"在人际交往中是至关重要的。"'礼'是全部中国人思想的缩影"②。"'礼'不仅限定了人的外部行为,而且对这些行为的内部动机也有所规定"③。

4.3.4 德方对中方处理员工关系的评价

宴请和"干杯"对中方来说意义重大,对德国人来说这似乎都是"无关紧要的事件",是在浪费时间,他们更喜欢直入主题。但对中国人来说,在正式开始合作之前的人际交往如果顺畅会起到事半功倍的效果,对今后合作的开展起到的是润滑剂的作用。④

4.3.4.1 积极的

中国人的"关系"被德国人感知为积极的因素包括:为对方着想、乐于助人、乐于学习和中国人的"家很重要"。

4.3.4.1.1 为对方着想

德国人感知到中国员工之间的很为对方着想,让人感觉很舒服,她自己也曾体验过这种同事之间的温暖,这与她自己的文化比较起来,形成了反差:"中国员工自己之间的交流也非常客气,有礼貌,很为对方着想,很正派,令人感觉很舒服,

---

① 陈向明,第12页。
② 引自《中央王国》(转引自亚瑟·史密斯,1995:125)。
③ 引自亚瑟·史密斯,1995:126)。
④ (德)Kai Bartel Thomas Kempa (中)舒雨 张华南 周蕴《中德跨文化交际与管理》商务印书馆 2011 年北京。

很友好,互相帮助。我生病了,我的同事会给我打来电话,问候我感觉怎么样了。在德国是体会不到这种温暖的。"(D1A)同时,另外一位受访的德方人员也感觉到了中国的同事关系像朋友一般亲近:"这边的同事之间会交谈一些除了工作以外的事情,而德国同事交谈的很少。而这里的同事像朋友。"(D8B)

4.3.4.1.2 乐于助人

中国人的乐于助人也被诸多的受访德国人员所感知。因为他们身在异国他乡,生活上,语言的困难,都令这样的帮助显得"雪中送炭"一般。正如这位受访人员表示:"每次当我有求于他们的时候,他们总是会给我帮助。我还没有过被他们拒绝的经历,一次都没有。他们很有奉献精神。很勤劳。如果他拿到了什么任务,他们总是会很好地完成。认真对待工作。"(D12C)同时,这位受访人员也对中国人的乐于助人感到惊讶:"我的妻子带着我们的3个小孩在街上,总会有人过来帮忙。帮着她把儿童车拿到楼梯上。德国这不是自然而然的事情。我的家人也很喜欢这里的生活。"(D8B)

4.3.4.1.3 乐于学习

中国人乐于学习,积极进步的精神也给德方受访人员留下了积极的印象:"他们能够在这家合资公司工作,他们是感到很自豪的,也都很努力。他们在这家合资企业待的时间越长,他们就越有上进的意识。他们会想着去参加培训,参加补习班。这样让自己的业务能力和其他同事一样好。"(D12C)

4.3.4.1.4 家很重要

家对于中国人具有举足轻重的作用。正如这位受访人员对中国人家庭观念的评价:"无论是从历史上来看,还是从中国人共同生活的模式,家庭、团队对中国人来说都是非常重要的,家庭责任感,我觉得很重要。"(D11C)

4.3.4.2 消极因素

除了上述的积极因素,中国人对于关系的理解还令德方感到不解,或者被视为不利于企业的合作。总的来说,被视为消极的因素包括如下几点:第一,中国人的社会依赖度强;第二,关系建立的过程较难;第三,关系意味着特权。

4.3.4.2.1 中国人的社会依赖度强

虽然中国历史上响起过墨子不分亲疏远近的兼爱论声音(焦国成,1991:178),但是中国社会却主要是建立在秩序之上的,中国人遵循的是"亲疏有别"。中国人的社会依赖度强主要表现如下几个方面:圈内人和圈外人;对家人的依赖。

首先,中国人对圈外人和圈内人的区别对待,对德国人来讲很难理解,这与德国人所追求的一视同仁背道而驰。"这样的态度对我们来说是不可取的,会给我们带来不安。因为我们的观念是一视同仁,平等对待,至少在工作层面上应该这样。"(D13C)

其次,中国人浓重的家庭观也被受访的德方人员所感知。与德国 18 岁就离开家的社会习俗不同,中国人的大家庭观念令德方感到不解:"我听说中国人喜欢和父母住在一起。等年轻人有了孩子,还让父母来照看。这对我们德国人来说很可怕。我们 18 岁就离开家,感到很高兴。"(D15C)与德国同事的公私分明不同,在德方受访员工看来,中国同事享受聚餐的过程,这是德方人员所不能理解的:"我在跨文化培训课上也学习过,我们应该邀请中国同事吃晚餐。我有时也会去,也很乐意去。区别是,在德国这样的晚餐在德国是必须,是种义务,而在中国,同事们很享受这个过程。总是很开心地在一起玩。"(D7A)同时,这位受访人员还看到中国人喜欢聚在一起:"我注意到,中国人很喜欢聚在一起。很少见到同事是一个人的状态。总是五个人以上聚在一起。这与我们德国人有很大的区别。这不是我们的生活状态。"(D15C)

4.3.4.2.2 关系建立的过程较难

因为德国人对于朋友的定义之严格,在德国人看来,关系的建立需要较长时间:"在这边与中国同事建立起一种稳定的关系的时间要比较长。"(D1A)就连一位汉语言文学毕业的德方受访人员也表示:"关于员工之间的关系,我在这边与我的同事们的私人关系是在 5 个月之后才建立起来的。"(D8A)有员工认为,关系建立的过程比较难是因为私底下接触不多,同中国同事的接触更多还是工作层面的接触,而语言的障碍是交流最大的障碍:"语言障碍是我们交流的最大障碍。所以,和同事一起出去喝一杯,这种设想在很多同事那里是做不到的。带着翻译出去,是不可能的。所以我不太能理解,很多刚毕业的年轻人,他们的英语讲得不好。这让我很吃惊。"(D4A)此外,更进一步说来,即使一起出去了,中西方的餐饮文化也表现出了差异。德国人对中国人的酒文化表示不理解:"公务宴请时认识商务伙伴,这一点我能够理解。但是对于喝酒的拒绝,就被认为是不给面子,我不能理解。"(D1A)这一点与中方人员对德国人餐桌文化的描述也形成了对比。德国人喝酒喜欢自己喝自己的,自己根据情况给自己倒酒,很安静;而中国人的酒文化显得非常热闹,要互相给对方倒酒。在人喝得兴致高的时候,就会放松对外人的警惕心,再来谈事情就容易成功。这样的酒文化习俗与冷静的、理智的、时刻保持警觉的德国人格格不入。或者说,中国人以喝酒来放松警惕心的方式并不被德国人所接受。

此外,中国人的敏感也被德方认为是有碍于员工关系的发展的:"不要过于敏感。我们只是在讨论事情,只是清楚地表达自己认为正确的做法。"(D14C)德方所说的"敏感"说明了,双方对他们之间危险区的界限的不够清晰。"敏感"一词具有信息不对称性,也就是说,德方未被感知的区域触犯了中方的危险区。德方认为自己在清楚地表达自己认为正确的做法,却被中方感知为一种侵犯,这令德方感到不解,反过来再来责怪中方的"敏感"。

4.3.4.2.3　关系意味着特权

德国人在合资企业中,看到了"关系"对工作所起的或者是促进或者是阻碍的作用。如果关系好,很快就能解决问题。如果处理不好,就很难推进工作。正如这位受访人员所表述的:"如果我有问题请求我的中国领导帮助,她给别的部门领导打了个电话,20 秒解决了,然后我就惊呆了,我知道这就是关系,不透明的。这是他们的人际关系网,就可以没有问题地、快速解决。这对于我们外国人来说也很难理解关系背后的内容。"(D4A)此外,关系这个词被德方感知为"太多的不透明",这与德国人对于关系的建立的初衷是有着本质上的区别:"一方面,我和我的同事们一起工作,建立起信任。另一方面,我刻意去认识这个人,是因为我会什么时候需要这个人,这种就是有意识地建立关系。我不是这样类型的人,我也不想这样。而是我试图着,与人为善,以此希望,我们互相有舍有得。但是如果他不帮助我,我也不会抱怨。而"关系"这个词,有太多的不透明。"(D4A)还有的德方受访人员将中国的餐桌文化理解为是一种"行贿",这种公司以外解决工作问题,并且超出规则以外的举动被视为是不可接受的:"中国人喜欢一起去吃饭,在吃饭的时候可以安静地讨论。但是我有些不一样感觉。我并不想用这个词,但是这确实有些"行贿"的感觉。我们提供了一顿丰盛的佳肴,准备了一个很美好的宴请,为此,你要回馈给我们一些。这是行不通的。因为我们是欧洲人,我们会说不,我们必须遵守我们的原则,无论我们受到了什么影响。"(D3A)

4.3.5　德方的反思与调整

在经过上述的双方的自我形象和他者形象的对照之后,德国人进行了反思与调整。

4.3.5.1　认知上的反思

德国人在将自己的自我形象和他者形象参照中方的自我形象和他者形象,认为自己的就事论事是很以自我为中心的表现,同时也反思到德国文化太吵。

4.3.5.1.1 就事论事很以自我为中心

德方人员将自己的文化与中国进行对比,反思自己的文化的"就事论事"实际上很以自我为中心,"德国人是很"就事论事",但没有中国人考虑的周到,德国人很以自我为中心,但这样会伤害到其他人。但中国人会考虑到这样做的后果会导致关系破裂,会影响到今后的合作。"(D1A)

4.3.5.1.2 德国文化太吵

与中国谦和、讲究礼仪的文化对比起来,德国的文化太吵:"很多德国同事根本就不能来中国来。因为他们根本就不能谦虚些,他们太 improsive,太吵,他们根本就不能很好地工作。他们用他们的声音、手势,来劝说其他人。我们德国人似乎也是从中感到了乐趣,他们乐于争吵。他们还要用论据来证明自己的观点,然后对方的声音更高,再用自己的论据来证明自己的观点。"(D6A)

4.3.5.2 行动上的调整

德国人的调整包括如下几个方面:第一,理解中国关系的重要;第二,主动多与人接触;第三,观察中国同事之间的关系;第四,学习中国人的沉稳。

4.3.5.2.1 理解中国关系的重要

受访的德方工作人员意识到,在中国,关系很重要:"中国人非常重视同事之间的关系,追求社会和谐。这一点德国人可以很好地向中国人学习。"(D1A)还有的受访人员表示:"关系是个很麻烦的问题。但如果想在中国取得成功,必须要有关系。"(D4A)

4.3.5.2.2 主动多与人接触

就受访的情况来看,德国人多与中国人接触的方式包括如下几种:其一,参加中国人的聚会了解中国人的私人生活,比如"参加私人的露天烧烤活动 barbac-ue。"(D9B)或者参加婚礼,德国人还学会了入乡随俗,按照中国的习惯,包红包:"我们学习中国的习惯的,会学一点小的一些东西。比如说参加婚礼要包红包。会表现出我在他心里的地位。"(D16C)其二,微信交流。一位德方受访人员,汉语言文学专业毕业,他的与中国人建立起友谊的方式是"通过微信交流"(D8A)其三,还有的受访人员表示要多了解些中国的历史:"要与中国同事保持接触。不仅要与他们有工作上的接触,还要与中国同事在日常生活中多多接触,不仅要去高档的西餐厅,还要去典型的中餐厅。这样才能更多地了解中国。社会能力意味着,不要在错误的时机说错话、办错事。"(D2A)其四,在日常工作中多与同事交

流。并且这位受访人员考虑到了中国社会对于性别的谨慎,主动找男同事交流:
"因为在德国,人们习惯于向同事询问,德国同事之间会经常交流,对于这边的中
国同事,因为语言是种障碍,中国人会比较害羞,并不是每个人都那么开放得想和
我聊天,或者与来自不同文化的人进行交流,所以我经常与我的那些中国年轻男
同事主动聊天,周末做什么,主动邀请他们做一些除了工作之外的活动。如果他
们不主动来和我讨论,我就主动去找他们。这一点很重要,否则的话就无法与他
们建立起关系。"(D10B)其五,这位受访人员并不想住在德国村里,而是选择住在
中国人聚居的地方:"有德国人聚居的小区,我不认可这样的小区。我认为这样不
利于德国人的融合。我现在在一个能接受我的国度,这个国家的文化的了解对于
我这样的外派人员是必要的。关于我们项目进展中的每个结构环节,都需要人际
关系,都与文化有关,所以我需要多少让自己适应一下这个国家的文化。所以我
无论在中国的哪个城市工作、生活,离我最近的德国人都距离我的住所有5公里
以外的地方。我与中国人聚居在一起,因为我管理的是中国人。我在中国,我想
了解这个国家的文化,想了解这个国家的人民,想在这里生活。我想在中国发展
我的事业。"(D10B)

4.3.5.2.3 观察中国同事之间的关系

还有的受访人员学会了观察中国同事之间的关系,因为关系好有利于工作的
开展:"若说我们对此不关心倒不是,我们当然也想知道谁与谁关系要好。比如毕
业于同一学校、同一学年的关系就比较要好。我们有聚餐时,他们就会坐到一起,
然后我们就知道了,他们关系很好。他们认识的时间很长。这样的情况,我们就
会很好地观察出来。当然,这也不会对德国人构成什么干扰的。"(D4A)

4.3.5.2.4 学习中国人的沉稳

还有的受访人员表示,他要学会中国人的冷静:"有的时候,我们没有必要小
题大做,有些问题暂时看来是问题,或许以后就不是什么真正的问题。或者有些
问题自然而然就得到解决了。中国人有一种天然的冷静、安静、沉稳。如果事情
都是透明的,没有什么不可以说明的原因,他们的行动力很强。"(D10B)

4.3.6 中方的反思与调整

中国人也在将中德双方的自我形象和他者形象进行对比之后,对自己进行了
反思,具体表现在如下几个方面:第一,适度发展"关系";第二,公私分明。

4.3.6.1 适度发展"关系"

受访的很多中方员工意识到"关系"应当用一种理性的态度来对待。不应该被过度的放大。正如这位受访的中方员工所表述的:"人与人之间的关系很重要,对任何民族都适用,只不过可能在我们国家的某些领域,被过度的放大了。"(C19C)这样会带来一个问题,关系会被滥用。因此应当考虑到关系所带来的弊端。如果在公与私之间的界限变得模糊,就会令规则形同虚设,导致产品质量下降;就会令评价不再公正,进而影响员工的工作积极性。因此这也说明了"关系"的滥用会对各个企业里的各个环节将会带来的潜在威胁。因此,可以通过制度建设来防止个人权力的寻租。有受访人员认为中方企业文化与外国企业文化的区别在于:"外方比较注重企业文化和制度的建设,而中方比较注重个人才能的培养。中方的大公司像小米和万科都是有一些突出的人物,但是德国公司可能都不知道它的核心人物是谁。"(C11B)

4.3.6.2 公私分明

有受访的中方员工认为合资公司里的氛围很好,"对事不对人,是我们常说的一句话。除了工作以外的事情,那些旁枝末节的那种关系就不去太考虑了。"(C16C)并且,有另外一家合资公司的员工也表达了同样的意思,他认为将工作上的合作关系带入到私人关系是不理性的,并且因为一次合作不顺利,就判定这个人不可合作,是不利于企业融合的:"我们在对事不对人这点做得不好。如果一次合作不顺利,下次我们两个部门再合作就不配合了。"(C4A)此外,还有的受访人员看到德国人工作高效、生活轻松,他认为这也与德国人的"公私分开"有关:"你发现德国人他们很高效,而且很轻松,他们生活的非常开心,他们工作时间,你像德国本土,就是早上八点到,下午四点走,一天七个小时或八个小时,一周工作满35个小时就行了。而且他们还很热爱他的工作,还能很高效还能很轻松,最后他还能很快乐。这就与公私分开有关。"(C6A)与上述德方对中国人的评价相一致,中方自己也意识到自己的敏感,并且给出了解决办法:"德国人会有感觉中国人敏感,中国人小心眼。其实没什么大不了的。自己堵在心里,完了你还不说出来。"(C19C)通过上述这段表述可以看出,中方员工意识到,"敏感"是不利于双方的沟通的,而是应该把自己的不舒服的感觉说出来,因为不表达清楚是不解决问题。

4.3.7 小结

上述结论,可以看到中德双方在员工关系中所呈现出的聚合因素和冲突因素。

聚合因素：

第一，"关系融洽"被视为有利于合资企业中的双方员工关系建立的第一大积极因素。这一要素在中德双方的自我形象和他者形象,德方的他我形象以及德方新的自我形象六大形象中均有体现。并且该要素占据了整个中德员工员工关系的核心地位。该要素体现出互动的特点。关系融洽的必要性得到了中德双方从认知、感知到行为的一致肯定。并且德方更表现出要去与身边的同事建立良好关系的努力。

第二，"公私分明"、"对事不对人"被视为有利于合资企业的双方员工关系建立的第二大积极因素。这一要素在德方的自我形象和他者形象以及中方的他我形象中均有体现。该要素体现为中方更要去适应德方的特点。

第三，"人情味"被视为有利于合资企业的双方员工关系建立的第三大积极因素。这一要素在德方对中方的评价,即中方的他者形象以及德方的反思,即德方的他我形象中均有体现。该要素体现出德方向中方学习的特点。

第四，"宽容、柔和的性格"被视为有利于合资企业的双方员工关系建立的第四大积极因素。这一要素在中方的自我形象以及德方的他我形象中均有体现。该要素体现出德方向中方学习的特点。

冲突因素表现为：

第一，"关系建立的过程较难"被视为有碍于合资企业的双方员工关系建立的第一大消极因素。这一要素在德方对中方的评价,即中方的他者形象以及德方的自我调整,即德方的新的自我形象中均有体现。该要素体现出德方意识到关系的重要性,而要去努力发展与中方关系的努力。

第二，"关系意味着特权"被视为有碍于合资企业的双方员工关系建立的第二大消极因素。这一要素在德方对中方的评价,即中方的他者形象以及中方的自我反思,即中方的他我形象中均有体现。该要素体现出中方意识到关系的过度滥用所带来的潜在风险。

第三，"中国人的社会依赖度强"被视为有碍于合资企业的双方员工关系建立的第三大消极因素。这一要素在德方对中方的评价,即中方的他者形象有所体现,而未被中方感知。该要素表现出中德双方在该范畴内的不对称性。

第四，"德国人的不懂感恩、厚此薄彼、性格孤僻"被视为被视为有碍于合资企业的双方员工关系建立的第三大消极因素。这一要素在中方对德方的评价,即德方的他者形象有所体现,而未被德方感知。该要素表现出中德双方在上述范畴内的不对称性。

上述的互动过程可呈现于如下图示中:

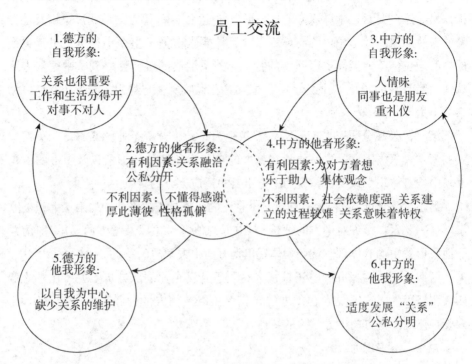

图 4 - 3　员工关系层面互动循环图

4.4　领导风格

中国人是通过秩序来对这个社会进行管理的。中德两国对上级有着不同的理解。同德国的经理人相比起来,中国的经理人,比掌握专业领域更重要的是,要以"全能型领导"的身份出现。只局限于他的专业知识领域是不够的,他要解决他原本没有学过的问题。比如说,有研究表明,中国员工可能会指望人力资源的领导解决幼儿园的运营问题。①

4.4.1　德方对领导风格的看法

德国人对领导风格的看法主要包括如下几个方面:第一,等级的好处;第二,民主式的管理;第三,专业知识和经验要过硬。

4.4.1.1　等级的好处

首先,德国也有等级。区别只是在于,"中国人认为领导是非常高的职位,德国的等级观念没有那么重。"(D11C)有德方表示,距离被视为尊敬。正如这位德方领导所表示的:"由于等级原因我不能参加婚礼。无论是德国还是中国的等级观念都很重。德国的婚礼上邀请的都是朋友,没有人愿意看到领导。我也认为保持距离也是一种表示尊敬的态度。"(D15C)其次,另外一位德方领导认为等级的好处是可以发动员工"因为人们对领导会有尊敬,作为领导就可以很好地发动起员工。"(D10B)

4.4.1.2　民主式的管理

首先,有德方领导表示,在他们的认知中,员工具有自主决定权。比如,"在德国,我不需要告诉我的员工,你要做这个做那个。他们也知道,他们有多大的自主决定权。"(D5A)其次,德方人员对等级的理解是民主。德方人员表示即使面对着意见不一致的情况,他也不希望从上往下施压:"虽然可以从上往下施加压力,但是我不希望这样做。"(D8A)同时,也有德方领导认为自己对团队的管理很民主,会鼓励他们自己找到解决方案。他的团队的好处在于,"不是我的一言堂":"我认为我的团队进行得一直都很好,是因为我们这个团队不是我的一言堂。我给了他们很多自由,让他们自己找到解决方案,哪怕解决的途径不同,但是结果是重要的。"(D13C)第三,在德方受访人员的价值观中,德国没有要对领导忠诚的文化:"如果领导的想法和我一致,我会做;如果不一致,我会说,等下,我有不同的看法;如果我遇到另外一部门的经理,他的级别比我高,但是他不是我的直接领导,我同样可以和他争吵。"(D6A)

第四,德国人对领导的期待是可以从领导那里得到清晰的反馈。"通常情况下,德国上司应当给出一个清晰的反馈,要非常坦诚地交流,哪里做得好,哪里应

---

① (德)Kai Bartel Thomas Kempa (中)舒雨 张华南 周蕴《中德跨文化交际与管理》商务印书馆 2011 年北京。

该改进。"(D1A)

4.4.1.3 专业知识和经验要过硬

德方领导认为,若想赢得团队中成员对自己的信任,就需要掌握过硬的专业知识和经验,才能在这个基础上与同事建立起信任,。正如这位受访人员认为:"我的领导工作主要是因为我作为外国专家的专业经验,还有声望。会经常有同事来向我咨询,这对我的专业知识和经验的考验是巨大的。我必须要知道我的同事处在哪个阶段,才能在这个基础上与我的同事们之间建立起信任。然后我才能做到纵览全局,站在一个更高的角度上看全局。"(D10B)

4.4.2 中方对德方领导风格的评价

中国人眼中的德方领导呈现出积极和消极的方面。

4.4.2.1 积极的因素

中国人以自己关于领导风格的观念为参照,对德国人的领导风格做出了评价,其中积极的评价包括:第一,平易近人;第二,榜样的力量;第三,强调公平;第四,引领;第五,多交流。

4.4.2.1.1 平易近人

首先,不摆领导架子,是中方受访员工对德方领导最直观的感受。比如,在这位受访的员工看来,见到人就打招呼,主动示好就是不摆领导架子的表现:"他们首先都是比较大方的。我说的大方就是指见到人都喜欢打招呼,主动地示好这种的。不会摆领导架子,人都挺友善的。"(C10B)

其次,德国领导的宽容也令中方受访员工感到很温暖。中方员工认为,如果能遇到这样宽容的领导就是自己的幸运。比如,这位受访员工认为:"我觉得我是比较幸运的,他个性比较柔和,很有耐心,也比较宽容。我最开始进公司什么都不懂,甚至连汉语都听不明白,平时可能也只能唠个闲嗑,口语和听力还不是特别好,都得把听的东西转化成文字状态,在脑子里想象出来,绕一大圈才能反应过来。这个时候我觉得他起了一个非常好的作用,允许小助手有一个学习和适应的过程。"(C2A)同时,宽容还体现在,助手犯了错误,没有抱怨过一句:"我记得有一次我给他订机票,是探亲机票。我误以为他是自己一个人要回德国去,就忘了给他妻子订机票,等时间都快到了才意识到我们之前的沟通存在问题。但因为时间快到了,机票价格比较高,舱位也不好。这次主要是我的原因,我当时没有再确认一下,所以他也不太高兴,但他也没说过像"你错了"这样的话,也没有抱怨过任

何一句。"(C11B)

第三,乐意花更多时间解释,也会令中方员工感到德方领导的平易近人。因为这能够体现出德方领导的善解人意,他们能够理解,对于中方员工而言,英语和德语对他们来说都是外语:"特别是面对外国语言同事的时候,他们乐意花更多的时间给你解释这个事情或者是这个事物,他们愿意跟你分享他的一些经验。他们感到自己身担的一些责任。他们从德国总部带过来的一些技术、管理知识,会跟我们分享。"(C1A)

第四,能够很好地处理与中国同事的关系。有的受访人员形容,德国领导像朋友:"两国的组织架构是不同的,德国的等级比较平缓,领导可以和员工像朋友一样地交流,互相帮助。"(D10B)还有受访人员形容,有的德国领导,为人随和,经常和大家开玩笑,工作氛围很开心:"他经常出来跟大家开个玩笑啊,聊聊天啊。就是为人很随和,所以我们整个部门还都挺开心的。"(C11B)此外,还有的中方员工认为,德方领导能够了解员工所需,给出每个员工在职业发展上的规划"假如你对自己有什么规划,第二年你会在你的培训计划、绩效目标里面看到一些变化,肯定会的。"(C20C)最后,不因个人生活问题随意打扰翻译,也是德方领导给中方同事留下的积极印象:"除非他语言上遇到问题了,他跟人无法沟通了,才会给我打电话。德国人的想法是,你的私人时间他是比较不愿意去打扰的。"(C11B)

4.4.2.1.2　榜样的力量

在中方受访员工看来,以身作则对员工是最好的激励。如果中方员工能够看到他的领导,从最一线的操作工,直至发展到成为部门经理,这就是对他们最大的激励:"他对自己的职业 plan 有清晰的认知。他大概是从从二十岁不到就开始在这个公司工作,从最开始的操作工,到后来的工程师,到最后可能是会做一个小的部门经理,但是他们可能要经历二十年到三十年的时间才能到这个领导岗位。"(C15C)此外,还有受访人员认为,整个组的工作氛围和模式受领导影响比较多。"如果领导偏技术的话,那大家的工作方向都会往技术方向偏。单就我们组而言其实很多决策都可以自己决定。"(C16C)

4.4.2.1.3　引领

本研究的分析结果表明,在中方受访者眼中,德国领导的作用实际上是评价者、支持者、帮助者、凝聚者。

首先,德国领导的评价强调公平。德方领导的公平感和对事不对人的评价态度,给中方员工留下了深刻的印象。中方员工会感到付出有收获,能够公平地、客观地对手下的员工给出评价:"有问题他们不会藏的,你有问题他会说你,然后他会指出你的问题,但是对事不对人,不会因为你一次做得不好,就怎么怎么样,看你一个人的整体表现。再一个就是他们都比较强调公平,你付出了多少,就会有对你回报的体现。"(C18C)此外,领导会给出反馈意见。德国领导会给出评价和反馈,这被中国员工视为一种激励手段。"你做完了,如果做得很好,他会很及时地鼓励你,认可你的工作;如果他看到你非常辛苦的话,他也会问你,他觉得你可能需要休假什么的,他也会直接告诉你。"(C8B)

第二,正如这位受访人员所表示的,"德国领导更多的是一个支持者,帮助者。"(C20C)而不是技术决策者:"德国领导不负责技术决策。假如说我是负责总布置的,他只是负责这个部门的一个管理,那他就没有必要去做技术方面的决策。"(C20C)

同时,根据访谈资料分析,德国领导的帮助者的作用体现在如下几个方面:其一,德国领导会给其团队中的成员提供资源:"他会给你提供充足的资源,如果你需要这个资源,他会给你去提供,想办法给你提供,;如果提供不了可能退下来,一起去探讨别的解决办法。"(C20C)其二,还有的受访人员记得德方领导帮助他纠正错误的经历:"比如我哪里翻译得不好了,我的德方经理会立即指出,告诉我下一次注意一下这个地方就好了。而且他这几年教会我好多专业知识。"(C4A)同时,另外一位员工也认为德方领导会给员工很大的自由度,允许他们犯错误,遇到困难时给予帮助。"首先他给你很大的自由度,有很多事情你可以自己去决定。出现问题的时候他会帮忙。而且……你有好的想法他也会及时地鼓励你,他会说你这个想法非常好,我决定要去做。"(C8B)

其三,另外一位受访的中方员工描述了德国领导提供资源的案例。德方领导尊重她的想法,为今后的职业生涯选择专业方向。在和她共同确定了这个转岗目标之后,又亲自检验她的工作成果,为她寻找可以帮助她的专业人士。经过了这样几次反复的过程,这位受访人员就成功地实现了自己职业发展的目标:

"领导给我建议,让这个部门的同事给我讲解一下,让我试着做一个东西。他对我说你去物流的接送道口那块,每天都看多长时间,下礼拜,你给我讲一讲,这个物流程都是什么样的。然后,我每天就去在那盯着看,回来之后就做了流程图,做了系统分解。最后,我寻思着差不多了吧。可是领导说,你还是再考虑考虑别的吧,他又给我推荐了几个别的部门的岗位,我还是不怎么感兴趣。他就把这个部门的助理经理叫过去了,让他给我安排一个任务,做供应链兑换文件。我找

来部门同事把他们做的拿出来看,我都看了。还好那个助理经理对我的印象还挺好,我也就转岗成功了。"(C17C)

第三,德方领导还起到了凝聚者的作用。领导的重要职责就是管理好团队,这位受访人员认为,德方领导很有亲民的感觉,"他懂得如何去凝聚团队的工作能力,他在这儿之后,其实也是那个亲民的感觉,就是跟中国同事相处得非常融洽。"(C15C)

此外,善于让部门运作起来也是德方领导给中方员工的良好印象。领导的能力不一定体现在专业能力上,但管理要出色。"他有可能是从一个不同的岗位过来,但他管理得非常出色,他可以让这些人很系统地运转起来。那么他的能力体现在那,并不一定体现在专业能力上。比如说我们部门的德方领导,他就是特别善于把这个部门运转起来,我们的确很佩服他这个方面的能力。"(C20C)

4.4.2.1.4 多交流

在中方员工看来,德方领导与他们的交流比较多,这是西方的民主式管理的具体表现。具体说来,包括如下几个方面:第一,拿数据说话。在与德方领导的交流中,只要把客观事实阐释清楚就可以了,这种拿数据说话的交流风格,令中方员工看到了自己的努力可以被认可:"我们老板就是个拿数据说话的人。他说如果你有改变的话,那我们也可以做,但是你需要把整个事实都阐述得很清楚。整个这个东西会造成哪些影响,你把这些东西都列出来,然后相关部门坐在一起讨论。"(C16C)

第二,"有什么说什么"。很多受访的中方员工都感受到了,与德方领导交流时的轻松和愉快。这与我们文化内关于"君君臣臣父父子子"的等级秩序表现出很大的区别:"我现在的德方领导有什么就跟我说什么。然后不像有些领导你听不明白他在说什么;或者说,他说了很多,但是你不知道他到底是什么意思。我的这个德方领导就是会有什么事就直接告诉你去怎么做,需要你去做什么,不需要你去想太多。"(C10B)

第三,与中方搭档沟通。中方员工观察到德国经理虽然职位高于中方搭档,但是他还是会在大的事情上与中方多沟通的。"一般不会一方擅自决定的这种。我们德方部长,因为他是新来的,虽然他职位高一些,但是很多背景故事他还需要了解,不太清楚。所以说他还是会跟高级经理商量一下。"(C10B)

为了用三角测量的方法来证实上述访谈观点的有效性,观察法可以就上述观点给出有力支撑:就在本人与一位受访的德方员工进行谈话之时,他的德方领导来了,让他在访谈结束后,到他办公室一趟,德方受访人员非常高兴地说:"看啊,我的领导就是会这样与我进行充分的交谈"。

4.4.2.2　消极的影响因素

中国员工对德方人员的领导风格的消极感知包括如下几个方面:第一,个人能力下降;第二,德方性格强势;第三,德国领导风格也很重。

4.4.2.2.1　个人能力下降

有的受访员工认为,外派来的德方经理水平下降:"派来的德方经理的水平也在下降,而且不是小幅的下降,是大幅度地下降。所以导致这个中德之间合作就不是很通畅。最初所有人都在想维护公司的利益;但现在就不是了,现在因为,你大了,可以来分蛋糕了。"(C7A)这种个人能力的下降具体体现在:其一,德国领导思路封闭。"第一他没经验,以前都是别人告诉他可能应该怎么干。第二个他在德国本身没有人脉,出现什么问题他找谁不知道。他很封闭就是很有自我逻辑,自己那个小圈子。他对我们这个科室内部的运营,也不想去理解和关注,就是思路很窄的一个人。"(C7A)

其二,不把公司利益放在前。正如这位受访人员对德方领导的评价:"他的能力、经历,还有他的人脉都不能称得上是好的,再加上自己心里还有小99。他考虑问题时可能就不是把公司的利益放在第一位置。"(C7A)

4.4.2.2.2　德方的强势

就访谈内容的分析来看,德方的强势具体表现在如下几个方面:

1)不尊重中方经理

互相尊重,特别是对领导的尊重更是人之常情。但有的德方领导表现出强势的一面,这位受访中方人员就认为,德方经理对与他同级别的中国经理不够尊重:"他过来之后就可以明显看到他的战略眼非常高,项目管理水平非常高,力度非常强,个性非常强势。这就都导致了他对细节方面就不是非常关注,所以当大家提出关于细节问题的时候他就不愿意去理会。他对于项目比较了解精通,导致最后所有项目经理听他指挥,开项目会的时候最后内容怎么写都是有他决定的。技术副总的办公室只要是开完会就立马给我打电话,就说怎么感觉老板比我们公司的老总还大。"(C2A)

同时,这位受访人员还描述了这位德方人员不接受别人反驳的强势态度:"这个德方领导参加会议,要么是迟到、要么就是他去了就给散会。内部欺压百姓,经常会拍桌子的。还有他定的事,只要是在正式场合,他已经说出去的话,你就不要

再反驳他了,就是反驳已经没有用了。你越反驳,他越像个斗鸡似的,毛都立起来了。"(C2A)

2)德方领导给翻译带来负担

比如,这位受访人员描述他的领导:"他属于就是真正的在中国第一次工作的。他不知道在哪吃饭比较好吃,比较便宜。或者说在哪购物,办电话卡,这些都是我的工作。他在网上搜这个东西,或者他告诉我,我想要买什么样的,然后我在网上找给他。这样对我来讲工作量就变大了,却没有额外的工资……至于说这个工作量,完全就是看你跟领导的配合默契和领导平常的习惯。"(C10B)德方领导的上述做法,与中国人讲人情的基本价值观发生了矛盾。因为,她的工作更多应该是跟生产,或者是跟工作实际业务相关的。如果德方领导让她帮助他处理了很多工作以外的事情,是要表示感谢的。而德方领导的平常的习惯,为中方员工增加了没有额外报酬的工作量。

3)德国领导挑剔

有的德国领导表现出喜欢"揪小毛病"的特点,以偏概全,这会极大地削弱员工工作的主动性:"有的领导可能个人性格强势,还有一些比较认真或比较爱揪小毛病。然后恰好这个地方你没做好,他就会说你这个、说你那个的。"(C18C)而且,德国领导的过于挑剔会影响着助手对于世界的看法:"当时她就觉得一片灰暗,怎么就遇到了这么一个人,尤其是她对其他的事情还不是很了解,她接触的范围没那么大。她看到这个世界就这么大,但是很可惜就碰到这么一个人,天都灰了这么个感觉。"(C2A)此外,依据个人喜好而对员工进行评价也是令中方员工感到不公正的地方。"有一些员工,从个性上,他不喜欢。然后就给他评分很低,工资也涨得很少。"(C17C)最后,德国领导的区别对待也令中方员工感到不公正,正如这位受访人员所述:"德国领导有时候说话就是特别直接,他可能脾气上来那阵儿他也不是说骂你,就是说一些会伤你自尊的话,然后你就会一直想,闹心啊。但是我觉得他对德国人他不会这么说,我觉得他是会有差别对待的,这一点是这样的。"(C17C)

4)德方争夺权力

有受访的中方员工表示,德方为了加强对合资企业的控制,德方人员越来越多,掩盖了中国本土人的工作内容:"德方会投入人力物力来进行规划,而不是说我只交给你然后不管……德方派过来的那些支持的力量会越来越,越来越多,占据了具体事务的主导权。这就掩盖了我们本土人的工作内容。"(C18C)此外,还有的德国领导争权利："他刚来,跟我不是谈工作,而是谈政治。要管人、管钱。他就让那个小老外来冲到前边来与我抗衡,就是德国人也讲就这个战术。"(C7A)而实际上,德国人在合资企业享受着一些特权,比如"如果一个德国人去找一个中国人,事情就会比较容易解决。因为毕竟我们公司是一个相对来讲,德国人支配的企业。"(C19C)而同时,德方也在要求特权:"佛山建厂时,德方要求给他们绿地补贴。中方询问为何要有补贴,德方认为是零基础,等于是创业。中方接下来询问补贴的标准从何而来,德方回答没有依据。不是经过计算出来的,只是心理上的安慰。"(C5A)

4.4.2.2.3　德国等级观念也很重

首先,用受访人员的话来说,"其实德方领导多少也会有一点儿摆架子,德国人玩儿政治比中国人玩儿的时间,要早很久。"(C15C)受访人员在与德方朝夕相处地工作接触中,发现德国人很怕上级领导。这与中方原本所设想的德国等级观念较小的管理思维定式,构成了冲突。他们也看到了德方经理因为上层领导对他的不信任,而导致"他这个人就慢慢消沉下去了"的后果。正如这位受访人员所述:"德方跟德方之间也有矛盾。我看到的这位德方经理纯粹从业务的角度去考虑,而他那个更上头的德方可能有一种政治的意愿,认为他是不可信任的。这样,他这个人慢慢就消沉下去了,也就很少再去发表什么意见了。"(C7A)同时,这位受访人员也认为,清晰地记得他经历过的一次德方害怕高层的案例:"有一次要向德国高层汇报,按理说向德方汇报应当是我的搭档第一时间冲上去。但他不敢,说不行,这位德方高层一生气直接把人换掉的。"(C7A)此外,另外一位受访人员也亲身经历了德方高层的等级意识,他认为等级要对等的才可以交流,等级不对等的就应该只是服从,"像一些会议上比他级别低的中方经理的意见,他可能就听不进去。或者就是觉得你跟他等级不是特别对等,你就不应该跟他这样和他讲面对面的一些问题。"(C1A)

其次,还有受访人员认为,德国人在中国表现出来的领导风格是其受中国影响的结果。"比如说他是一个部长,时间长了他就确实感受到了自己是部长,就是中国化了。对领导和职员有区分了,他们也会去学习中国人的一些特性。"(C10B)中方员工对德国持有领导风格的最突出的体验,就是在中德方有问题解决不了时,"德方员工会把这个信息向上级汇报,向经管会上报,最后由上面施加压力才会解决问题。"(C4A)另外一位受访人员认为,德国的领导风格是因为这种组织结构的要求,不可以跨级汇报。"我们对更高级的领导接触的比较少。可能

每个人都有自己直接的经理,所以直接跨级汇报或跨级有些事情的机会不是特别多。"(C18C)

4.4.3　中方对领导风格的解析

根据本研究的访谈结果看来,合资企业的中方领导风格表现出与以往关于中国领导风格的不同的结论。中方人员在讲述自己与中方领导的相处方式时,都愿意与国企的、机关事业单位的领导风格进行对比。他们普遍认为,区别于国企的领导风格,受访的合资企业整体表现出了等级观念不是那么重的特点。

4.4.3.1　领导都很开明

在受访的中方员工看来,合资企业的领导都很开明,可以开诚布公地提出自己的看法:"比较好的一点就是你有什么想法你可以提。不论是德国领导还是中国领导,都是非常欢迎你提出问题;无论是好的意见或者是觉得做的有什么不好的地方,都是可以直接提的。"(C15C)同时,这位受访人员也表达了类似的看法:"这种跨国企业上下级之间肯定不是很分明,不像我们的国企和政府那种单位。所以就是我觉得大家的思想都比较开放,有什么事情都可以拿出来放在桌面上讨论。"(C16C)

4.4.3.2　关系简单

有受访的中方人员认为,他所在的合资企业"关系简单":"关系相对简单,尤其是和大型国企比起来,差距还是非常大的。我们想问题都很简单,无论是对德国领导还是对中国领导。"(C8B)甚至有的受访人员希望"最理想的情况是只有这个职能的不同,没有职能级别的不同。"(C20C)这位受访人员还对领导的宽容表达了感激之情:"我刚来的时候,我肯定什么都不知道,很多东西需要别人教,做错了领导也不会批评我。而且还让我去接了一些不是作为秘书的一些工作,比方说销售方面的一些。"(C10B)

4.4.3.3　领导要有能力

根据受访的结果来看,中方员工对领导的期待是要有能力。比如,"工作效率很大程度上取决于他的领导者。如果他的领导者会这个问题,就会很快解决。"(C19C)此外,还有受访者对合资企业的中方领导的能力表示了肯定,"一般情况,从中国母公司过来的这种高级领导,能做成高级领导的,他自己的个人能力素质或其他各方面肯定强,不然他到不了那个级别。"(C9B)

4.4.3.4 以情感激励员工

一方面,中方经理以情感激励员工,更多地考虑人情因素。比如,这位受访的中方经理认为"在没有太多激励手段的情况下,我们怎么能调动员工的积极性呢?我觉得更多的时候可能还是以情感去激励,从情感上多关心一下他,多跟他聊一聊他目前工作的一个状态,对他的未来有一些好的建议和指引。"(C6A)此外,中方领导对员工的评价是看资历、年龄:"中方领导可能会更看重你在这个公司服务多长时间,多大年龄,资历如何。"(C15C)另一方面,中方下级员工则是以服从回馈中方领导。"我对待工作的态度好像没怎么改变,就是领导让我怎么做,我就怎么做。"(C10B)

4.4.4 德方对中方领导风格的评价

德国人对中方领导的评价也呈现出积极的方面和消极的方面。

4.4.4.1 积极的评价

在德方员工的感知中,中方的领导风格呈现出两大特点:第一,等级观念比较轻;第二,对中方经理的能力表示欣赏。

4.4.4.1.1 等级观念比较轻

与上文研究结果相同,本书对德方员工的访谈结果表明,在合资企业中,从中方领导到员工都区别于中国国企,表现出等级观念比较轻的特点。这样的感受与德国人在他们来到中国之前,在跨文化培训课上所获得的对中国的等级观念认知出现了偏差。正如这位受访员工所述:"关于等级观念我的感觉是比较少,因为这个研发部门受德国人领导。我到这里之后,发现这里的交流很顺畅。比如我的领导(德方)也会直接跟我的中方同事说他做得不好的地方,他们也没有什么不能接受的表现。"(D12C)

此外,甚至有位德方人员认为这里更民主。合资企业浓重的家庭式企业文化掩盖了等级观念。"这里同事之间的合作更民主式。同事也是朋友。因此这里的合作会更好。"(D9B)

4.4.4.1.2 对中方经理的能力表示欣赏

另外一位受访的德方经理对他的中方搭档的管理能力表示赞赏:"我的这位中方搭档有着非常好的企业管理的感觉。管到多少是有必要的,她比我做得好。"(D15C)

4.4.4.2 消极的评价

从另一方面来看,变化从来都是渐进式的,从中方员工到中方领导对于等级上的观念依然还会表现出一些令德方同事感到不能理解或者不能接受的因素。具体说来,这些因素包括:第一,等级观念重;第二,不给评价;第三,员工对中德方领导区别对待。

4.4.4.2.1 等级观念重

等级观念重具体体现在如下几个方面:第一,对上级的理解;第二,对上级服从的表现;第三,等级观念带来不好的后果。

1)对上级的理解

中国人对上级的理解表示尊重与服从。上级,不仅有领导,还有老师、年长的人。其一,对老师,有位德方受访人员表示,对于中国的等级观念她不能理解。在她看来,学生提问,才是对老师的尊重。而学生沉默不语,则是对老师的报告不感兴趣的意思。

"我在斯洛伐克当大学老师的时候,我站在讲台上,没有学生向我提问。我了解到,这是他们的等级观念,学生不能向老师提问,他们只是在誊写老师说的话。可是给我的感觉是,我以为我做了个非常差的报告,大家对我的报告不感兴趣。我想中国也是一样的,如果在大学里学生说,老师请您换个话题,我们不喜欢讨论这个话题,这样的学生会非常非常少。"(D1A)

其二,对领导。一位受访的德国员工在来中国之前听说,中国的领导和员工不能随意面对面地交谈,不能向领导讲,发生了什么事情。三周前他亲眼见证了这样的场面:"我们和国企的中方代表见面,他们来了 2 个工程师,我们开了一个交流会议。在那次会议上,我看到了我头脑中的场景。这两个工程师当中有一个是领导,有一个是普通职员。那个下级就要不时地看看领导的眼神,他一直害怕侵犯到领导的权威。"(D12C)同时,这位受访人员也认为,中方员工由于对领导的敬畏,不敢给出反馈。"由于对德国领导的敬畏,不敢给出反馈。"(D1A)

其三,在德方看来,中国人的等级观念不仅局限于对领导的尊敬,他们对年长的人也充满了尊敬。这样的情况会导致年轻人不敢讲出自己的想法。"很多年轻人,只有非常少数的几个会说出他们的好想法。我认为,这是等级观念的原因。在德国,只有对待领导才有等级观念,而在中国年长的人可能也是领导。"(D10B)

2)对上级服从的表现

中国员工对上级的服从与敬畏的具体体现,可以通过言语与非言语表现出来。比如，通过"感觉非常不自然"，正如这位受访德方人员就感觉到中方员工对于领导的敬畏："一些年轻的员工，还是不太敢于直接找领导说些什么。他与我们的领导在一起时感觉是非常不自然的。"（D12C）此外，表明敬畏的另一种表现是通过称呼。等级观念的另外一种表现是中方员工对领导的称呼，比如这位德方经理对于自己被称呼为先生感到极大的不舒服，"这是我一生中第一次有同事用 Sir 来称呼我。全世界的分公司里，只有这里。"（D15C）

德方人员通过观察中国员工面对上级总是会说"是的、好的"："如果下级持有不同于上级的观点，中国人总是会说'是的、好的'。在中国人来到这家合资企业之初都是这样的。他们根本不会直接表达出不同的观点。"（D13C）

同时，为了证明访谈观点的有效性，本书选择观察法予以说明：

我所访谈的三家合资在领导风格上也表现出了因为股比而决定的领导风格上的差异。公司 A，德方与中方的股比 40:60：在我到访的 2 个小时时间里，一个部门的领导在里面的房间，一道墙与门之外有四位同事。期间没有任何人大声说话，都是各自在处理各自的工作。在公司 B，德方与中方的股比 60:40：领导坐在由玻璃墙围成的办公室里，他也会不时地出来和外面的一大办公室的同事交流。在公司 C，德方与中方的股比 50:50：同事和领导是完全在一个大办公室里工作的。如果不经人介绍，我是无法辨认哪位是领导的。因为他和所有员工的办公设备都是一样的。

由此可见，在中方所占股比较高的合资企业里形成了等级观念最重的企业文化。无论是从言语层面（2 个小时没有人大声说话）还是从超言语层面（办公室用墙与门隔开）都表明了中式的等级观念较重的特点。

3）等级观念带来的不好后果

这样的领导风格会带来一些后果，比如"员工不决策"、"无法优化工作流程"、"浪费时间"、"不敢给出反馈"和"决策的成本高"。

比如，这位受访员工感受到，等级观念导致员工不敢做出决策，不愿承担责任："因为他们害怕犯错误。在这样一个时间密集型的企业里，需要的是每个员工能够做出决策。而这里的决策体系是自上而下的，这样浪费了很多时间。我的员工总是来问我的决策，我心里就想了，天啊，这件事你完全可以自己做决定的。"（D5A）另外一位受访员工也表达了同样的看法。因为他们习惯于接受明确的指令，而失去了优化工作流程的机会。"这家合资企业的中国员工不敢犯错误。这样不会调动出员工原本该有的潜能。而事物是在发展的，我们的工作流程上始终有值得优化的空间。这样的结果就是限制了优化的可能。中国员工原本都有自己的好想法,但是他们习惯于接受上级领导的指令,并贯彻实施。"(D11C)同时,等级观念会降低工作效率。正如这位受访人员所看到的:"比如在德国的车间里,我们关注的是快点解决问题。我们会直接走到流水线上,同工人交流,然后告诉他这样做就不会出现问题了。在这里这种方法就行不通,必须要在中方那边走三个不同的级别。中方必须要一级一级地上报,然后期待着能落实下来,直到流水线上。但是这样很多信息就丢失了,而且重要的是——时间。"(D3A)"尊重"、"长幼有序"在中国的文化传承中占据着极为重要的地位。但在充满竞争的经济界,却需要理性的决策。比如,这位德方人员认为领导决策的成本高,随着经济的发展,尊重的文化弊端就会显现出来:"年长的人说了些什么,不会有人去质疑,我想这也是中国的文化的一部分。这没有什么不好,并且在中国企业里,无论是合资企业还是在国外的中资企业,"尊重"是中国文化美好的形象,决策的成本多少无所谓。但是,我们不能总是处在经济良好的发展态势下。如果达到了某个临界点,购买者人数下降,经济下滑,我们要的是业绩,我们不能说不要钱,而是要采取目的明确的措施。在这种情况下,中国文化的这个特点就会显出弊端,会带来问题的。"(D10B)

4.4.4.2.2　中方领导不给出评价

德方在与中方领导的接触中感受到,中方领导从来没有对他的工作成绩给出评价,这令他们感到内心不安:"我和中方领导接触很少,只有在我需要他帮助的时候我会去找他,他总是会给我需要的帮助。所以我对他没有什么负面的评价,但是他从来没有对我的工作成绩进行过评价。平时我不会轻易去他的办公室,因为我不确定这样做是否合适。"(D4A)

4.4.4.2.3　员工对双方领导区别对待

就访谈内容分析来看,中方员工对待中德双方的领导表现出了差异。中方员工对中方领导更敬重、更为服从。比如,这位受访的德方经理对这样区别对待的直观感受就是1个小时与5分钟的区别。

"虽然我们是合资企业,但是中国领导生气了,员工们都没有怀疑地朝着领导指出的方向走。很明显的是,如果我需要什么东西,我要等上1个小时。我需要不断地询问,才能拿到。如果我的中国搭档需要什么东西,5分钟后他就能拿到。"(D5A)

接着,这位受访人员认为,中方员工的区别对待的另外一种表现是员工有问题找德国领导:"令我们这些外国人感到很苦恼的是,我们都有中国搭档,如果员工有问题,10 次中有 9 次他会来找我们,而只有一次去找中国领导。我曾经对我的员工说,你为什么这个情况下来找我? 如果我此时休假了呢? 他们很诚实地告诉我,'那我就等到你休假回来的。'"(D5A)此外,另外一位受访的德方经理也观察到,中方员工对中方领导更敬重、更听从。比如,"德方经理告诉他的手下做些事情,中方员工先到中方经理那里去请示,他是不是真的可以这样做。如果中方经理说可以,他才会这样做。我就纳闷了,为什么要这样做? 后来有一个中方同事告诉我了,我觉得他说得很有趣(【德语】interessant)。德方经理来这里就 3 年,然后他就离开了,而中方经理却一直在这。"(D6A)通过这段话可以看出德方经理的不满。他很委婉地用了"有趣"这个词。因为中方同事的"有趣"是,"德方经理来这里就 3 年,然后他就离开了"。在德方经理看来,这位中方同事以自己的"当一天和尚撞一天钟"的文化基本假设,来判断德方经理的工作态度。同时,中方同事的话也说明了另外一点,德方经理只是短期在这里的,权力没有中方经理大,是可以"得罪"的。

4.4.5 德方的反思与调整

4.4.5.1 认知上的反思

德方员工在经过与中方的文化碰撞之后,就自己的领导风格进行了反思,具体包括如下两个方面:第一,利益上的纠纷不可避免;第二,与中方搭档关系好很重要。

4.4.5.1.1 利益上的纠纷不可避免

首先,德方意识到,"中德双方对于管理和责任有着不同的理解。"(D15C)其次,利益上的纷争也是合资企业中不可避免的。比如,有的受访人员认为,为我们的合资企业工作只是说说而已:"虽然合资中的双方都在说,我们是合资企业,我们代表的不是各自的母公司,而是为了建设我们自己的合资公司。这样的话只是说说而已,行不通的。双方不为各自的利益是不切实际的。"(D7A)

4.4.5.1.2 与中方搭档关系好很重要

很多德国领导已经认识到了,"在这边如果不与中方搭档处理好关系,是不会取得工作上的成就的。"(D1A)此外,还有受访的普通员工自己找到了一种好的办法来推进工作——找到中方搭档。正如他所说:"经过上两次的项目经历,我认为如果在我们普通员工层面有这样的中德方搭档关系来工作,也是很好的尝试。"

(D4A)

4.4.5.2　行动上的调整

在反思的基础上,德方员工对自己的行为进行了调整。具体来说包括如下几个方面:第一,双方要同步地交流;第二,权力转交给中方。

4.4.5.2.1　双方要同步地交流

合资公司的组织架构上呈现双线管理体制,各级领导都有自己的搭档。很多德国同事都会选择从上面施加压力来推进工作,但也有很多德方同事表示,这不是最佳的办法:"我很少去向我的上级德方领导汇报。这样从上往下施加压力,不是最佳的办法。因为一方面,会有争吵。另一方面,这是对我们整个团队的过高要求。不仅仅对中国人来说,对我们德国人来说也是。"(D10B)"底朝天"式,以高压推进工作的方式存在着两方面的弊端。这会令双方都处于很被动地接受任务的状态,因而,有很多德方同事选择与搭档取得内部的一致的沟通方式。正如这位受访人员的体会:"对于双方的合作具有重要意义的是,在内部交流过程中要能同步,参与决策。这样就不会说非得要等着从上面往下施压,因为原本这应该是流畅的工作程序。我自己也体会到双方在一直思考,去找对方交谈,探讨到底该如何解决问题。"(D8A)

在受访的三家合资企业中,除了一家受中方影响较大的合资企业之外,另外两家的德方领导都表示出要更多地实现本地化的目标,即培养中方接班人。

4.4.5.2.2　权力转交给中方

受访的合资企业里的德方领导认为,合资公司作为德国总部的一个子公司,如果长期大量外派德方人员到中国,这对于双方来说都不是最合理的方案,因为这涉及人力成本以及外派人员的心理、生活、工作适应问题。德国总部的战略意图是要更多地实现本地化的目标,即培养中方接班人。比如,有德方表示:"我惊叹于中国人的学习能力,我所有认识的中国人都对求知若渴,所以我相信中国人能够承担起管理的责任。"(D10B)同时,另外一位受访的德方经理也表示自己已经开始慢慢地"培养中方接班人"了:"我们已经非常注重培养管理类的后备人才了。"(D15C)

培养的目的是最终把"权力转交给中方":"现在德国总部一点点地将权力交给了合资企业。我现在就在做这部分内容,我们一直根据中国的国情,把最先进的关于物流管理的技术都转移给这家合资企业了。"(D11C)

4.4.6 中方的反思与调整

4.4.6.1 中方的反思

首先中方进行了自己的反思,具体来说,包括如下几个方面:第一,多沟通;第二,对尊敬的不同理解;第三,眼光放开,主动工作;第四,学习德国人的领导风格;第五,要同等对待双方领导。

4.4.6.1.1 多沟通

很多中方员工都意识到,信息共享的必要性。并且他们认识到,中方以前认为什么是对的就是什么,这样的思路应该改正,而是要多倾听对方不同的意见。正如,这位中方经理认为,"问题本身没有任何对和错,大家都应该知道这个信息共享的道理,多多倾听。以前中方就是认为是什么就是什么,但现在就更强调团队的合作。还有就是更加重视倾听不同的意见,德国人提的意见不一定全是不合理的,所以我们要倾听双方的意见。"(C7A)同时,还有受访人员认为,与德方领导要平等地沟通:"你就想他们也是人,他们跟中国人是一样的,你要把他们看成是一个中国人而去跟他们沟通。"(C17C)最后,中方员工也看到了德方的下属与德方领导交流的方式。他们可以很平和地冲突,如果有意见,可以去反问领导。这都令中方员工感到是一种平等的互动:"一个德国的下属,如果跟德方领导有一些冲突,当然,他们是很平和的冲突,也不会翻脸,之后他会去反问他。中国人这方面,可能就不会去找领导。"(C17C)

4.4.6.1.2 业绩的提高才是尊重

也有受访员工认为,德国人对尊敬的理解与中国式尊重是不同的。中方员工认为,德国人对领导的尊敬体现在自己工作上的好好表现,让业绩提高:"德国人对领导的尊敬不会是说跟领导毕恭毕敬的那种尊敬,不是日本式的点头哈腰,而是说你交代的事情,我要做得很好,我表现得很好,让我的绩效提高,然后你有面子。我觉得这样才是理性的。"(C17C)

4.4.6.1.3 眼光放开,主动工作

德方领导希望员工眼光放开,主动工作。正如这位受访员工所述:"眼光永远只盯在这儿上的话,你可能永远只呆在这儿了。德国老板希望把眼光放得开一点,你想着我优化自己这方面,如果同时能够带动其他东西的话,德国老板会很高兴。不会像我们理解的越俎代庖了、眼红了,这种感觉。"(C19C)此外,在自己手上也有任务时,如何看待领导安排的工作,是下级员工经常会遇到的事情。特别

是在这样的合资企业里。中方员工已经养成了自己安排工作的习惯。如果领导给了你一个紧急的任务,不要觉得烦,而是要学会换位思考。正如这位中方员工所述:"你不要觉得很烦,你要觉得这个事儿如果对你领导来说是很重要很紧急的,那对你来说应该也是很重要很紧急的。"(C17C)

4.4.6.1.4 学习德国人的领导风格

中方领导也在学习德国人的领导风格,比如这位受访的中方经理认为,"德国人有一些先天的求真务实的性格,也让我们每个人在工作中尽量去抠细节。所以,我在我自己的管理中,也要求员工认真、仔细。"(C7A)

4.4.6.1.5 要同等对待双方领导

在德方对中国人领导风格的评价中,就有关于中方员工对中德方领导区别对待的抱怨。对此,中方受访人员坦然,"从上至下应该有这样中德合作的意识。就是最上面的领导就要倡导这样的一种文化,要求大家这样做。如果我只找中方经理签字,第一次第二次总这样做都没人管,就成为习惯了。这样德方就被忽略了。时间长了就会产生矛盾了。"(C5A)

4.4.6.2 中方的调整

在与德国人的领导风格进行对照之后,中方对自己的行为进行了调整。具体表现在如下几个方面:

4.4.6.2.1 抛弃本位主义

在处理合资公司中德双方权力、利益之争的问题上,双方员工应当将立足点放在合资公司的立场上。因此,有受访的中方员工认为,为合资公司与德国母公司抗衡是正确的:"如果我和德国人吵,我接受。因为我们就事论事,你有你的想法我有我的想法,大家的利益不同。他们为集团的利益考虑,我为我们公司考虑的时候,该吵就要吵,不能没有原则。因为他们是集团,相对来说要控制我们一些事情;但是我不能任你控制,这个时候他们反而会更尊敬我,我吵完了之后得到的反馈更多。"(C12B)

此外,还有受访的中方经理认为,合资企业是建立在中国本土上的,因此具有集体主义思想的中方员工更应该多关注合资企业的发展,要捍卫合资企业利益:"如果团队里有任何的不良企图或不好的想法,我们都要阻止。大家共同解决问题,维护大众利益。中方是比较重视集体利益的,而德方不是。而且群体也是不一样的,德方在这儿算是打工的,在这工作时间比较短;我们是不管在哪个岗位,都是长期的,我们才是最关注这个集团发展的。"(C7A)

4.4.6.2.2 多与德方领导交流

第一,有理有据地说服德方领导。因为德方领导的务实、严谨的工作作风,下级员工也要用数据和充分的理由来说服领导支持你的建议。比如:"我跟德国人讲很多问题就是一定要有数据有测算,有理有据的地这样去提出来。如果他看到这些东西的话,他会很快地支持你或者是否定,至少是很快有个决策。如果论据只是一些语言性的描述性的东西,他是不会接受的。"(C8B)

第二,私下里跟他说。正如前面中国人对德方领导的消极评价中,所提及的问题,这位受访的中方翻译给出了他的调整策略:"对于这种强势的领导,后来我总结出来一点经验——中方如果说什么事,也不会直接来找他;中方来找我,我会私下里先跟他说,先把事说清楚,他理解了。在他没有表态之前,把这件事跟他说清楚,他理解之后,他往往会做出你预期的决定。"(C2A)

4.4.7 小结

上述结论,可以看到中德双方在领导风格上所呈现出的聚合因素和冲突因素。

聚合因素:

首先,"等级观念轻"是被双方均感知为积极的要素。这一要素在中德双方的自我形象和他者形象,以及中方的他我形象中均有涉及。受访的人员,无论是德方还是中方,无论是普通员工还是经理,都希望以平等的身份来沟通、交流。

其次,"领导的个人才能",比如业务过硬,经验丰富,管理有方等特征,也都被中德双方的员工视为积极要素。这一要素在中德双方的自我形象和他者形象,以及中方的他我形象中均有涉及。领导应当起到模范的作用。

再者,"抛弃本位主义",以合资公司的利益为出发点,应当是解决所有中德方之间权利问题的核心。这一要素在中德双方的自我反思与调整中均有体现。

最后,"以中德双方搭档的形式工作",搞好与搭档的关系是被双方均认为积极的要素。这一要素在中德双方的反思与调整中均有体现。并且被证明为是行之有效的方案。

冲突因素:

首先,"等级观念重"被视为有碍于发展中德双方合作关系中的消极因素。这一要素在中德双方的他者形象中均有涉及。双方均认为,对方表现出的等级观念是不利于跨文化适应的过程的。

其次,"领导不给评价"被视为有碍于调动员工积极性的消极要素。这一要素在德方的自我形象和他者形象,以及德方对中方领导的消极评价中均有体现。而在中方的自我形象、他我形象和新的自我形象中均未被中方所感知。由此可见,这在领导给予反馈方面,双方在认知和行为层面出现了不对称性。

再者,"对中德双方员工的区别对待",无论是对中德方的经理还是对中德方的员工的区别对待,也被视为有碍于中德方上下级交流的消极要素。这一要素在德方对中方领导风格的消极评价和中方的自我反思(他我形象)中均有涉及。

最后,"领导的强势"、"个人能力下滑"被视为影响中德双方融合过程的消极因素。这些要素在中方对德方的消极评价以及德方的反思(他我形象)中均有涉及。也就是说,德方意识到从上往下施压不是解决问题的最佳方案。而应当在内部达成意见一致。

上述的互动过程可呈现于如下图示中:

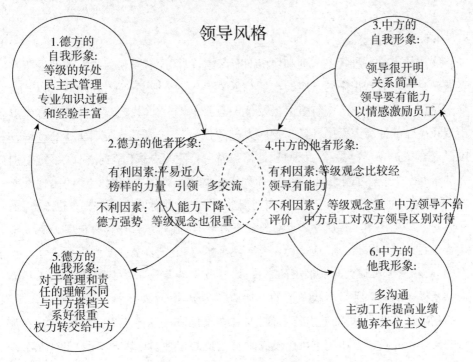

图4-4 领导风格层面互动循环图

4.5 跨文化企业内部互动过程的阶段

跨文化企业内部的互动过程表现为阶段性的发展特点。具体说来,受访的合资企业中的跨文化互动过程表现出抗拒、交织、适应和融合四个阶段。抗拒,强调的是对有可能会影响自己的真理的因素的抗拒,强调的是"我的真理"。交织,指的是对一个具有普遍适用性的真理设想中部分内容的显性允许,追求的是"多个真理"。适应,这个词汇具有排他性和被动性,追求"唯一的真理"。融合,指的是发展双方共同的真理,追求的是"我们的真理"。区别于以往的将跨文化交流过程视为单向的外派人员工被当地文化改造的传统思路,本书以双方的跨文化交流过程为立足点,展现跨文化企业文化动态发展模型。

4.5.1 抗拒

文化休克是一种拒绝改变和保留旧有习惯,以同原有身份保持一致的渴望在客居者身上发表现出来的反应。在上一章的跨文化企业文化的自我渐生过程中,众多受访者的访谈内容中有多次提及他们自身的"抗拒"状态。这部分内容大多出现在潜在的冲突因素中,诸如"德国人过于强势"、"傲慢"、"关系建立的过程较难""德国人的不懂感恩、厚此薄彼、性格孤僻"、"不学汉语不学英语"、"不接受别人的东西"、"完全复制德国"等。下面列举一些典型性的"文化休克"的表现。比如,下面这位受访者就表达了自己当初所经历的"文化休克"的状态:"最开始,我也遇到了文化休克。在度过了最初的3个月之后,我就想立即返回德国。因为我是自己在这边,冬天很冷,这边的暖气系统也不好,我没有驾照。在中国不可以没有耐心,在德国人眼里看来很小的事情,在这里需要等待很长时间。"(D2A)上述受访者描述的是一种生活状态上的不适应。冬天很冷,外在的自然环境恶劣,城市的基础设施薄弱,再加上出行不便,与其在德国本土熟悉的生活环境产生了强烈的反差。并且,"在中国不可以没有耐心",反映出他对中国政策(文化中层)的难以忍受。作为客居者的德国人,到中国面对的是同自己的生活世界不具有同样程度的关联性和常规性的社会体系。但是如果他们对这种异样表现出抗拒,他们的行为在中国员工看来,就是"死不悔改":"有一些德国人,这叫……死不悔改。其实往往这样的人,他在德国也不太受待见。这种人非常反感"跨文化"这个词,他说,你们天天跟我说 Interculture,不要跟我说这个了。"(C19C)语言被视为拉近人与人距离的重要工具。如果来自两个文化下的具有合作关系的同事各自坚持使用自己的语言,就会将他们之间的距离拉大,被对方感知为一种傲慢:"我不止一次跟他谈,大家用德语交流起来有点困难,能不能大家用英语说。他说我认为英语是很不好的一个语种,所以我从来不喜欢学。那学汉语就更别提了。"(C7A)甚至,在有的受访者眼中,他们将欧洲人视为一个傲慢的群体。他们会因为欧洲自身的历史和文化,而不愿意去适应异文化,在他看来"欧洲人不接受别人的东西":"有些人也会水土不服,我们有些职位想让德国人做,有些他们是拒绝的。有些人他们在中国看了一圈之后,会说我不想在中国待着,他们就不来的。他们在这是一点一点都听不懂的,他们毕竟是欧洲人,美国人可能更开放一些。但欧洲有一些他自己的东西,他去接受别人的东西比较难,有些东西他喜欢,有些东西他不喜欢,当然他偏向自己喜欢这边的。"(C12B)

同时,德国人也对自己的"完全复制德国"的态度表示了否定,这种完全照搬德国的经验的态度就是一种拒绝改变的僵化思维:

"我们不是100%的德国大众子公司,如果是那样的话,我们可以提高标准。有时我觉得德国总部的战略也不完全都对,我们不能把德国的全部经验都复制过来。"(D10B)

合资企业中的跨文化交流过程,不应是德国人单方面的适应中国本土文化的过程,本土员工的跨文化交流态度,也对合资企业中的跨文化交流过程产生了重要的影响。适应本身就应当是相互的过程。中国人的"不开放"心态,也会给相互的适应过程带来障碍。这种"保持自己的立场,一步都不愿意离开"的心态也是跨文化交流中"抗拒"的直接表现:"这里都是普通人,他们没有机会认识其它的文化。他们只是知道这座城市,哪里都没有去过。他们只是对自己的生活感兴趣。中国人会保持自己的立场,一步都不愿意离开。"(D3A)

4.5.2 交织

交织指的是一个具有普遍适用性的真理的设想中,对部分任务以及对各种不同真理的显性允许,追求的是"多个真理"。交织不同于抗拒,指的是,当合作伙伴的行为方式和价值观与自己的行为方式和价值观表现出偏差时,行为者采用的是支持或鼓励的态度,或者将之与自己的行为方式和价值观相联系,而不是被完全接受或者抗拒。交织的标志首先是对异文化表现不要在未对其进行辨别的情况下就完全接受。经济企业里员工的行为总是要追求经济目标,这种交织的动态被理解为一种明确的目标,为的是实现企业的凝聚力。

交织指的是,对两种行为方式和价值观持有"既……又……"的态度。这部分内容大多出现在第四章中的他我形象和新的自我形象中。在持有这种适应态度的受访人员的表述中,可以看到的词汇有:"不同并不是错误"、"要利用两种文化的好处"、"有自己的原则"、"不需要完全适应"和"换位思考"。交织意味着理性地判断异文化中的哪些地方可以吸收,哪些地方需要保持自己的原则。在经过这样的辨别之后,"寻找积极的事物"、"要有一颗开放的心",对照异文化对自己的行为进行反思和改进,最终取得自我发展和自我完善。

首先,对于"不同并不是错误"的认识是实现积极跨文化适应动态的认知前提:"不同并不意味着是错误的。对于这种巨大的区别,我们应该知道。我的同事也会给我一些建议。容忍,如果有解决方案,当然更好;如果没有,现在这样就很好。"(D9B)

在这样的认识前提下,要学会"利用两种文化的好处":"相互学习各自的优点和工作方式。或许很多工作流程不能改变,但是,老的工作流程,新的思维可以……在中国这样一个加速发展的时代,很多德国的做法并不能全都贯彻下去。"(D12C)

交织,意味着在可以妥协的地方妥协,在需要保持原则的地方保持原则:"一方面,在中国这个大环境下,他肯定要做一些妥协或者改变,这是肯定的。另一方面,德国人本身的风格还是比较直,逻辑性比较强,比较慎密,有自己的做事原则。"(C9B)

交织并"不需要完全"适应异文化:"不是完全,但是对于一些最重要的习俗还是要遵守。同样的,当中国人到德国,到欧洲去也是一样的,中国人也要知道一些必须在德国遵守的事情。"(D3A)交织还意味着要能够相互理解,能够站在对方的角度去考虑问题。"换位思考"就意味着对"不同真理的显性允许":"我在想,如果在德国也遇到和中国这边同样的情况,来了很多中方经理,在我们车间里,我们的德国同事也会这样去想问题。他们也会先去向德方经理确认下,是否真的可以这么做。这是很可以理解的问题。"(D6A)

其次,对异文化,我们应持有的态度应当是"寻找积极的事物":"要接受新的事物,如同接受天气一样。环境如此,无法改变,只能去适应。"(D15C)不要带有思维固见,"要有一颗开放的心":"要有兴趣,不要先给出评价。先理解这个事物,

找出哪里是有积极意义的,哪里是好的,哪里有趣。不要总是怀着摒弃的心态。"(D14C)

在这样的心态之下,对照异文化的先进之处,人们往往会发现自己的行为方式和价值观中值得改进的地方,以此来实现自我发展。正如一位受访人员对一位德方经理的描述:"他非常推崇在中国的这种工作方式,只要看到了可以优化的地方,马上就提出来方案,两周之后实行,这种情况他说在德国是不可想象的。所以他回去以后就非常严厉的去批评了他自己的部门,他认为他们的规划效率很低而且非常僵化。"(C16C)

4.5.3 适应

适应具体体现在生活上的适应、工作流程上的适应、非言语层面的相互学习以及关系层面的相互适应。这部分内容大多出现在这部分内容大多出现在第四章中的被对方感知为积极的他者形象和对自身的调整的"新的自我形象"中。在持有这种适应态度的受访人员的表述中,可以看到的词汇有:"向员工提出的要求多了"、"接受了定期汇报""会主动来找我"、"观察中国同事之间的关系"、"工作中多交流"、"学习中国人的沉稳"、"学会遵守承诺""寻找最有效的途径"等。

4.5.3.1 生活层面的适应

比如有的中方对德方外派人员的状态做出了描述:"他们反倒回到德国觉得很无聊,他们说非常的 boring。他说在中国的生活丰富多彩,干什么都可以,娱乐项目也更多,而且大家也都愿意出来玩。"(C8B)

4.5.3.2 工作层面的适应

有很多受访者认为,工作流程上的适应是合资企业中的员工实现彼此适应的基础。因为工作流程上的适应体现在要对共同的工作模式、工作方法和工作流程共同去遵守。这部分内容出现在第五章作为影响的"公司管理"章节之下。除此之外,工作态度上,要学会"自主工作"。正如第四章中那位在德国母公司工作过的中方受访人员表示的"我在德国刚工作几个月的时候,就关于自主工作问题,领导专门找我谈了一次,我后来就转变了"(C19C)案例所呈现的一样,很多中方的受访员工都表示自己受到了德方经理的极大影响,责任心增强了,"不再拖拉"了,会自己主动地去"核查":"工作这几年来,我的变化就是工作不再拖拉了,也会对已经做好的工作再去核查一遍了。他给我一定的影响的。责任心强了。确实是他影响的。"(C4A)同时,这位从国企转到合资企业的中方高级工程师以其自身经历认为"受访人员的经历形成特质"(C3A)并且,性格是会因环境而改变的,"性格和工作习惯都是和工作环境相匹配的。在这样的工作环境中不断成长,就塑造了我们这样的性格。"(C8B)

4.5.3.3 交流层面的适应

语言的重要是被中德双方在交流层面所达成的共识,语言的学习对于适应的过程有着很大的推动作用。有位德方员工是汉语言文学专业毕业,具有语言的优势,会说汉语,"这使我的很多工作都更容易开展,可以更好地与中国同事接触,更好地平衡母公司和合资公司之间的关系。"(D8A)

此外,根据前文研究结果可知,非言语对相互之间的沟通也构成了障碍。甚至,有员工认为,了解中国的行为方式是德方在中国的合资企业里的必修课。有的德国助理在与德方经理相处几年之后,看到了德方的努力:"我的德方经理在最初刚来时会上言辞激烈,最初,他会用 I strongly believe,到后面改用 I suggest。他会学着察言观色,在开会前先询问我,你觉得我这样说是不是合适?"(C4A)同时,中方经理也在适应德方,正如这位受访德方经理对中方搭档的评价:"他们知道德国人的行为方式,也适应了德国人,同样的,我们也在适应。中国经理人或许适应得更好。因为他们在这里已经工作十年、二十年了,我们德国专家是在这里三年,然后就走了。"(D1A)

4.5.3.3 关系层面的适应

入乡随俗是中国人适应异文化的一种基本态度,外乡人以"随俗"的方式对在交流的过程中产生的问题逐渐理解并与之磨合。受访的中方人员也看到了德方的"入乡随俗"的努力:"他们到这边就必须得重新适应大多数领导和员工的长期习惯,这也真是没有办法。改变不了环境就得适应,入乡随俗。"(C3A)

很多受访的人员表示,很重要的适应的方式就是多与当地人接触。"德国人会觉得这里的工作效率较低,这其实是与交流有关。要发挥个人的主动性,接触其他人。"(D10B)此外,前面的那位认为"德国村"是不利于德国人与当地人的融合的德方受访人员给出了他"与中国人聚居在一起"的理由,因为项目进展中的每个环节,都需要人际关系,都与文化有关,所以他需要多少让自己适应一下这个国家的文化,多与中国人聚居在一起的。他的表述在这里想再次重复下:"有德国人聚居的小区,我不认可这样的小区。这样不利于德国人的融合。我与中国人聚居在一起,因为我管理的是中国人。我在中国,我想了解这个国家的文化,这个国家的人民。我想在这里生活,发展我的事业。"(D10B)

4.5.4 融合

融合是跨文化交流过程的最高阶段,是在历经了抗拒、适应、交织阶段之后的最佳状态。对于"融合"这个词的理解,本书的理解等同于"聚合"。本书采用Zeutschel 的定义,"相互合作更强,各参与文化的因素通过妥协被合并入一个新的工作形式中,但是仍能辨认其来源"①。这部分内容在第四章中的每部分的小结中对聚合因素的总结以及第五章中作为影响因素的"公司管理"部分均可以找到证明。第四章所呈现的是文化层面的互动过程中所形成的"融合",第五章"公司管理"部分所呈现的是与文化无关的"现代化管理"知识。关于"公司管理"部分,双方在多年的合作中,从工作方式、组织架构、评价与激励机制和企业文化方面达成了众多一致。文化互动视角下的融合内容,大多体现在双方的反思与调整中,比如"文化中间人"、"抛弃本位主义"、"相互的舍与得"等,这里就不再一一列举了。

综上所述,就跨文化交流的动态过程的分析可以得出结论:"钻研对方文化背景的努力不应是单行道,而应当是双行道。"(D2A)跨文化交流过程是双方行为者相互影响的过程和过程。积极的"融合"的结果将会是双赢。中方也会学习到德国或者西方最先进的管理理念,从某种程度上也在改变着中国人的文化。"我们公司大家只是谈工作上的事,不去发展什么裙带上的关系,或者说不要考虑我说这话伤了你的感情,还是说我为了维护关系而忽略了工作,这样大家都可以把有限的精力集中在工作上,从而取得成绩。我们都发生了改变。"(C16C)此外,中国人也在改变着德国人的性格。正如这位受访人员所说:"在中国和中国企业真正合作的德国企业非常多,我不认为每个公司的这种企业文化都是一样的。我接触过一两个和其他企业合作的德国人,明显地感觉到他们跟我们这儿人员的思维模式各方面就是不一样的,这个也很简单,就是取决于跟他相处的那批中国人是什么样子的。"(C9B)

4.5.5 小结

本小结展现了跨文化企业文化的动态发展趋势,抗拒、交织、适应和融合。融合不是轻易就能够达到的一种状态,也不是一定就可以达到的状态。并非所有互

---

① 参见 Zeutschel,1998,转引自于景涛,2010,第 75 页。

动最终都会带来融合,也不意味着每个人都必须要历经这个循环中的每个阶段。因为就基础理论研究和包括访谈、观察和资料分析的实证性研究来看,每个人的跨文化交流经历都是不同的,具有特质性。因而,本书认为跨文化企业文化是一个开放式的循环。结合本书的研究目标"第三种文化的动态生成",本书认为跨文化企业文化的这个开放式的循环将会在双方员工的互动过程中呈现出上升的螺旋式循环。螺旋式循环代表着每一次的循环都不是回到原来的起点,而是在新的起点之上的循环。

第五章

跨文化企业文化自我渐生过程的影响因素
（结果呈现二）

　　上一章呈现的是合资企业中的中德双方员工和组织在员工交流、工作态度、员工关系、领导风格四个层面，从认知到行为，从自我形象到他者形象上所表现出的差异，以及面对这些差异，各自做出了什么样的调整。实现了从自我形象到他者形象再到他我形象和新的自我形象的动态循环。本章所要研究的是跨文化企业文化自我渐生过程的影响因素。跨文化企业文化的自我渐生过程的影响因素包括内在影响因素、外在影响因素。与跨文化企业文化的形成直接相关的是作为内在影响因素的员工和组织因素。这部分内容在有的研究当中被称为"框架条件"①。外在影响因素指的是企业的生存环境，是企业无法发挥能动性去改变的社会文化环境。正如上文的动态发展模型所指出的，跨文化企业最终所呈现出的螺旋式上升的发展过程是企业的员工层面、组织层面以及社会文化等内外因素共同作用的结果。

5.1　员工和组织因素作为内在影响因素

　　员工和组织作为跨文化企业文化生成的内在影响因素，对于跨文化的适应过程产生了重要的影响。员工的构成、特点和其跨文化能力构成了合资企业的人力资源的框架条件。

---

　　①　于景涛,2010,第 131 页。

5.1.1　员工

员工的影响因素包括员工构成、员工特点和员工的跨文化能力三个部分。

5.1.1.1　员工构成

合资企业员工构成共包括五类人员,分别是具有留学背景的人员、德方外派人员、翻译、国企派过来的人员和实习生。

1)留学背景人员

第一,留学背景人员普遍具有德语或英语的良好语言基础加专业知识。"我们部门最近几年招的都是海外留学回来的。语言基础是有的。当然专业也是倾向于机械和车辆相关的。"(C10B)有的合资企业中,除了有从德语国家回来的留学人员之外,还有从英语国家回来的海归:"好多都是从英美、澳大利亚、英国、加拿大留学回来的。"(C16C)

第二,留学背景人员都习惯于做事之前做好规划。"在德国就养成习惯了,我要去这个地方去旅游,我要之前把所有时间、车票的价格查好,规划好我才会出去。对自己的工作也要有长期规划,大家都想在公司里有发展。"(C12B)

第三,留学人员在德国读书,有的甚至还在德国实习过或者工作过,停留年限从5年到10年不等。这样,他们已经习惯于德国式的思维方式、表达方式了。"他们的很多思维方式表达方式我都习惯了,很多工作习惯都是在德国养成的。"(C12B)同时,也有德国同事也证实了上述的说法,这些有过留学背景的同事的工作行为与德国同事没有什么区别了:"他们的工作思维已经非常德国化了。而他们会与中方同事发生工作上的摩擦。因为他们之间的工作方式是不同的了。"(D12C)这也表明了国家之间文化差异的相对性,在这种情况下,国家间的差异大于公司内部差异。此外,还有受访人员表示,合资企业里的员工性格大多属于理性的:"我觉得工作和生活是没有办法完全分开的。公司也有过培训,关于人的性格色彩的。我们公司很多人总结下来,蓝色性格突出,就像德国人那样比较古板,按部就班就做事情,没有计划就不愿意去做的特点。"(C12B)

最后,还有受访人员表示,他们自己变得教条了。这种思维方式体现在生活中的各个方面:"比如说那个系安全带开车。我可能就是开个二三百米,去前边买个东西,开车的话我也把它系上。就像有强迫症一样。"(C18C)

2)德方外派人员

首先,影响德方外派的因素有很多,事业的上升是其中很重要的因素。由于德国本部组织机构的完善,升迁需要有一个好的成绩。这样的人员表现出了对自己和同事要求严格,以及勤奋工作的特征。有受访人员表示:

"除了五十多岁来的那是为了养老,一般三十多岁来的还是想要在职业上有所发展的,所以说这样的人他的干劲比较足,他是想要出一些成绩。他们的特点就是对自己的要求很严,对旁边的人要求也是比较严的。"(C2A)

第二,性格善于合作也是外派人员的一个趋势。随着近几年中国市场的蓬勃发展,德国总部也开始了对外派人员能力和性格的综合考量。为了合作的顺畅,需要外派人员的性格能够善于沟通与合作,正如这位受访人员所说:"这个不能从德国人作为一个群体考虑,这只能是一个趋势,他可能更会派一些性格善于沟通合作,善于接纳别人的人过来。"(C2A)

第三,德方专家作为外派人员,具有不固定的特点。这样会带来一个问题,每次的人员变动都会给下面的合作带来新的问题,需要再融合的过程。就有受访人员表示:

"现在招聘德国员工来中国的比例还在增加,有所增加吧。但是不明显,也是来了走,走了来。"(C10B)同时,另外一家合资公司的员工也表示:"德国人三年五年一变,每一次的变动过程当中也存在一些问题,那就是需要融合。"(C3A)

第四,外方人员呈现多元化文化背景的趋势:"我们公司中的外方人员,不仅仅是德方,也有匈牙利人和巴西人,所以虽是中德合资,但也是偏向于国际性管理的模式。"(C11B)

3)翻译

翻译,在合资企业的上下级之间、中德方领导的关系之间、中德员工交流、员工之间的员工关系中都具有特殊的地位,这个职位在中德方的眼中具有如下的特点。

第一,翻译的第一个难处在于涉及核心利益、抓权问题上的情绪翻译。一位人力资源部的经理认为,"在这个翻译的语言转换过程中,怎么样去协调这个情绪很重要。如果德方感觉你的翻译没有把他的那个情绪表达出来,他会不满。"(C1A)同时,一位资深的具有15年以上工作经历的翻译认为到了高层的谈判层面很难:"翻译这个工作,特别是涉及一些重要的谈判,比如双方在一些核心利益、抓权上面,就更不好翻。特别是真正到了一些高层的那种谈判时,真就难了。"(C3A)对此,德方领导也认为,情绪对翻译来说很难把握。"他可能是个很安静的人,我是个很大嗓门的人,性格可以不同。但是在翻译的时候,我希望我的翻译应

该能够把握住当时我们的情绪,已经到了我们的极限了。尽管这不符合中国的文化,但是事情就是这样的。"(D5A)

第二,受访人员普遍认为,翻译的职责是要尽量避免矛盾的产生。有受访的德方经理给出了他们的建议:"翻译不一定就要翻译出当事人说的话,他们的翻译内容可以更友好些。这时我们会特别强调,告诉翻译可以友好地翻译,但是一定要把内涵翻译过去。"(D5A)同时,一位在合资企业工作已有20余年的资深管理人员,也认为翻译可以起到避免矛盾产生的作用:"在中外的各种经历中,经常会讨论问题,有的时候说话重了呢,就可能产生不愉快。但是一个优秀的翻译就能很好地避免这些矛盾,起到润滑剂和缓冲器的作用"(C1A)。还有受访的翻译人员给出软化自己的语言、换种表达方式的建议:"如果在中方讲很难的话的时候,软化自己的语言,使之不那么生硬。在不曲解对方意思的情况下,换种表达。"(C4A)

第三,翻译要掌握专业知识:"想要做一个称职的翻译,还需要了解你所在领域内的一些专业知识。如果你对接收到的中文信息都没完全明白,再直接翻译出来,是一定会出问题的。"(C3A)

4)国企过来的人员

领导和一线员工大多来自于合资双方中的中方母公司。这两部分人员,分别处于等级阶层中的最两头,也构成了企业人员的最大主力军:"我们的领导就是从我们的中方公司总集团派过来的,具有浓重的国企特点。"(C11B)"我们的一线工人都是从中方集团过来的。他们是我们的生力军。"(C19C)

5)实习生

合资企业因为受到德方影响,实习生的岗位是常设的。实习生虽然不是公司的正式员工,但是这些人即将成为公司的员工。对他们的培养也体现了公司重视实际工作能力的管理理念,同时这些人在实习期间也对企业的工作流程有所了解,为今后的正式入职奠定基础。有受访人员意识到了合资企业招聘实习生的意图:

"有些工作可能就是我公司用不到,单纯就是为了让你去学这个东西,让你去做,让你重做一遍。有些工作的确就是实际工作中要用到的。"(C20C)

5.1.1.2　员工特点

基于上述的人员构成,合资企业的人员表现出了如下的特点:年轻化、本省较多、员工优秀、人力资源充足。

第一,年轻化。受访的三家企业均呈现出年轻化的人员特点。这样会令企业的氛围比较融洽:"公司里很多35岁以下二级经理,都是偏年轻化了。工作之后的交流也比较多。然后整个部门的氛围比较融洽。"(C18C)同时,年轻的员工在知识上也会有进一步的要求:"这个企业比较有活力的。它借鉴了德国人工作上的一些经验,当然也融合一些适合中国国情的东西。在这个环境下,每个人不单是要把工作上的规定做完,对自己知识上也会有进一步的要求。"(C12B)并且,容易接受一些新事物"像80后的这拨年轻人,他们和老一辈的是不一样的。受的教育不一样,背景不一样。比较容易接受一些新事物。"(C12B)

第二,中国员工本省较多。有相关研究表明,中国员工不喜欢换工作,特别是工作地点的更换是他们最不愿意的。由于高度的集体主义倾向,以及由此而产生的对家人和朋友、熟悉环境的依赖,中国员工通常都不喜欢换工作。[①]受访的人员也表明了类似的观点:"感觉可能同省比较多。"(C18C)

第三,员工优秀。合资企业是以业绩为导向的企业,因而凝聚了大量的优秀人才:

"我们从招聘的第一天开始,两个老板,无论中方还是德方,无论是新一届的领导还是以前的领导,都是不愿意塞很多人进来的。所以我们是要求很高,一开始没什么明确要求,后来要求211,现在要求985。就是说不断在抬高门槛。"(C8B)

第四,人力资源充足是合资企业的人员构成所表现出来的第四大特征。有受访的德方经理将自己的德方部门与合资企业的部门做以比较:"这边的人力充足。这边可以把更多的工作可以分给更多的员工去做。比如从规模上,我们部门的员工有155人,德国只有65人。也就是可以让更多的人来承担这些工作。"(D6A)

5.1.1.3　员工的跨文化能力

就访谈的结果来看,对合资企业中的跨文化互动交流过程产生影响的因素归纳起来包括如下几个方面:思维定式、主观能动性和时间与经历。

就访谈结果来看,中方和德方对于对方文化的印象表现出了不对称性。中方对德方普遍持有积极的看法,认为德方"比较严谨、特别务实、踏实肯干、诚信守时,包括德国品牌的产品的质量一定会非常好、非常可靠",一切都是完美的;而德方对中国普遍持有负面的看法,认为中方文明上未开化、技术落后。而这两个方

---

① Sturman,Shao & Katz,2012

面均属于思维定式。

就其具体影响因素看来,学校里的课本、舆论的导向都会对人们的异文化知识产生极大的影响。在中国,课本、舆论的导向在一味地宣传德国好的一面。

1)思维定式

一方面,有受访的外方经理对在全世界人们心目中的德国精准的工作流程表示了质疑的态度,他认为,德国的工作流程也不是那么精准:

"实际上,德国的工作流程也不是说那么精确地,一步一步地进行,都有可改进的空间。我们通常对德国的印象就是一切都计划地完美,但是德国实际上也并全都是这样的。"(D4A)

造成上述思维定式的影响因素主要包括两个方面。

首先,中国的教材中也在宣传德国人的美好品格,这对我们每个中国人来说,就是一种从小到大的灌输,认为德国人准时、公事公办。但与德方有过多年接触的中方受访人员对这样的灌输持有否定态度:"我们不能以课本上的去理解德国人,不是说就像我说的他们就准时就一定准时,他们公事公办就一定公事公办,你不要拿那个套路去套。"(C14C)

此外,受访人员经过自己多年的与异文化的接触,感知到,舆论的导向可以人为地对德国进行美化,而由于地域的遥远,受众往往无法亲身体验舆论的可信度,因而舆论的导向会造成一种不公正的评价:

"因为地域比较远,舆论美化程度比较多,对于中国人来讲德国人在中国人心中的总体感觉就是比较严谨、特别务实、踏实肯干、诚信守时,包括德国品牌的产品的质量一定会非常好、非常可靠,类似于这种都是很积极的引导。大伙的舆论和思维都是往这个方向去走的,就会觉得一出现这种没有原则或者是经常变卦的这种情况往往会认为中方出现,其实并不完全是这样的。"(C2A)

另一方面,德国人对中国也持有某些思维定式。"了解"作为行为者在跨文化交流过程的内在因素,会对跨文化交流过程产生重要影响。有受访的中方人员看到了德国人对中国情况的不了解。他们始终秉持着中国人未开化的印象,认为中国人需要在涉外礼仪上进行专门的培训。这样的想法和做法令中国人感到不舒服:"因为咱们国家现在也很发达,出国的人也很多,涉外礼仪的方方面面,我们都能注意到。但是德方做得非常细,他一定要培训这些人,特别是工人。当时我们也是觉得挺不舒服的。"(C8B)

还有的受访者表示,对于很多德国人来说,特别是那些从来没来过中国的德

国人来说,对中国的印象还停留着经济落后的画面:

"那德国人当时就跟我说,在中国没有这款发动机,然后我说这工厂怎么会没有。他就是很趾高气昂地跟我说中国不可能有这样的技术。从来没有来过中国的人,可能和在中国的德国人是完全不同的。"(C8B)

德国人关于异文化知识的局限性也得到了德国人自己的批判。也有受访的德国人表示,"不能就以北京上海来代表中国":

"我不能理解那些德国人的想法,他们只是到过北京、上海、香港了就说我了解中国,不,他们不了解中国。哪怕他们周游中国一周的时间,他们还是不了解中国。不能就以北京、上海来代表中国"(D10B)

德国人头脑中依然保留着儿童时期对中国的印象,加之中国政府自己的宣传不够,是导致了德国人对中国的不了解的主要原因。

首先,儿童时期对中国的印象会对一个人的一生产生重大影响。正如这位受访者所表述的:"中国30年前和今天一定是今非昔比的。我们现在的同事都是25或30年前出生的。他们童年时期对中国的印象就是那样。那时的中国有什么?所以当他们看到了真实的中国时,很吃惊。"(D15C)

其次,中国没有受到德国、欧洲的直接关注的原因是因为地域的遥远,媒体对中国的宣传片面。"以前只有电视的时代,中国在德国的新闻中是会偶尔提及,但是没有被大家直接予以关注,因为在欧洲人看来,中国太远了。"(D8B)再加上"他们对中国的了解还是比较片面的。"(C18C)

近几年,随着网络科技的发展,现在的中国这个字眼在德国人的心目中不再那么陌生了。这也是因为一方面科技的发展,另一方面更主要的原因这是中国经济的发展,中国变得对德国越发重要了。"我经常会有朋友通过电话和Email告诉我,在北京、佛山又增设了什么德国工厂。报纸上的或者网络上的。中国人口多,市场广大。经济的发展也吸引人。对于我们母公司来讲,中国也是个很重要的市场。"(D9B)

2)主观能动性

跨文化行为人的主观能动性,诸如"民族优越感"、"好奇心"、"再学习能力"、"开放的心态"和"互相之间的负面影响"都会对合资企业中的跨文化交流过程产生或积极或消极的影响。

第一,民族优越感是"民族中心论"的具体表现。这就是说,个人以自身文化为骄傲。人们从最初社会化中接受的信仰和行为无可置疑,因为"事情本来如

此",其他行为都不是真实的。有受访者表示:"每个民族可能都有一些优越感,自然而然会有一些先入为主的东西。"(C6A)

第二,好奇心,是面对异文化的积极心态,好奇是对这个未知的世界充满了兴趣。正如受访者所述:"很大一部分德方经理来到中国是出于对中国文化的好奇和事业心,因此他们来中国之前都会接受跨文化培训。"(D1A)

第三,再学习能力,对于一个人的社会化进程起到至关重要的作用。正如这位受访人员所表示的,"没有什么是不会的":"有这个再学习能力在工作以后其实挺重要的,很多你大学时候,包括高中时候一些学习方法,如果你用得好的话,在工作中都能。即使你刚开始不会,到时候都能会,没有什么是不会的。"(C17C)

第四,开放的心态,在几乎所有的受访人员看来,都是适应策略中的重要因素:

"我听到了很多德国人关于这边生活状况的负面的说法。我想主要原因在于德国同事的视野不够开阔,不具有面向世界开放的心。他们对中国文化不够宽容。任何偏离于德国文化和德国生活的内容在他们看来都是不对的。他们生活在一个封闭的文化圈中。"(D12C)

第五,影响是相互的。当作为客居的行为者在一起抱怨生活中的不如意时,"吸引力法则"就生效了:"他们晚上很少出来,去酒吧就是去找有更多德国人去的酒吧。然后一边喝着德国啤酒一边抱怨他们生活中的不如意。我就不理解他们这样的生活态度。"(D12C)

3)时间和经历是影响因素

跨文化交流过程与时间和经历有密切关系。这不是与生俱来的,也不是一蹴而就的,而是需要自己在工作中的积累和时间的磨练的:"跨文化能力自这家合资公司成立之日起就存在了。这与部门有关。有的部门与德国经理接触多,这个部门的跨文化能力就强。"(D1A)正如这位受访者所表示的,"时间是适应的前提"。(C19C)

这种文化差异对于刚刚从德国过来的新同事来说是很难理解的。所以可能需要一些时间来适应这边的工作和生活,来理解这种差异性:"对于那些常驻外派人员来说,需要相当长一段时间才能很好地与当地员工进行合作。通常需要半年时间吧。这个过程虽然很难,但是对于他们长期的驻外生活,了解下合作的背景是必要的。"(D2A)

不仅对于身为客居者的德方人员来说,在合资企业的工作需要适应的过程,

很多高级别的中方领导,从国企派过来时,也需要适应的时间:

"很多高级别的领导都是从中方集团派过来的。如果刚来的肯定有一个适应的过程。像以前可能从建厂就在这儿工作的人员,可能会好一些,那如果新来的他可能就有跨文化的过程。"(C8B)

对于合资企业中的中方员工,由于合资企业对业务水平、外语水平要求的提高,他们也需要时间去适应企业中的工作生活,特别是与外方的沟通:"其实我本身毕业的时候水平一般吧,就是四级六级都没过去,但是工作过程中慢慢的,因为专业词汇会越用越多嘛,慢慢就适应了,沟通上也没有什么太大的问题。"(C20C)

其结果就是,正如有的受访的中方员工所表示的,经过长时间的接触,自己的行为习惯已经和德方员工很像了:"人与人之间我认为都是一样的。我和德国人工作时间比较长了,我有的习惯也和他们很像。"(C3A)

5.1.2 组织

外派人员是合资企业中非常重要的一股人力资本。为此,合资企业从公司的战略角度,采取了一系列措施来帮助外方人员适应当地的工作和生活,让他们能够安心工作。

5.1.2.1 生活上的帮助

首先,有受访的中方人员对德国外派人员来到中国的文化冲击表示了理解,"他们从一个熟悉的国家来到了一个陌生的国度,见到的人都是我们这种皮肤的,完全不一样。语言上的障碍,文化当中的一些现象其实有很大差异。"(C3A)

其次,理解了影响外派人员工作生活的因素,"实际就是人家要选择你这个城市,选择你这个工厂,选择你的衣食住行的条件。"(C3A)在这种情况下,公司特别成立了专门的外事协调科的成立,服务于外籍人员。"包括医院、双语支持的幼儿园和小学,还包括交管局,比如他们的一些车辆的违章处理,包括他们驾照的申领,这些都是外事协调科的工作。打交道的部门还有出入境管理局和海关。"(C3A)并且作为领导,这位受访人员还看到了这一措施的长远意义。"把我们这个城市建设好、服务条件改善好,我们才能招来优秀的德籍专家、经理。如果帮他解决了这些后顾之忧,减少了这种文化冲突,他就会全身心地投入到工作当中。"(C3A)

还有的合资企业对外籍人员的福利专门管理:

"我们有外籍人员管理,专门负责外籍员工的所有的一些事情,中国有很多人管不同的东西。"(C12B)因为这涉及很多员工的秘密:"你租房子预算是多少、探亲费是多少。有些可能还涉及秘密。"(C10B)

第三,外派人员选拔机制方面也体现出了公司对员工跨文化能力的考虑,有的合资企业有预访机制:

"有意向接受外派的人员可以先来这边看看,有一周的时间。我们将此成为"外派前旅行"。这个行为有两个功能,就是双向选择。"(D8A)

5.1.2.2 语言文化的学习

公司还为外派过来的德方员工,无论是普通职员还是高级领导都提供了汉语学习课程:

"像德方的领导刚过来的时候,人事部都会给他们提供汉语学习。汉语老师一般是专业的,是一对一的,一般都是利用业余时间。"(C10B)如下图:

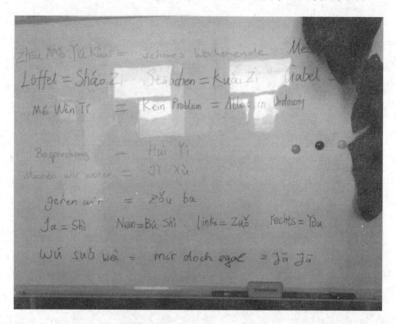

图 5-1 语言文化的学习

此外,有的中方经理在自己的部门举办了"德语课堂":"我们每天都讲讲德国的文化,这是一个进一步的沟通,哪怕是你随便讲,比如德国的风土人情什么的,各方面沟通一下,这样大家的信任感就能建立起来了。"(C7A)

跨文化的适应过程绝不是单向的,在互相融合的进程中,德方的项目经理也在自己的部门组建工作室:

"我和我的中方搭档,准备了一个为期半年的工作室活动。通过一个讲不同语言的人都要拿着唯一的钱去买东西的故事,让大家明白只是因为我们说着不同的语言,导致了我们互相不理解对方,或者是因为我们自己没有表达清楚。对于做得不好的小组,因为这是游戏,大家都不会觉得丢脸了,这样我的同事们就习惯于这样的工作方式了。这样,当他们从我这里得到我的一些负面评价时也不会觉得丢脸了,而是会想着该如何优化我的成果。"(D10B)

图5-2 跨文化培训工作室

此外,公司还加强了管理的规范化,"公司的新出炉的文件没有德文的都要翻译成德文,现在任何一份文件都有德文的翻译了。"(C4A)这样的举措的目的是信息要共享。包括近日来全公司举行的合规培训中也写明:"我们现在还有个合规培训,用中德文双语写了有德方岗位的部门一定是中德双方共同决策。要求工作中,无论是员工还是经理层面,要尊重外方身份的存在,不能把外方扔一遍去。"(C5A)

从认知上对文化的区别和各自的文化禁忌有所识别是跨文化适应的第一步,"我的这一切的改变都是因为参加了那两天的跨文化培训课程。"(D9B)

但是,受访的中方和德方人员均表示,企业跨文化培训的组织方面不够充分。有德方受访人员曾多次对德国母公司进行投诉:

"对于母公司对我们外派人员的处理方式,我不满意,把我们扔到了冷水里,没有背景介绍,没有跨文化培训课程,就把我们送上了飞机。到今天已经一年了,培训课还没有举办。"(D9B)

中方受访人员也认为有必要为中国人进行跨文化培训：

"我们没有从中方角度做跨文化培训。我来这么久，只有一次。公司没有这方面的系统的培训了。"(C5A)

5.1.2.3　凝聚措施

第一，团队建设。合资公司为了增强团队的凝聚力，采取了一系列措施，诸如聚餐活动、评选卓越搭档、20 年大聚会以及传统节日的庆祝活动也邀请外方参加。首先，有受访人员表示："公司每年都会提供四次同事聚餐的活动吧，公司是有Teambuilding 的费用，我们私下可以一起吃饭，可以搞搞娱乐活动。德方主管也会参与。"(C11B)其次，合资公司还以如下形式来表彰中德双方在共同工作中取得的成就。卓越搭档的活动可以起到激励的作用，让双方都为之而努力："每年公司都会评卓越搭档，对双方在共同工作中取得的一些成就进行表彰和奖励，我们现在看到的卓越的搭档蛮多的。"(C1A)再次，企业的发展是中德双方多年来共同努力的结果，阶段性地总结性大会，可以起到很好的凝聚的作用。在这样的聚会上，大家不再分中方还是德方，正如这位受访者所表述的："我们去年在德国组织了一个曾经在我们这里外派过的员工及家属的大聚会。很多人都哭了。就是它有一张大板，板的后面写着外派的年代，91 年的，92,93 一直排到今天。我们组织这个活动的目的就是展示我们公司 20 年的辉煌和业绩，也有你们的功劳。"(C3A)最后，"到中国一些传统的节日，我们也会积极地邀请外方的经理人员和家属参加庆祝。"(C6A)这体现出的也是一种尊重。

第二，获取反馈信息。为了发现中德合作中的问题，公司还专门做过中德合作调研。为此，展开了中德合作调研和工作满意度的调研工作："07－08 年，公司做过一个针对中德合作调研，发现中德方矛盾很多都需要解决，我们就为经理人员做了一期'同一个团队、梦想、声音'跨文化培训。要求一定是中德方搭档一起来参加。"(C5A)此外，还有的合资企业用"温度计晴雨表来判断大家的心情"。(D9B)

第三，人员交流。为了让具有共同背景的人们有更多的交流，合资公司的人员打算或者已经展开了如下的交流活动，进行深入的交谈，以期找到共同的经验。

首先，开展公司层面的交流："让不同的中国群体和德国群体进行这种横向的比较，让所谓的中德企业文化交流形成一个覆盖面更广的，适用于更多的企业的，这个是很有必要的。"(C9B)

其次，另外一位受访人员表示，虽然由于经费预算的限制，双方互访的机会不多,但是通过这样的不定期互访,是会促进工作的进行的:"通过互访,进行比较深度的一个交流。大家会借助这个机会把半年或者一年之内的问题,一起做一个面对面的沟通,大家自然就会解释我们公司工作流程是什么样的。最后发现,这个地方缺了一个环节,大家再一起找到解决办法。"(C9B)

再者,鉴于翻译的重要性和难处,公司会定期召开翻译的座谈会,"会让老翻译给新入职的德语专业学生介绍一下他们的一些工作经验和想法,就是包括我们在会议上双方如果掐起来了,你在中间是点火的还是灭火的人,你是什么样一个角色。"(C1A)

5.1.2.4　公司管理

公司管理包括工作方式、组织架构、评价与激励机制和企业文化四个方面。受访的人员表示,这与文化无关,是现代化企业管理的内容,因而将这部分的内容视为双方跨文化交流过程中可以共同遵循的工作基础。

5.1.2.4.1　工作方式的管理

在就合资企业内工作方式方面的实证性分析中,发现中德方之间在工作流程、分工细化、重视实践方面呈现出更多的一致性。

1)工作流程。很多受访者都认为合资企业的管理比较正规。合资企业里德国人带来了比较先进的管理理念。同时,还有受访者认为,管理流程的好处在于可以阶段性地验证风险:"德方会在开发过程不同的阶段去发现问题,想尽一切办法利用当前可利用的资源去判断风险。在流程上及时做到风险规避就是很重要。"(20C)

2)分工细化。首先,分工细化是一种有效的工作组织形式。分工细化是中方受访人员对合资企业内工作方式的最深刻的感受。有些人认为,分工细化是分工明确的基础。一位受访的中方员工表示,"任务很明确,不会说出现什么模糊地带。"(C15C)接着他补充说明了,"分工细化是分工明确的基础"。(C15C)并且,分工细化会带来生产率,正如这位受访人员所表述的:"每个人在某个领域钻研得越深,在这个领域做得就越好,就会越具有生产率。"(D12C)一位曾经在一家中国企业工作过的员工将合资企业的工作同国内企业进行对比,认为:"这里的活分得太细了,举个例子,LG电子那边一个人做的业务,在这边大概得分成六到七个人来做。我管整个车的内饰间的采购,我只管车顶篷的那一个密封条的采购。把一个活做精。"(C15C)

有受访者将此精细化的分工理解为大公司的组织架构导致的必然结果。"一方面,这是德国人的管理风格,另一方面,这也是大公司的组织架构所必然导致的。"(C16C)另外一位受访人员认为德国人的分工细化,是因为标准设得好。这种预先要对组织机构的职能划分做详细的分析的态度,得到了中方员工的高度赞赏。如果标准不设清,任务不明确,就会导致很多模糊地带的产生。"他们分工非常细化,就是他们标准设得好,这个标准是一个广义的概念,以设置一个行业标准。实际上像组织机构也一样,这个组织机构要干的活,这个组织单元要干的活,他会分的很细,描述得非常清楚。"(C6A)

其次,需要部门配合。任务分工清楚之后,还需要部门配合。有受访者表示,各部门有自己的特色:"每个部门都有自己的特色,因为每个部门的业务不同"(C12B),因此部门之间的合作是经常遇到的问题:"有些工作其实不是我们部门的事,但我们部门要想完成任务还需要别的部门配合,需要很多精力去推。"(C19C)

再者,工作负荷较满也是合资企业在工作分工层面上的一大特点:"对于职员来说,工作负荷也是经过核算的,它是根据负荷去定职位,任务比较满。这个岗位应该一个人做还是两个人做,如果一个人做负荷大的话,要相应地匹配一些福利等等都是有规划的。"(C12B)

3)重视实践操作能力

德方的受访人员认为,专业知识只有转化为实践应用才有价值。这也是合资企业内部表现出来的中德方员工技能上的差异性。这位受访人员认为和他同级别的中方搭档虽然专业很好,理论知识很好,"但是和德国的水平比起来,可能还是没有达到。就是说,专业理论知识不能转化为实践应用。"(D10B)同时,另外一位德方经理也认为中国的大学教育里缺少实践类课程,他还讲述了一个案例:"一个中国机械制造的本科毕业生,申请了德国的大学,还是机械制造本科。因为他在中国学的都是纯理论,他没有明白。他再想读一遍大学本科的目的就是把那些纯理论的东西完全理解了。在德国的大学学业里有实践课程。"(D5A)上述观点,得到了中方工程师的认同,他认为,德国企业对实践的重视通过实习生在企业的实习内容就可以看出:"我们给一个德国来的实习生布置了验证过程中的一个任务,这个过程中他不仅仅是填写 excel 表格、编程这么一道工序,这个过程中他还了解到了整个部门的运作、人员的管理、时间的评估,还有团队合作,这些都是学校学不到的。"(C20C)

5.1.2.4.2　组织架构

三家受访的合资公司在组织架构方面呈现出共性,即都呈现为线性管理和双线管理的特征。同时,因为三家公司股比的分配,又呈现出各自的特点。根据访谈内容和内部资料的分析,现将三家公司的在组织架构上的差异性呈现出来。

公司 A 的组织架构为线性管理,呈现双领导负责制的特征,中方具有更多的权力。股权是决定性的。正如这位受访德方员工说描述的:"这里更多的是受中国合作方的企业文化影响。我们是一个合资企业,中方具有话语权。我想,如果德国人具有更多的话语权的话,合资企业的文化可能会完全不同。股权是具有决定性的,从一开始就是决定性的。"(D4A)

另外一位受访的德国员工认为是这种双线管理体制导致来了他与中方搭档之间出现的很多问题:"我们之间有很多很多问题。首先,我们两个人的领导不同,她有一个中方领导,我有一个德方领导。他们两个也是搭档关系。这样的情形就是中国人找中国人,德国人找德国人。在任务委任上会出现竞争关系,或者重复的情况。这样就会出现一个局面:一份工作,两种意见,有争吵。"(D10B)

此外,这位受访的德方人员看到了这种组织架构的优缺点,他认为这种组织架构是独特的。"这种组织架构有很大的缺点,也可能有优点。两个领导,可以分工,也可以有效率。我们在一些地方有效地合作了,但是也有一些地方还值得改进。因此我们需要更多地达成一致。我会经常过去他那边,询问下他的态度。如果不以合作的态度来工作,在这里是行不通的。"(D6A)

公司 B 的组织架构为线性管理,以中德方交叉管理的特征,中方和德方经理一正一副。

"总经理是管技术部的,副总经理是管人事,采购和财务部的。就是交叉领导或者说交叉管理那种,既有中方领导又有德方领导,上下级的关系。这样就是你中有我,我中有你,这样上下级就能共同监督。这个组织架构就是不要一方独大,不要一方掌权特别多。"(C11B)同时,这位受访员工也表示"我们这只设一个总监,所以如果要签字的话就必须要他签字。到了这个级别就只有一个人,所以这样的话所有信息他都知道了。"(C11B)另外,这家合资公司的这位受访人员解释,"在这家合资公司的正副经理之间也是有业务划分的,当然了这个也不能严格按照这个来分,重大的决策原则上也是一样都是由两个总经理在一起来进行共同确认的。"(C9B)

公司 C 的组织架构呈现出德方领导居多,并且占据高层领导职位的特点,除了线性管理之外,还有交叉式管理。

有受访者表示根据业务开展的情况而对职能部门进行划分,是归中方领导,还是德方领导。"偏于生产部门的领导层有不少中国人,因为中国人可能更好沟通一些。如果职能部门跟德国沟通比较多,他们会倾向于用德国人。"(C14C)还有的受访人员表示,合资公司刚开始建立时,德方领导居多,并占据高层,最近开始有一些重要位置有中国领导了:"前两三年,这儿基本上感受不到中方领导存在,比如说一个部门从上到下,基本从中间,从高级经理到经理全都一色的德国人,但是现在慢慢的,在一些重要职位有中国领导了。比如生产部门的四大车间领导中有一半是中国人。中国人得到的话语权也比较多了。"(C15C)此外,还有受访人员表示,公司C还呈现出交叉管理的特点。"从组织架构上来看,我们还有的项目是交叉式工作。这个项目的专家也许从职务级别上低于某个领导,但是由于这个项目,这位专家也可以直接越过几级,同领导直接交流。"(D16C)此外,关于领导职位的划分,很多受访员工,在德方占据主要地位的合资企业里,"一些核心部门他们不是完全放心地交给中国人来掌控。像采购、质量等核心部门都是国外领导"。也有受访者表示,这是由于合资双方的中德方母公司的实力强弱所导致的格局:"组织架构中领导职位的划分与合资双方中的中方企业的强弱有关系。"(C18C)

这种双线的组织架构带来的弊端是效率低和对员工的评价不客观。

一个弊端是效率低:"效率低是因为公司组织架构的原因,因为他要向他的老板汇报而我要向我的老板汇报。"(C16C)另外一个弊端就是评价不客观:

"我觉得就是稍微不太准确的评价方法在于,我领导和其他部门的领导对我进行评价,因为我的业务并没有同其他部门领导有交叉。他可能对我并不是特别了解。这种评价就不是很客观、不是很准确。所以,要思考更有效的或者更直接的一种来管理,才会有帮助。"(C18C)

5.1.2.4.3 激励措施

合资企业A呈现出大国企,铁饭碗的特点:"公司的晋升跟年龄、职务有关,比如说你是高级,你可能就是在这个区间内,或者你是资深,你就在这个区间内。"(C4A)

公司B呈现出以业绩为导向的个人晋升和评价机制:"去年我们把技术路径开辟出来也向员工公布了,今年我们会公布所有的细节,这些也会给到员工。我们在之前也已经做到,我们内部只要出现了一个空岗,我们是全厂内发招聘的。全厂人

员来竞聘,谁竞聘上了以后,按照德国这个方式我们所有的结果是公布的。"(C8B)

企业 C 也表现出以业绩为导向的评价机制"对于每个人,涉及绩效问题,领导会对你们每一个人给出一个评价,然后他把这个评价反馈给人力资源,人力资源再给出相应的工资涨幅的体现。每个人的个人级别都是差不多往上走的,都是一样的,但是有批档和提档。但是对于员工来说,有生产员工倒班,跟生产转,也有我们这种坐办公室的非生产员工,就是跟生产不是直接挂钩的。级别分很多级。每个人有两个,个人级别和公司级别。"(C17C)

5.1.2.4.4 企业文化

从受访的结果来看,ABC 三家合资企业均表现出一定的多元化特征,外派来的员工都是来自世界各国。只不过,每个合资企业具有各自的特色。比如,企业 A 更偏向中国化管理一些,B 企业更偏向德国化管理一些,而来自企业 C 的员工将自己的企业文化阐释为"全球统一标准"。

合资公司 A 表现出来的第一大属性也是多元化。来自公司 A 的两位外籍员工对于德国人所表现出来的提防别人的、强势的、争吵的文化,表示了抵触情绪。一位受访的中国经理员工表示:"中方做的很多东西,捷克人总是想法儿去鼓励。还可能经常进行更深入的探讨。他非常开放,我们之间的合作是很好的。"(C7A)同时,一位受访的瑞典人也不认可争吵:"争吵,在欧洲的文化中,也是会带来损失的,之后也是很难再合作的。我不喜欢争吵,我害怕争吵。我会很直接地说明我的想法。而不要发生争吵。争吵带来不了什么。如果我和某人有争吵了,我也会睡不着,我不喜欢。我当不了经理,因为我没有争吵的能力。"(D4A)

公司 A 具有的第二大属性是具有大国企的企业文化:"我们所处的是国企、央企,是铁饭碗,工作得不是特别积极,你也不会把我辞退了。每天工作 8 小时和工作 4 小时都是拿一样的钱。而工作的积极性,企业氛围,工作态度都会影响我们员工。"(C4A)"在我们这个合资公司工作不容易。因为中国合作伙伴方面是国有企业,不是私有企业,而是受国家控制的企业,也就是说具有一些限制。"(D5A)

因此,该公司强调的是社会责任:"我们这个企业这 20 多年算成功了,也盈利的,所以我们现在就推出社会责任,我们是第一家搞社会责任的合资企业。"(C3A)

来自公司 B 的员工也很喜欢这种国际化气息很浓的企业,"不复杂,交流起来很舒服":"我其实挺喜欢在这个企业工作,是因为很多员工都是德国留学生,就是给人感觉还是挺亲切的,待人处事方面简单,不是太复杂,和其他人交流起来会很

舒服,不会太假。"(C11B)

另外一位受访员工也表示,自己的企业是兼具中德特色的:"年轻、有活力、有竞争,大家按照自己的路走下去,然后公司中国文化和德国文化都有。"(C10B)

受访的合资企业 C 首先表现出了"全球统一化"的属性。"现在就已经在强调多元化了。德国总部里边官方语言是英语。我们跨国的一些车型项目,比如我们的产品可能在中国、德国、南非、墨西哥都生产,然后我们这些项目之间的交流也是在统一平台上就一些项目信息进行分享,必须用英语。"(C18C)

另外一位受访的德国员工也证实了该公司的企业文化定义为多元化。因为外派过来的同事都是具有世界各地工作经验的人员:"公司的文化定义为多元化,我们这里的外派同事有很多来自美国、南非。派到这里的经理是因为他们此前在美国、南非的工厂工作过,很有经验,所以派到这里来的。"(D13C)

同时,这家合资企业的第二大属性还表现出了人性化的、宽松的企业氛围。"感觉挺人性化的,可以建议,可以推荐,比较开放的互动的这种关系。有着挺融洽的外资企业的合作氛围。鼓励双职工入职,这样比较稳定,就不会有太多的人员流失。"(C15C)

此外,就受访人员的访谈结果来看,合资企业文化的形成与工业区位有关系:"在另外一家合资企业 50:50,他们的德国人要比我们这边少很多,可是那里却行得通。原因在哪里?是因为人不同。合资企业的文化可能与工业区位有关系。"(D5A)同时,合资企业文化的形成是靠所有人的践行才能够逐渐实现的:"一个文化的形成不是我口头喊出去就有了,是通过所有人的践行才能够逐渐去实现的。"(C8B)各个方面的人员都要遵守行为规范的:"合规就是说,不管是领导层面、职员层面,还是工人层面,都需要遵守这样的行为规范。"(C9B)

5.1.3 小结

本小节中,本书从员工构成、员工特点和员工的跨文化能力来分析中德合资企业中的员工层面情况;从生活、语言文化、凝聚措施和公司管理四个方面分析合资企业的组织层面的情况。就员工层面对跨文化企业文化的生成所具有积极意义的因素来说,员工的构成中,国际性管理经验的德方外派人员和来自于中国大型国企的具有丰富企业管理经验的中方领导,构成了合资企业里的领导力量。同时,具有留学背景的人员以及翻译人员深谙中德双方的文化背景,可以很好地起到协调沟通的作用。员工以当地人为主,具有极大的稳定性,且公司员工人力资源充足，优秀人才聚集，年龄呈现年轻化趋势，使得企业具有活力，蒸蒸日上。

就员工层面对跨文化企业文化的生成所具有消极意义的因素来说，因为思维定式的影响，始终呈现出德国美好，中国落后的局面。再加上员工的个人特质和时间经历等影响因素，每个人的跨文化能力呈现出不同的情况。

就组织层面对跨文化企业文化的生成所具有积极意义的因素来说，正如前文中所提到的，在就工作方式层面进行实证访谈时，发现中德双方已经表现出极大的同质性。除此之外，在组织架构、评价与激励机制和企业文化方面，合资企业从公司的规章制度和文化宣传层面均具有极大的同质性。尽管各个合资企业因为中方和德方的股比的差异而呈现出中方主导、德方主导的管理风格上的差异，但都具有现代化企业管理的特征。具体表现在分工细化、流程式管理、重视实践操作的特点。

就组织层面对跨文化企业文化的生成所具有消极意义的因素来说，公司的组织架构无论是采用双领导制的平行式管理，还是单领导负责制的交叉式管理，都是建立在线性管理的领导风格之下的管理模式。这种组织架构都因为双线管理，表现出各自效率低、对员工的评价不够客观、中德方权力之争不断的特点。

本书的研究结果是对现有的关于跨文化交流内在影响因素研究成果的有益补充。

5.2　社会文化等外部影响因素

就访谈结果的分析来看，外部影响因素包括第一，生活环境；第二，两国的政策；第三，两国的法律法规；第四，教育体制；第五，整体经济环境；第六，母公司；第七，国家文化。

5.2.1　生活环境

就本书的研究成果来看，德国人的孤独感，对疾病的担心，家人的影响因素，城市的国际化以及提高待遇和获得晋升的机会都是对外派人员的生活产生影响的因素。

1）德国人的孤独感

正如这位受访的德方人员所表述的："这边没有家人、朋友。人们感到很孤独。"(D14C)因而"最好有母语同伴一起来有助于他们更快地融入这个环境,孤单的成分就会少一些,家人在这里也会省去很多麻烦。"(C10B)

2)对疾病的担心

这里的空气也是一个重要的因素。如果他们的家人、孩子生病了,怎么能得到相应的照顾。一位受访的德方人员描述了在中国就医的麻烦:"我们公司自己有康复中心,那里的医生会外语。有一次一个同事的家人生病了,在外地旅游,他们是回到我们公司来看这位医生的。"(D14C)

此外,空气、食品安全问题也是影响很多德国人外派的因素。有中方受访人员认为:"他不适应的理由可能会是觉得空气不大好。"(C11B)同时,这位受访的德方人员也说"很多人不敢来中国,还是因为食品安全问题。"(D11C)

此外,语言也是影响外派的重要因素。正如这位受访人员强调:"德国员工不希望被派到中国来是因为他们不够开放。语言是个很大的问题。中国的英语不够普遍。中文,对大多数人来说又太难。比如出租车司机都不会英语。他们很害怕在这里该如何生活下去。他们在这里得不到更多的信息,如同隔绝的世界一样。"(D14C)

3)家人影响因素

第一,家人的干扰因素。

家是每个人心灵的寄托。如果家人不在,外派人员会感到孤寂,没有心灵的束缚和寄托:"相当一部分外派员工品德不错,但不是所有人都是那么高尚的人,有骗人的、说谎、拿公司钱随便花的、打架喝酒肇事的。如果他的家人在这边,情况会好很多。"(C5A)

也有的外方员工就是因为家人原因拒绝外派或者提前回国的:"一个德方的领导要带他妻子过来上班,但是他的妻子不喜欢这边的环境什么的,不想在中国,结果,他又拒绝了这份工作。"(C10B)还有一位德方人员也是因为家人原因提前回国了:"他的爱人不小心把手弄伤了,就破伤风了,保住条命,情况当时挺严重的。出现这个事情之后,他就回德国了。"(C7A)很多人不能来这边,主要是因为家庭因素。"家里有老人需要照顾的。"(D11C)

第二,精神支持。

另外一些比较适应本地生活的德方人员表示,家人在这边是个很大支持:"我在这里三年,我差不多需要一年的时间才能明白,我应该如何行为。如果我的家人在德国的话,我想我的工作根本无法开展。"(D7A)还有的德方人员表示全家人都对这里很满意:"我的妻子和3个孩子都住在这边的德国村。他们在这边上幼儿园、小学,是一个美国学校,德国特色,我们只想来这里就是因为这里的基础设施。这里有200-300德国人住在德国村。可以看到越来越多的德国妻子和孩子来这边了。我们全家人都对这里很满意。对于我的妻子来说,都是一样,最初的2-3个月就想马上回家。现在好了,一切变得更好。我的妻子还学了驾照。"(D6A)

第三,想自由一段时间。

还有的德方人员也是因为想要逃离家庭关系的困扰选择外派的:"我家里的兄弟姊妹很多,再加上他们的孩子,每周都有人过生日,我们就要经常去参加各种聚会,占用了我很多自由时间。来这里,可以自由一点。"。(D7A)

4)城市的国际化

城市的国际化对外派人员的家人融合当地的生活也是很重要的影响因素。一位受访人员的孩子在这边上英语学校,这样他可以安心工作:"我们对这边的国际化感到惊喜。孩子们在这边上英语学校。刚刚离开德国的时候,他们一句英语都不会说。过了3个月,他们就懂英语了。现在他们之间也在讲英语。这样我可以安心地工作。"(D9B)

另外一位受访人员也表示来了对所在城市国际化的惊喜:"这里拥有我们生活所有需要的东西。从基础设施到生活必需品,所有欧洲、德国所能见到的东西,这里都有卖的,没有买不到的东西。中国已经非常发达了。"(D9B)还有人意识到中国城市文化的进步:"这个城市也在变得文明起来。2004年我刚来的时候,经常能见到人在很大声、很夸张地吐痰。现在这样的人少多了。礼貌,是我觉得这个城市文明需要极大改进的地方。"(D5A)另一方面,德国人认为不好的方面是中国人缺少环保意识:"不好的印象就是中国缺少环保意识。比如对垃圾的处理方式,纸张随意扔在桌子上。"(D9B)

此外,影响是相互的,合资企业所在地的城市为了适应德方的标准,加快了国际化的进程,促进了当地城市的文明:

"在尽量达到德国标准的过程中,促进了当地的国际化进程。包括这个地图,我们也让它变成了双语的。我们为了保证他们子女就学,我们成立了德国人的外国语学校和幼儿园。"(C3A)

5)提高待遇和晋升的机会

"物质刺激、事业的上升和冲锋精神"①是外派人员选择外派的三大理由依然适用于 21 世纪的今天。在本书的研究结果中也再次印证了这些理由的存在:"外派人员都是拿两份工资,待遇也都不错"。(C10B)"他们好多都会待个几年之后就回去,回到德国。这可以作为一个晋升的途径,或者作为一个人生比较好的经历。"(C18C)

5.2.2　政策

1)德国外事政策调整

德国总部方面的外事政策调整也给合资企业带来了内部矛盾。"我们公司是合资企业,不是 100% 子公司。我们公司的外派政策与德国全球外派政策是不一样的。2009 年德国总部召开了全球外事大会,提高了标准。但他们没有考虑到我们是合资公司,没有与我们商量,要求我们被动地实施,就产生了矛盾。"(C5A)

此外,中国方面在外籍人员管理政策方面也有变化,这会对外籍人员的招聘工作带来影响:"现在国家管理外籍人员上就有很大变化,以前对于外籍来中国是非常容易的,现在管的非常严。比如说你是从事技术工作的,你必须有两年的工作经验,才会给你批这个邀请函。"(C8B)

2)八项规定

最近一段时间党的八项规定也对合资企业的经济发展产生了不小的影响。这位受访人员认为八项规定还阻碍了正常的团队建设:"经理级别的不可以再去参加这样的聚餐了。我们会和同事一起,不带经理了。团队建设总是对的。"(D7A)此外,"中方经理到德国出公差受到了非常严格的审查,国内的出差标准也发生了很大的改变。以前都是中德方经理一起去德国,现在只能是德国经理自己去了。"(D6A)

八项规定对德方人员的出差也产生了影响,对此,这位受访人员表示出这个政策对他实际工作的干扰:"我们需要到供货商那里去,但是因为这些政策,我们需要得到最上级领导的批准,审批程序,特别是出国的公差需要最上级领导的批准。关于出差,首先是次数上尽可能减少。其次是签字审批的领导级别也要升高。为了出差,还必须要写清楚日程安排。不仅对德国人有如此要求,中国人也是如此。这些约束给我们带来了很多负担和麻烦。特别是对中方的利益而言是

---

① Peill-Schoeller,1994,S. 23.

更大的损失。这阻碍了我们工作的进展。"(D7A)

同时,德方人员对此也表示,在过去的一些年里,出现了腐败的势头,国家政策的规定是合理的。在理性的分析之后,他的建议是,"对于出差是该谨慎,只有的确有必要出差的公司才应该给支付。对于这种短期的逗留,要谨慎。"(D7A)德方受访人员表示,愿意在"反腐"问题上提供帮助:

"此前我也没有对这方面的事情关注过,我指的是"腐败"的话题。我们德国人是被排斥在这个话题之外的。作为合资公司,我们在世界上是以一个共同体而出现的,我们也听说中国在特别加强这方面的监督、管理,所以我们愿意提供帮助。我们德方的员工在这方面接受过良好的培训。因为我们集团在过去的一些年里在高级别领导那里也出现过腐败。经过这些之后,德国在过去的一些年里特别注意这方面的监督,现在一切工作流程都清清楚楚。"(D6A)

3)中国政府的帮助

这位受访人员认识到,合资企业的发展之初得到了中国政府政策上的极大支持。"在合资企业建立初期,中国政府给了我们更大的空间,现在越来越严格。"(D7A)关于双方股比的谈判甚至要上升到国家层面上:"由于公司利润的上升,德方提出增加股比。一直谈不拢,最后采用的是外交途径。"(C4A)此外,德方人员还表达出了希望中国政府从社会的角度对为外派人员创造良好的工作环境的愿望:"中国政府应当采取措施,净化空气,减少疾病的产生并控制其蔓延。随着时间的流逝,德方的外派人员会越来越少,我们在企业的建立和扩建之初起到陪伴的作用。"(D14C)

4)官本位

中国政府的政策的变化对德方人员来讲,意味着无所适从和不透明。"我们德国人不知道为什么会这样,我们完全无从预料,无从判断。"(D6A)对此,中方人员给出了"官本位"的解释:"比如,符合免税政策的新技术认证过程非常负责。我们找政府办事很复杂,冗长。中国还是官本位的,政府可能就不给认证。政府说行就行,不行就不行。"(C4A)同时,这位受访人员还解释到,中国人不能把很多复杂的事情告诉德方,是因为国家政策,可是德国人不理解。"合资公司做不到透明化。我们公司的股份还是在国家的掌控之中的。我们是属于央企。很多文件,中方不需要也不能向德方交代清楚。这涉及很多上面的政策和宏观政策。"(C4A)

5.2.3 两国的法律法规

一方面,中国的法律法规有很多的漏洞,这令合资企业中的中方员工陷入尴尬的处境:"我们的法律法规是有很多的漏洞的……很多事情我们想坚持,就要按照国家的法律法规走。可是往往我们坚持的时候,别人可以通过其他方式把这些事情办成了,这导致了我们在中间会非常难做。"(C8B)

同时,这位受访员工也认为中国税务条款的不够完善给工作的开展带来的困扰:"我们中国的税务条款不够完善。很多纳税的事情是由地方税务局自主判定的,可以谈判。有时这个事就不了了之了。"(C4A)

另外一个方面,对于中国法律法规的完善而言,法律的制定是第一步,履行和遵守是第二步。有受访人员认为,德国人遵纪守法是一种自发的、自动的循规蹈矩的行为。"从思维模式而言,德国人还是比较循规蹈矩的,就是比较自动的循规蹈矩的,这是人家从小就培养出来的一个基础,但是中国人相对来说这一方面,这条线画的并不清楚。"(C9B)

5.2.4 教育体制

1)国内教育

第一,对于学生不喜欢交流的性格,有的受访者认为这是中国教育体制的原因:"中国教育体制培养出来的孩子就是这种性格。如果你是一些长期在国外生活的,他们就是另外一种,就是会跟领导直接说的那种。"(C17C)

第二,国内不重视实习也是中国与德国教育体制的本质区别。通过与德国的对比,很多受访的中国员工看到了中国教育体制的弊端:"我们这边有很多国际实习生,德国这种一代一代的教育体制很厉害。国内也有实习,但是跟这个完全不是一个概念。"(C20C)

第三,填鸭式教育扼杀创造性。受访人员认为:"不是说我们没有创造性,而是我们从小学的那个教育,就填鸭式的。"(C3A)背诵得太多被视为是扼杀中国人创新能力的重要因素:"中国的教育要求背诵得太多,要知道的太多。等他们年龄大一些了,需要平衡知识与能力。"(D2A)

第四,听话是中国员工工作没有主动性的主要原因,有的受访人员认为:"小时候听老师的话,长大了以后工作去听办公室领导去怎么安排你工作什么,总是期待有个人去带着她做什么,去带着我做什么。"(C20C)

2)德国教学模式

而德国的教学模式则表现为:项目教学、重视创新性、重视实践能力的特点。"德国的大学里也会有项目教学。德国的授课模式是双向的,教授们是引导、监控

208

我们的项目进展情况。德国的自主性和自由决策是由德国本身的文化所决定的,我们重视的是小组工作。我今年37岁,在我上学的时候,学校里也有教师讲解式的授课模式,有个人的家庭作业,但是那时就开始出现共同工作小组的学习方式了。所有的课程,从体育、拉丁语到外语,都有小组工作的教学形式。德国现在的教学更加往前进了一步。"(D10B)此外,德国人的创新思维的培养是从小到大教育的结果:"我们在从小到大的教育中,或者我们所处的工作和学习环境中,对于创新和有自己的想法是提倡的。"(D9B)

受访人员都认为德国的职业教育培养出了大量具理论与实践知识的专业技能型人才:

"我们学习一份工作,比如瓦工,要学习2-3年。学生在职业学校学习,同时在一个企业工作。学习不一定都要学习正确的。比如,在德国犯错误了,老师会允许学生继续错下去,从错误中学习。在德国,员工入职之前都在相应的部门实习过了,他们都有过实践操作。"(D5A)"我们德国的职业教育很棒,大家都是有经验的人,重视理论与实践的结合。"(D16C)

关于中国员工在会议上的汇报效果不佳的问题,有受访人员认为这与教育体制有关:"在德国的中小学里都开始引导学生在课堂上做展示,到了大学就做报告。所以当人工作时就都有了一些经验。"(D13C)

3)学习方式的不同结果

这位受访的中方经理认为,德国的学习方式效果比较好。具体说来包括三点:一是,讨论后理解。"老师脑子里很有东西,他就把话题往速写本上一写,大家就开始讨论,完全是启发式的。最后的结果,大家都会了。上课时积极参与,这样所学到的东西,就融入你的学业里了。"(C3A)二是,游戏方式的教学令学生感到有趣味性,并且能对知识有发自内心的体会。"我记得最清楚的是他们在讲合作的时候,先让这些学员站一圈,然后开始在这些人中传口袋,在传的过程中如果有个人没接好,中途掉地上了,老师就会喊停,因为这个口袋是一个信息。这就是老师所要讲的合作,最后大家在一起讨论是什么体会。这是你发自内心感悟出来的。"(C3A)三是,培训具有导向性。"我做培训的时候,我创造了很多方法。我们基于什么目标开展的一些培训,所有的培训都是以一个什么为导向,一个目标,很清晰的就把它勾画出来了。"(C3A)

5.2.5 整体经济环境

中国的整体经济环境呈现出飞速发展、职位比较多的特点,但是德方人员也对中国经济发展的临界值的到来表现出了担忧。

一方面,中国的飞速发展带来了很多机会:"因为中国现在在飞速发展,很多东西还没有成型,当然中间机会出现的也比较多,所以能够让一些人很快异军崛起,占领很大的市场,这确实是中国存在的一些机会。"(C9B)由此带来的结果就是"职位比较多:"目前这家合资企业的职位比较多,他们在建设一个亚洲最大的生产车间。在其他的外派地点没有这么多的职位可供选择。这里的产量是巨大的。"(D7A)

另一方面,有德方受访人员也表示出了他们的担心:"这样速度令人感到害怕。每一种发展都是到了某个阶段受到阻碍。这里也会在某个时候达到一个临界点,我们只能烤小面包了。因为我们受到其它影响因素影响了,因为没有那么大的市场了,等等,或者出现原材料的问题,汽油的问题,环境问题等等。中国目前的状态是"满油"Vollgas,全力以赴。"(D7A)

5.2.6 各自的母公司

基于前文对公司管理的分析,合资公司在工作方式、组织架构、激励措施和企业文化等方面的管理均受到了中德两国各自母公司的影响。由于内容的重叠,这里就不再更多地介绍了。

一方面,合资公司中的中方企业大多为国企或央企。据2006年一个研究团队对中国大陆的450家国有和私人企业的企业文化所进行的调查显示:60%的国有企业表现出等级分明或适度融合的企业文化。[①] 这样的企业氛围决定了员工"工作得不是特别积极,你也不会把我辞退了。每天工作8小时和工作4小时都是拿一样的钱。企业氛围、工作态度都会影响我们员工。"(C4A)也有德方受访人员表示:"我们注意到了,这边是非常强的国家控制的特点,如果领导说是这样就是这样了。"(D10B)

另一方面,德国公司则以其历史悠久、管理规范、国际化标准为特征。有学者将德国企业文化的特征归纳为"可持续性发展、平衡、为员工的社会福利、流程化组织、可靠性、以科技为导向"[②]受访人员也验证了上述的结论:"我们的德方公司已经有百年历史了。管理都很规范了,可改动的空间已经不大了。"(C14C)有

① Bannys,2012,S. 210.
② Pan Yaling,2010,S. 91.

受访人员表示:"德国公司为了保证它的品牌效益,对质量会有特别地把关。"(C15C)"我们还有在美国的公司,还有在南非的公司,要在全世界所有工厂进行统一的规划。"(C16C)

5.2.7　国家文化的影响

1)对两国文化差异的识别

GLOBE 研究表明了国家文化对企业文化的影响。正如 Brodbeck,GLOBE 研究中的一个参与者强调,"社会文化要比企业所处的行业文化对企业的组织文化和领导文化的影响高出一至十倍。"①首先,有受访人员认为了解一个国家的文化是不容易的:"这里的很多事情我自己也依然不明白,如果我不到中国来,我可能永远也不会明白,到今年到中国来已经4年半了。中国这些年来有了很多新鲜事物。中国变化非常快。"(D10B)还有的德方人员表示中国文化是不可预测的,"虽然我读了很多文化标准和跨文化培训方面的书籍,但是他依然不能理解中国人。"(D1A)这是因为"中国的高语境文化以及成语典故都会成为外国人理解中国文化的困扰"(D8A)。其次,很多受访人员认为在与中国人合作之前,对中国文化、对两国的文化差异有所了解是必要的。但并不是说两国文化的差距就一定比同一国内的文化差距大,比如,这位受访人员认为:"中德之间文化差异还是挺大的,毕竟是不同的人。但是中国之间的文化差异也很大,北方人相对来说比较憨厚直爽,南方人比较细腻,比较含蓄,这也是挺大差异的。"(C9B)但是,中德之间区别也不是说就是绝对的鸿沟,"毕竟我们都是读过大学的人,这样的差别也不见得就比我在公交车上随意遇到的一个德国人,或者来自德国农村的人的差别大。"(D8A)

2)对中国文化的解析

正如这位受访人员的看法:"中国的文化有优点也有缺点。等级观念更重,但却是一种凝聚力强的文化。"(D1A)除了上述的优缺点之外,中国文化的优点还主要表现为:爱国爱家、年轻一代思维更先进。正如这位受访人员所述:"中国人的价值观源于家庭。他们爱国,爱家。"(D15C)"他们对于企业的归属感很强。他们认为自己是企业的一份子,这对他们非常重要。比如厂庆或者什么庆典上,他们都非常高兴。我还看到公司的走廊里挂满了团队活动的照片,登山啊、野炊啊。"

---

① Bannys,2012,210. 25

（D1A）其次，中国已经呈现出多元化的文化趋势，不同年龄段的文化是不同的。这位受访人员也表达了同样的看法，年轻一代思维更先进："比如这家企业的年轻人都是80年代出生的，他们会使用网络，接触西方媒体，他们的思维都很先进。而60年代、70年代的人就不会这些现代技术，他们的想法可能就不一样。"（D10B）

中国文化的缺点主要包括如下几个方面：第一，模糊的文化；第二，诚信的缺失；第三，文化很难改变。

第一，模糊文化。针对德方受访人员认为中国人很难给出任务完成节点的准确时间这一观点，这位受访员工认为模糊文化的产生是中国的基础设施和政府的办事效率等大环境所决定的："比如说我们在做采购的时候，按照德方经理的习惯，他一定会告诉我们什么时间到货、安装设备、投入使用。可是我们就不能给出准确的时间。因为我们做一件事情吧，不是我这个人就能左右时间的，国际运输经过海陆运输、海关、陆路运输，所有路径当中有很多 open 的点，解决不了。"（C3A）

第二，中国人对自己的产品没有信任。"据我所知，很多中国同事从国外购买奶粉，为什么中国生产不出来让人值得信赖的产品。这是很可惜的，可悲的事情。"（D7A）此外，德国人对中国人存在着思维定式，认为"中国什么都在抄袭"：

"德国人对中国人提防的心态和对这里的德国外派人员也是一样的。此前在德国时，我们可以拿到一切材料，但是到了这边之后，很多资料都得不到了，就说通过 Email 我肯定不能给你发。在欧洲对中国存在着一种偏见，认为中国什么都在抄袭，复制。"（D6A）

第三，文化很难改变。中国的文化厚重带来了负担。有人认为，约束中国人的条条框框不是法律范畴的，而是在于"道、礼、约束、习惯范畴。"（C19C）并且，有受访者认为，文化中沉积的污垢是很难清理的，"我认为文化是需要经过长久的教育才能获得的。中国历史已经有2千多年了，他们已经习惯于不犯错误就是万事大吉的想法了，很难改变。"（D7A）这导致很多员工丢弃了西方思维："很多员工都是在德国留学回来的，但是当他们回到中国这样的合资企业工作后，就要把很多西化的思维丢弃。如果年长的人说了些什么，年轻员工都是很少质疑的，尽管他们心里可能都是不赞同的，但是他们也不拒绝。"（D10B）

5.2.8 小结

本节内容从生活环境、两国的政策、两国的法律法规、教育体制、整体经济环境、母公司和国家文化这七个角度对跨文化企业文化生成的外在影响因素进行分析。对外在影响因素的界定,在现有的文献中呈现出差异性。

从上述的研究结果可以看出,对跨文化企业文化的生成具有积极意义的影响因素有:外派人员家人的支持、合资公司所在城市的国际化进程、外派人员因为工资待遇的提高而带来的生活条件的改善;政府对合资企业的支持;法律法规的日趋完善;中国经济的飞速发展;作为合资双方的中方和德方母公司都是大型企业,资金雄厚,无论是从管理经验还是先进技术方面都具有其他小型企业所不具备的优势;并且中国文化已经呈现出因年龄阶段不同而表现为具有多元化特点的国家文化。年轻一代的先进思维与欧洲的现代化管理思维日趋接近,甚至有受访人员表示,与某些本国人的文化内部的差异要比公司内部的文化间差异更大。

而从另外一个方面来说,对跨文化企业文化的生成具有消极意义的影响因素有:外派人员的家人不在身边;官本位思想;法律法规的不完善;中国传统的填鸭式的教育对创造力的限制;中国经济快速发展的局限以及中国传统文化的负面影响,诸如抄袭、诚信的缺失、文化的厚重都会对合资企业的发展带来文化上的负担。

第六章

研究结果讨论

　　本书的研究结果主要包括如下三个方面的内容,也是对第一章中所提出的四个研究问题的呼应:第一,跨文化企业文化的自我渐生过程研究。中德合资企业中,双方在员工交流、工作态度、员工关系和领导风格方面表现出了文化差异,回答的是第一个研究问题;并且面对这些差异,企业中的个人层面和组织层面根据自我认知、对他者的感知,进行了自我行为的调整,在合资企业内部既定的框架条件下,实现了彼此的互动,呈现出潜在的聚合和冲突因素,具体呈现为抗拒、交织、调整和融合四个阶段,在这样不断的相互调适中逐渐生成了第三种企业文化,即回答的是第二和第三个问题。第二,跨文化企业文化自我渐生过程的影响因素研究。回答的是第四个研究问题,即哪些因素会对跨文化互动过程产生影响。具体而言,就内部影响因素而言,本书从员工构成、员工特点和员工的跨文化能力来分析中德合资企业中的员工层面情况;从生活、语言文化、凝聚措施和公司管理四个方面分析合资企业的组织层面的情况。就外部影响因素而言,本书从生活环境、两国的政策、两国的法律法规、教育体制、整体经济环境、母公司和国家文化这七个角度对跨文化企业文化生成的外在影响因素进行分析。第三,在上述研究的基础之上,本书提出了跨文化企业文化的动态发展模型。即在吉登斯的结构化理论之下实现了跨文化适应影响因素、跨文化互动过程和跨文化互动过程(阶段性)运动趋势的有机融合。

6.1　跨文化企业文化的自我渐生过程

　　Cooley 提出的"镜中我"概念认为,个体的自我感受是通过他人的反射而形成的,"人人都是一面镜,照出面对者的身影"①。在与人交往时,个体会首先设想自己在他人面前的形象(自我形象),他人对这一形象的评价(他者形象),以及这种评价给个体来的自我感觉,如自豪和耻辱(反思与调整)。Erving Goffmann 将社会交往类比为戏剧表演,每个人都有自己适应社会情境以及与他人协调的自我表现方式。每个人在特定环境下都力图保持一个适当的形象,以求得到他人良好的评价②。亚历山大(Alexander)的"情景一致"理论也认为:在特定的社会环境下,每个人都有一套特殊的与该情景相一致的行为模式,这种行为模式帮助个人进行有效的自我形象选择和修整③。正是基于上述理论,本书通过中德双方的自我形象、他者形象、他我形象和新的自我形象来描述并分析了跨文化适应互动过程的四大层面:员工交流、工作态度、员工关系、领导风格。如前文所述,最终确定的这四大层面的考量点不在于对全貌的描述,而是在于寻找最能体现出中德双方在合资企业内部互动过程中的类属概念,这些概念对于描述中德合资企业文化的特殊性以及促进该跨文化企业文化的发展是有意义的。因为中德双方的调整与改变,合资企业呈现出来第三方企业文化的特点。本书研究的研究成果呈现出了跨文化企业文化发展的新动态、新趋势。

6.1.1 跨文化企业内部互动过程中潜在的聚合和冲突因素

就前文的研究结果来看,四大层面在互动过程中呈现出潜在的聚合和冲突因素,并且相互之间具有关联。

6.1.1.1 员工交流

直接交流、语言的重要性和文化中间人的作用被视为有利于跨文化企业中互动过程的聚合因素。"缺少情感层面的交流"、"中国人的委婉的交流方式"以及"讨论效率低"被视为不利于互动交流的消极因素。

本书的研究结果与现有的研究成果均认为,员工交流与如下几个维度有关:高低语境文化、人际关系、集体主义导向和权力距离。④

首先,交流要考虑人际关系,要有保护对方"面子"的意识,这是中方员工的普遍共识。甚至有学者认为,"有的沟通纯粹是为面子服务的,基本上不包含太多的

---

① Cooley,1902,转引自翟学伟,1995,第 217 – 218 页。
② Goffman,1959。
③ 迈克·彭,1990,第 211 页。
④ 陈晓萍,2009,第 152 页。

信息量,比方说说奉承话,或者彼此吹捧。"①亭图美(Ting-Toomey,1999)在她的研究中发现,在低语境文化中的沟通对于面子的意识通常与维护自己的面子有关;而在高语境文化中,沟通的双方不仅考虑维护自己的面子,也同时顾及对方的面子②。在受访的德方人员关于其自身的反思与调整策略的访谈中,可以看到德方有想主动建立私人关系的努力。这都表明他们意识到交流会促进或摧毁"公私关系"。这也表明,交流与集体主义导向与这一维度紧密相关。正如 Gudykunst and Lee 的表述:"集体主义文化中的人通常对社会群体规范比较关注,尽量做出"得体"的行为,内外有别;相反,生活在个体主义文化中的人以关注自己为主,不会对沟通的情景以及沟通对象的身份和关系多加关注"③。

此外,权力距离也与这一维度有联系。吉布森(Gibson,1998)的研究发现,"在权力距离高的文化中,人们在相对正式的场合(比如开会)更倾向于选择一本正经而不是轻松随意的沟通方式"④。中国人在对于等级的敬畏和"压力"之下,"自信机制"⑤在中国员工身上会比突出地表现出来,他们对陌生人是不信任的。因此,他们不讨论,保持沉默,或者发言时看领导的眼色,这些行为都是他们对领导尊敬的表示。中国员工对压力的反应便是他们想展示出自己什么都会,不需要依靠外人的帮忙。这就是受访人员所说的"爱面子"。

最后,交流中的问题体现在"中国人一致对外,追求的是团结;而欧洲人追求的目标是独特的风格"⑥。这一研究结果也在本书的研究中得到了验证。德方将"持有不同的意见"视为一种"表扬"。这与求同存异的中国文化形成反差。因为,中方员工要在更为安全、宽松的情况下才能敢于说出自己的看法。并且他们的交流技巧也在德方人员的帮助之下得到了改进。"直接交流"被视为是积极的要素而"缺少情感层面的交流"被视为是消极的因素。因此,应当将二者结合起来给出结论,"关系融洽之下的直接交流"。

6.1.1.2 工作态度

首先,德方员工表现出了主动工作的积极态度,诸如对信息和细节严谨态度,

---

① 陈晓萍,2009,第 152 页。
② Ting-Toomey,1999。
③ Gudykunst/Lee,2002。
④ 陈晓萍,2009,第 152 页。
⑤ Peill-Schoeller,1994,第 31 页。
⑥ Peill-Schoeller,1994,第 78 页。

追求质量的始终如一,勤奋、务实地推进工作等。这些积极的要素激励了中方员工的主动性,是跨文化适应互动中,工作态度层面的第一大积极要素。基督教的工作伦理的理论可以很好地解释这一点。基督教的工作伦理的理论基础要追溯到 Max Weber 和他上个世纪初发表的文章《基督教伦理和资本主义精神》。资本主义的本质特征是"理性化的生活,这主要体现在工作伦理中,将工作视为生活中的核心,具体体现在纪律、认真和谨慎上。"[1]这就是所谓的"Sache 事情"为导向或者受访者口中所说的"对事不对人"。在 Max Weber 看来,这种理性化的生活的理念并不是来源于经济的发展,而是源于 15、16 世纪的宗教改革。"工作和履行义务是取悦于上帝,表现博爱的唯一途径。"[2]"浪费时间"被视为"首位的、从根本上来说最重的罪恶"[3]。

其次,中国员工的工作不主动,不决策被视为有碍于跨文化互动过程的消极因素。现有的研究结果中,有很多学者将中国员工和德国员工在决策过程中的区别对比起来观察。比如有学者认为,西方员工倾向于信息的搜集和分析、论证,以"事实为核心";而中方员工倾向于确认责任和团结一致的行为,以"和谐为核心"。还有学者认为,中德两国在决策问题上遵循的是不同的导向:中国人的"解决问题为导向"[4]和德国人的"问题为导向"[5]。中国人指责欧洲人太以问题为导向,欧洲人说中国人太以解决问题为导向,而没有对问题(实际状态和额定状态)做足够的分析。或者,还有的学者将德国人对决策过程的理解为线性的工作流:"确定问题(情况和目标的分析)→寻找可能方案→对可能方案进行评价→决策"[6]。

"而中国人除了考虑问题本身,更多的还要考虑之间的关联。因为情况总是要方在同某个时间情境下来观察,所以很难做出决定,因为情况在随着时间而变。"[7]

而本书的研究结果是对上述研究的有益补充。因为,就访谈结果来看,中德合资企业中的决策与其它因素是有关联性的。"决策"这个范畴是与"工作交流"

---

[1] Hartz,2004,第 4 页。

[2] Hartz,2004,第 16 页。

[3] Hartz,2004,第 25 页。

[4] Peill-Schoeller,1994,第 83 页。

[5] Peill-Schoeller,1994,第 83 页。

[6] Kirsch,1970,第 83 页。

[7] Peill-Schoeller,1994,第 83 页。

中的"讨论"、"工作态度"中的"主动性"以及"领导风格"密切相关的。在上文的分析中,可以得出结论:1)积极进行讨论的目的和结果是最终做出决定。2)主动是有助于实现中德方员工积极互动的良好工作态度,只有持有积极主动工作的态度,才能发现问题、承担责任,并在此基础之上做出决策。反过来,如果员工能够自主地做出决策,就会主动承担相应地责任,更主动地发现问题。3)中方调整了自己只是服从上级和长辈的工作方式,有理有据地说服领导,提出自己的真实想法,给出了决策建议。由此上三点因素,从而实现一种良性的循环。

另一方面,正是由于中国员工在讨论中的被动、后退的行为方式,才导致讨论往往没有结果,进而影响了工作效率。而不积极主动的工作态度,等着、拖着、只按规定办事的行为也不会让员工发现问题所在。中国员工由于对等级的敬畏而选择服从的工作方式。这样则呈现从了一个消极循环。

最后,"规则"与"灵活"是被中德方既达成一致又存在分歧的因素:"德国人的严谨"与"教条"也是被中方员工既欣赏又批判的因素。因为一方面,"规则"不会因为"关系"而有所改变,这是德国人心中的铁律。而中国的"规则"却是与"领导风格"、"公私关系"有密切关联的范畴。这在德国人的眼中就是中国的规则是"形同虚设"或者"领导说什么是什么"。中国人会有很多类似的成语来解释中人不能完全遵循规则的原因,"具体问题具体分析"、"事出有因"、"就事论事"、"变则通,通则变。

这是因为中国文化对规则的使用是有前提的,那就是灵活。老子的《道德经》第六章中,"谷神不死",应当解释如下,谷为虚,神为有。虚和有为永恒。天人相应,相得益彰。道德一词的理解应当为,道为源,德为道的表现,道德经一书讲的便是如何遵循自然规律。中国的老子哲学从本源上强调了无和有乃天地万物的根源,"常处于无,以明白有的起源,它们的名字,一个叫做无,一个叫做有,出处虽同,其名却异,若追寻上去,都可以说是幽微深远。再往上推,幽微深远到极点,就正是所有的道理及一切变化的根本了。"[①]"顺道而行","三分法看天下",即万事万物都有其规律,人要做的就是顺从规律而行;要用变动不居的眼光来看待事物,在阴和阳之中存在着第三个状态。这个观点同德国跨文化学者 Jürgen Bolten 的"模糊文化"的观念不谋而合。

另一方面,时间因素也是对工作态度也会具有影响的因素。对于时间在跨文

---

① 林语堂,2003,第 204 页。

化交流中的角色,经典的研究结果是时间的二极论:一元时间和多元时间,代表着两种不同的解决办法,把时间和空间作为活动的组织框架时,存在这两种解决办法。之所以把空间纳入其间,是因为这两种系统(时间和空间)在功能桑是相互联系的。一元时间着重时间的安排、切割和快速行事。多元的特征是同时进行几件事,其着重点是人的参与和事务的完成,而不是僵守事先安排的日程表。多元时间的处理办法不如一元时间那样具体实在。多元时间往往被看作一个时刻,而不是一条带子或一条道路;而且这一时刻是神圣的。[①] 甚至,霍尔将德国人公私生活的界限也归结于"一元时间"的感知,"one thinks of the entirety of germany as one vast interlocked 德国的全部思维都填充在日程里"[②]。有的学者将德国对于"工作"的概念诊断为文化的关键概念,因其重要性,将全部的生活时间进行划分,即工作与非工作:"工作这个概念,体现在它习以为常的表述中,即儿童时期、退休、度假、周末和业余时间"[③]。

由结果可知,在中德双方员工在互动中,互相调整,德国人员表现为"严谨又不失灵活"中方人员也会表现出"跟着思考"、"接受讨论"、"积极寻找解决办法"等积极主动的工作态度。

6.1.1.3 员工关系

首先,"关系融洽"和"人情味"是本书在跨文化适应互动研究中的两大聚合因素。并且,研究结果表明,德方员工从认知到行动上都表现出了要向中国人学习的态度。他们认为,中国文化更体谅人,考虑得更周全些。这是因为中国的社会结构具有"差序格局"的特征,每个人都以自己为中心不断地向外扩散出类似同心波纹的关系网(费孝通,1985)。许琅光(Francis Hsu)认为中国人的社会行为具有情境取向(situation-orientation)的特点,在人际交往中人们往往根据当时当地的具体情境采取相应的态度和行为[④]。由于中国人看重关系的亲疏远近,他们在人际交往中遵从的是"内外有别"的原则(费孝通,1985)。中国人入世哲学有孔子的《论语》,出世则有老子的《道德经》。"一阴一阳为之道"的道教学说与"仁"为核心的儒家学说的交织导致了中国人的精神状态:对完美无尽的追求、节省和投资、与"众乐乐"、家庭关系、简谱田园般的生活方式。可以说,中国人对人生的规

① 霍尔,2010 年 11 月。
② Hall,1989,第 118 页。
③ Hermanns/Zhao,1994,第 416 页。
④ Francis Hsu(许琅光),1983,转引自邓文君,2006,第 17 页。

划是儒释道的杂合体的。中青年鼎盛时追求的是"入世"之说,人们信奉的是儒家的"穷则独善其身,富则兼济天下"。步入晚年后,人们信奉的是道家的"悠然见南山"的田园生活。对中国人进行约束的不是明确的法律条文,而是人们心中的"因果报应"和"忠孝两全"。中国人不会用把"理性的生活"、"铁面无私"当作自己生活的不二定律,取而代之的则是"人情味"。

其次,中国文化中的"关系意味着特权"、"中国人的社会依赖度强"以及德国人的"不懂感恩、厚此薄彼、性格孤僻"以及德方感受到的"关系建立的过程比较难"被视为被视为有碍于合资企业的双方员工关系建立的消极因素。中国文化的"靠得太近"与德国文化的"离得太远"形成了两极化。关于中德双方在"关系"层面的对照也被众多的学者们证实。很多学者认为,德国企业内部,占据重要地位的要素不是社会关系。这也导致了公私生活原则上的区分。① 比如,Ardagh 将德国人工作和生活的分离描述为,"德国人公私生活之间的鸿沟"②。Höhne 曾经写道:"在德国,朋友之间不要做生意或者说金钱会毁掉友情。"③不仅是西方学者,中国学者 Liang 也将"神圣的"④私人领域视为日常经济生活中特殊的、德国标准化。德语中 Sietzen(您,敬语)的使用本身就有两种含义,一、尊敬;二、保持距离。正如英美文化下的学者对德国公司中 Sietzen 使用所表现出来的正式性:"社会语境 context 会提供某种指导:"在生意上,绝对不能同形式中分离出来。德国同事之间依然使用 Sie,哪怕他们已经在一起共事长达十多年。"⑤德国人对同事关系和朋友关系的界限也是很清楚的。"公众生活同私人生活的严格分割提供的是一种保障,令德国人在私人生活领域能够开放和忠诚。他们可以……比英国人同熟人更保持距离,但是如果你跨越了 du 这道障碍,就意味着所有的资源都是向你开放的,你们就获得了友谊。"⑥Höhne 也强调了德国友谊的排他性:"德国人对于友谊的理解,……在缔结友谊的方面表现出了较小的灵活性……友谊的修饰词有忠诚、深刻、不可改变。"⑦有的学者从历史的角度来阐释德国人对于私人领域的保护和对友情的严格要求。Mog 建议将德国国家几个世界的分割成小邦的局面作

---

① Rathje,2004,第 170 页。
② Ardagh,1995,第 187 页。
③ Höhne,2001,第 253 页。
④ Liang,1996,第 399 页。
⑤ Zeidenitz/Barkow,2000,第 27 页。
⑥ Zeidenitz/Barkow,2000,第 28 页。
⑦ Höhne,2001,第 252 页。

为德国社会生活的理由:"空间塑造了一个生活的真实,从社会上、政治上、文化上,并且在同持续存在的小空间的生活世界的对比中得以直接感知。在疆域之内,特别是,如果这个疆域只是由一个或几个地方组成,人们之间互相认识,社会的监控几乎是无所不在的。"[1]这种局促的空间感知令德国人对安全感的渴望更强烈,他们更倾向于尽可能地"开发属于自己的小天地"[2]。

因此,就本书的研究结果看来,双方员工在彼此的制衡之下,对自己的文化进行了反思,进而对自己的行为做出了调整。"不要离得太远,也不要靠得太近"。

6.1.1.4 领导风格

GLOBE 的研究认为,世界范围内相当大的一部分国家和企业都基于如下六种管理风格[3]:魅力-业绩导向的领导风格;团队为导向的领导风格;参与型领导风格;以人为核心的领导风格;自主性领导风格;保护面子与地位为导向的领导风格。在本书的研究结果中,可以看出,中德合资企业在中德两种领导风格之下,表现出多元化的特点。已经很难用归属于上述的六种管理风格中的某一种了。

首先,"领导风格"和"领导的个人能力"被视为跨文化适应过程中的关键要素:"等级观念轻"被视为积极,"等级观念重"则被视为消极;"领导的个人能力强"被视为积极,"领导个人能力下降"被视为消极。这两个要素是有关联的。在以往的文化研究结果中可以看到,等级观念在中国自古以来的社会秩序管理中起到了重要的作用,直到今天"阶级阶层的封闭性,特别是社会的上层和下层,仍然具有强烈的再生产特征"[4],中国。比如,儒家的"三纲五常"、荀子的法家思想和南非子的人性本恶论都曾经被很多跨文化管理的学者用来作为对中国社会等级观念的阐释。也有学者对孔子和荀子的等级观念进行比较,"孔子重在强调仁、礼治国,荀子则侧重礼、法结合,但二者都把礼作为重要的为政方针和政策。而实际上,礼的实质就是划分等级。都希望人们自觉遵守用礼划分的社会等级,人人都安分地处在自己的等级地位上,各安其分、各司其职"[5]。中国传统的等级观是通过身份规则受制于文化深层语法的约束来体现的。具体来说,"它是一个国家的人民在长期生活实践中形成的思维路向和行为倾向,并且已经大致形成了具有特

---

① Mog,1996,第 587 页。
② Mog,1996,第 587 页。
③ Bannys,2012,第 225 页。
④ 李路路,2003,第 51 页。
⑤ 治丹丹,2011,第 1 页。

定格式的制度文化和意识结构"。正如吉登斯所言:"具有深层特性的规则,是那些日常活动过程中不断被运用的程式化的东西。"①尊卑观念虽然刻画了中国文化情境下人们对于等级、身份的理解,但这种尊卑观念其实是所有等级化社会体系里都具有的一种共性。基督教的"天理秩序"也是用来解释欧洲中世纪的等级制的依据。而中国文化的等级制是有弹性的,即"学而优则仕"、"人人皆可为尧舜"。在儒家文化观念里,身份和等级不是建立在"宿命的"世袭的基础上,而是建立在道德的修为上。上述结论可以对本书所呈现出来的中国社会等级观念的"灵活性"做出解释。因为领导是"具有个人能力"的人,这符合了中国人对等级、身份的衡量标准,"尧舜"或者是"学而优"的人。中方员工的反思与调整中,也在以"业绩"为标准以示对领导的尊重,"有理有据"地说服领导是为了证明自己的才能。

其次,中方领导的"要求不严"和德方"领导强势"被视为消极的影响因素。这一结论与 Albert 的关于德国和中国员工不同的管理行为的研究结果相一致。很多的德国经理,基于 Hofstede 的关于文化范畴的错误,将某些性格和能力强加在中国经理这个群体之上,德国经理按照自己的标准将中国经理的管理行为理解为"不严格"②。比如,中国人的"谨慎、求知欲和热情"③被视为"不合作的、考虑不周的行为"④。对于这一点,可以用前文的有关"关系"的研究给出解释。管理是与"面子"和"关系"有联系的。

再次,"员工对中德方区分对待"和"本位主义"这两大要素也被视为对互动过程产生影响的因素。这一研究结论与 Albert 的研究结果也表现出一致性。在业务的分配上,德方通常占据着"生产、工程、物流和流水线体系,这些工作要依靠于精准性、可靠性和质量监控"⑤,而中国员工主要负责"市场营销和售后服务、社会关系"⑥。本书的研究结果显示,德国员工在中国不同地点的合资企业中,无论这些合资企业是中国股份多德国股份少、还是德国股份多中国股份少、抑或是两者股份平均,都表现出了力争占据主导作用的特征。合资企业里的权力之争依然

---

① 邵书龙,2012,第 156 页。
② Albert,2001,第 239 页。
③ Albert,2001,第 239 页。
④ Albert,2001,第 240 页。
⑤ Albert,2001,第 250 页。
⑥ Albert,2001,第 250 页。

存在,"西方员工最终让自己变得多余的终极目标"①却没有被所有的员工所遵守。

总的来说,四大层面所反映出来的聚合和冲突因素主要包括:

"关系融洽之下的直接交流","语言的重要性";"主动工作的积极态度","积极参与讨论";"关系融洽"和"人情味";"等级观念"和"领导的个人能力"等是互动过程中呈现出潜在的聚合因素。

"缺少情感层面的交流"、"中国人的委婉的交流方式"以及"讨论效率低";"工作不主动""不决策";"关系意味着特权""关系建立的过程比较难";中方领导的"要求不严",德方"领导强势"和"本位主义"等是互动过程中呈现出潜在的冲突因素。

6.1.2 跨文化企业内部互动过程的阶段性

跨文化企业内部的互动过程表现为阶段性的发展特点。具体说来,受访的合资企业中的跨文化互动过程表现出抗拒、交织、适应和融合四个阶段。抗拒,强调的是对有可能会影响自己的真理的因素的抗拒,强调的是"我的真理"。交织,指的是对一个具有普遍适用性的真理设想中部分内容的显性允许,追求的是"多个真理"。适应,这个词汇具有排他性和被动性,追求"唯一的真理"。融合,指的是发展双方共同的真理,追求的是"我们的真理"。区别于以往的将跨文化交流过程视为单向的外派人员工被当地文化改造的传统思路,本书以双方的跨文化交流过程为立足点,展现跨文化企业文化动态发展模型。

融合不是轻易就能够达到的一种状态,也不是一定就可以达到的状态。并非所有互动最终都会带来融合,也不意味着每个人都必须要历经这个循环中的每个阶段。因为就基础理论研究和包括访谈、观察和资料分析的实证性研究来看,每个人的跨文化交流经历都是不同的,具有特质性。因而,本书认为跨文化企业文化是一个开放式的循环。结合本书的研究目标"第三种文化的动态生成",本书认为跨文化企业文化的这个开放式的循环将会在双方员工的互动过程中呈现出上升的螺旋式循环。螺旋式循环代表着每一次的循环都不是回到原来的起点,而是在新的起点之上的循环。

---

① Peill-Schoeller,1994,第 23 页。

6.2 跨文化企业文化自我渐生过程的影响因素

根据情境(kontext)实现跨文化组织发展:Passau 的三层面模型①呈现的是系统性三情境模型。该模型认为,跨文化组织发展在社会体系内及社会体系之间发展,其模型化的表现形式为三个相互连接、相互影响的情境模型。这三个层面构成了情境,即微观、中观和宏观层面,即系统性情境化的跨文化组织发展。Roth 指出,参与者的微观层面太特殊,框架条件的宏观层面太泛泛,因此需要一个中观层面②。

跨文化组织发展是与情境相关的,这就是说,情境要素也是需要关注的要素,诸如参与者的资源、价值观、兴趣和战略(微观层面),组织目标、组织结构和组织过程(中观层面),以及特殊文化和社会结构(宏观层面)。本书的研究将跨文化企业文化的动态发展的影响因素分成外在因素和内在因素。其中社会文化等外在影响因素即是该模型中的宏观层面;组织作为内在的影响因素即是该模型中的中观层面;个人作为内在的影响因素即是该模型中的微观层面。

宏观层面表明,跨文化交流和互动在社会体系内发生,并受其规范和影响。社会体系和经济体系是文化形成和发展的历史根基。社会化的过程带来了人们对文化价值和表征的无意识的习得③。在这些体系内,存在着具有特殊职能的社会的、政治的和经济的机构以及文化机构,它们作为导向和参照体系为个体对社会体系的阐释提供支持。文化空间却受到了文化的变迁和转型过程的挑战,这种变迁和转型有助于带来体系内的多样化,从而带来了文化的变化。④ 上述研究成果在本书的外在因素分析中得到了部分验证。最典型的证明就是教育体制对跨文化企业文化动态发展的影响。因为中国教育体制的灌输式教学,导致中方员工在从小到大的教育环境下很少发挥自己的创造力和主动性。这在他们今后的工作中,表现出来的即使"不讨论"、"工作不主动"。

中观层面涉及在团队和组织之内或之间的交际与合作,也是跨文化互动发生

---

① Barmeyer,2000,第 43 页。

② Roth,2004,第 127 页。

③ Elias,1979;Luhnmann,1999。

④ Bolten,2004。

于其中的情境。团队和组织隶属于组织特殊的目标和经济目标之下,具有各自的历史,使用一定的结构和过程以便得以有效地行动①。本书的研究中,将组织视为跨文化企业文化的一个内在影响要素,即是该模型中的中观层面。合资公司即是第三方文化发生的情境。在本书的研究结果中,合资企业两个文化经济合作的组织,从工作方式、组织架构、评价与激励机制以及企业文化方面都达成了诸多一致,并成为现代化管理的知识储备。

微观层面涉及参与者及参与者之间的互动。参与者将某种特殊的文化参照体系和解释体系内化为自身的一部分,因此也表现出固化于工作风格、领导风格和管理风格的行为模式。互动伙伴在特殊的情境下行动,这些情境经常地既表现为上层秩序和下层秩序、利益格局和权力格局;也表现为个体的价值观、情绪、目标和策略的特征②。个体互动的质量和成果取决于对异文化行动的准确的解释③。对于跨文化组织发展来说,组织的差异性观念,特别是领导和团队工作中的参与者的角色和行为方式显得特别重要。本研究中,将员工个人视为跨文化企业文化的另一个内在影响要素,即是该模型中的微观层面。正如文中所指出的,合资企业中的员工因为"经历形成特质",无论从人员构成、员工特点还是其跨文化适应能力均成为跨文化企业文化动态发展的重要影响因素。

Maletzky 也强调,在分析跨文化交流时社会性植入的必要性,并且建议,将跨文化互动理解为跨文化结构化的过程,在这个过程中协商出第三种文化。在跨文化交流趋于不协调的行为方式所构成的多元的同步性的过程中,不协调的行为方式伴随着行为者以及行为群体的相互适应过程,重新改造业已存在的社会结构或者带来长期的新的社会结构。④

此外,本书的研究中出现了一些与现有的跨文化适应研究的结果相矛盾的结论。由于篇幅有限,这里就不再一一列举了。仅举一例,比如"对于跨文化问题的研究中,最经常的原因在于外派人员在出国之前,所受到的关于对象国的特殊性和文化特殊性的培训课程是不充分的,对中国的期望通常是与事实不相符的。这也导致了欧洲外派人员的挫折感。"⑤这段 1992 年的结论已经与本书的研究结果

① Heidenreich/Schmidt,1991;Kieser/Walgenbach,2007,转引自 Barmeyer,2000,第 44 页。
② Crozier/Friedberg,1977,转引自 Barmeyer,2000,第 44 页。
③ Müller-Jacquier 2004;Helmolt 1997,转引自 Barmeyer,2000,第 44 页。
④ Maletzky,2014,第 97 页。
⑤ Peill-Schoeller,1994,第 28 页。

出现了偏差。本书的研究结果表明:第一,受访36名成员,全部都提到了出国前的跨文化培训。并且有相当多数的人感谢跨文化培训的结果。外派前,在德国所进行的跨文化培训,已经涉及了很多最新的中国不同年龄思想的变化。第二,调查表明,外派人员的生活不如意的情况已经得到了极大的改善,很多人都认为"中国的变化是惊人的,中国给我带来的是积极意义上的吃惊,是种惊喜"(D9B)。第三,本研究结果表明,外派人员的消极情绪是他们之间相互抱怨的结果(D8A)。第四,跨文化能力不是上几次课就可以获得的,是需要靠时间和经历,以及自身的不断学习而获得。

6.3 跨文化企业文化的动态发展模型

"跨文化企业文化的动态发展模型"这一部分研究的目的在于展现合资企业中的跨文化企业文化的自我渐生过程及其影响因素。

跨文化企业文化的动态发展模型如下图所示分成三部分:

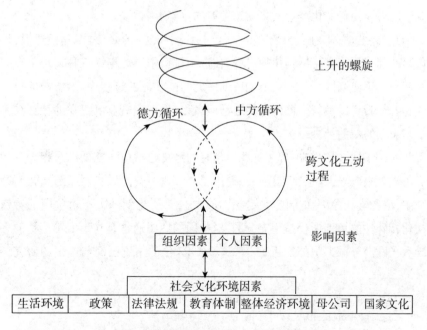

图6 跨文化企业文化的动态发展模型

　　最下面的底座为跨文化适应影响因素(呈现出社会情境性),中间相互交融的部分为中德双方的跨文化互动过程(呈现出整体过程性、个体主观性、交织互动性和结构性),最上面的螺旋呈现出跨文化互动过程的阶段性。中德双方的跨文化互动过程是在影响因素的基础上所做出的调整,在双方的彼此交融中,互动过程呈现出螺旋式上升的趋势。其中两个圆圈分别代表的是中德双方的个人和组织,每个圆圈都经历了原有的自我认知、对他者的感知、自我反思以及新的自我认知……这样周而复始的往复循环。中间的阴影部分表示聚合因素,白色部分为冲突因素。中间用虚线表示,是因为聚合因素和冲突因素处于彼此的交融之中。

　　用吉登斯的结构化理论可以很好地解释这一现象。该理论认为,每个行为者在自己对合法性的定位基础上,去识别哪些行为模式被视为是道德的,哪些是不符合道德而受到约束的。也就是说,在道德和约束的天平上,每个行为者在进行自我调整,或者是适应异文化(适应),或者是保留自己的文化(抗拒),或者是两者兼而有之(交织),或者是与对方发展出共同的真理(真理)。就其研究结果来看,如果"不学习对方语言"、"不保持开放的心态"就会呈现出抗拒的状态;"对异文化宽容"、"学习对方的先进工作方式"、"学习对方的非言语表达"、"多与对方接触"就会呈现出交织、适应乃至融合的状态。互动过程的运动方向,在结构化的个体之间的互动层面上,取决于跨文化互动的过程、权力关系和道德的约束力。互动层面同结构化层面紧密相连。这里,取决于(所给定的,但是不是无可争辩的)社会体系中的权力关系,取决于与之相匹配的体系的合法性和符号秩序。在两个层面之间起到传递作用的是形态层面,也就是权力的使用、道德以及阐释图示层面,这些就是参与主体寻找某个系统的知识储备的媒介。就宏观而言,外在影响因素可以被理解为是结构,企业内部的互动可以被理解为是行动。就微观而言,企业内部的互动过程中,还可以分解为结构和行动,即行为主体的行动要受到对方行为者的结构(认知、感知和行为)的限制,反之亦如此。结构带来了一种行动,也限制了这种行动,结构是一种媒介;行动也在生产、再生产和改变着结构,结构是一种结果。

　　该模型具有的阶段性是指跨文化适应过程呈现动态发展趋势:抗拒、交织、适应和融合。融合不是轻易就能够达到的一种状态,也不是一定就可以达到的状态。并非所有互动最终都会带来融合,也不意味着每个人都必须要历经这个循环中的每个阶段。基于前人的理论研究和本文的实证性研究来看,中德合资企业中每个人的跨文化适应经历都是不同的,具有特质性,是一个开放式的循环,呈现出上升的螺旋式循环。螺旋式循环代表着每一次的循环都不是回到原来的起点,而是在新的起点之上的循环。

模型中的社会情境性是指中德合资企业中的双方员工基于其已有的知识和受到对方文化的影响而形成设想(也可能是思维固见),不仅会修正其自身的语言行为模式和非言语行为模式,这些行为模式还会在交流情境中基于所观察到的互动对方的反应持续性地对自己的行为做出修正和弥补。本文所提出的第三方文化动态发展模型是对 Passau 的三层面模型的发展。根据情境(kontext)实现跨文化组织发展的 Passau 三层面模型①呈现的是系统性三情境模型。该模型认为,跨文化组织发展在社会体系内及社会体系之间发展,其模型化的表现形式为三个相互连接、相互影响的情境模型。

综上所述,跨文化互动过程是双行线,这是本书区别于占统治地位的、传统的文化比较的研究成果。正如第 2 章 2.3.2 整体性理论所阐释的:合资企业中的双方员工作为文化实体之间的互相依存和互相作用产生了整体系统,这说明跨文化适应的动态特性是相对性的。分开而言,两个实体是各自封闭的体系,通过对各自文化的自我吸收和凝聚完成内部的转变。总之,在单一文化互动中,互动者(错误地,或正确地)认为他们分享着同一文化;他们试图在共同的边界之内调整意义。而适应阶段的跨文化互动中,互动者必须协调文化环境及具体意义。在中德双方的互动中,适应策略体现了运用自我反省意识来建构并体验其他文化的努力。当两个人同时做自我反省,就产生了一个建构"第三种文化"的互动空间。第三种文化只有在那个特定的互动交往中才存在。第三种文化不是两个文化的简单混合,而是某种意义上的综合调整。综合层面调整的结果带来的是一个新的第三方文化。

---

① 参见 Barmeyer,2000,第 43 页。

第七章

结束语

本书根据"自我形象→他者形象→他我形象→新的自我形象→……"的循环往复,以积极和消极的互动方式为线索,得出了合资企业中的潜在聚合和潜在冲突因素,从而实现了描述并分析跨文化情境下企业文化生成过程的研究目标。依据四大形象的互动循环,本书从员工交流、工作态度、员工关系、领导风格四个层面对跨文化企业文化动态过程以及对跨文化企业文化动态过程产生影响因素研究结果予以呈现。

7.1 创新之处

本书的创新之处为:

——视角的交互性

通过"视角的交互性"基于这样的立场,即所参与的成员发展出必须遵守的行动规则,并且将此规则在实践中常规化:从跨文化性产生(部分的)文化性。本书正是通过"视角的交互性",即实现了从四大形象,即自我形象、他者形象、他我形象以及新的自我形象往复循环的视角来展现跨文化企业文化的动态生成。这样的研究视角还是不多见的。

——差异性文化概念

本书是建立在差异性文化概念的基础上的,同传统的文化理解的不同之处在于,没有将价值和行为方式的文化关联性(Kohärenz)和同质性视作文化关联的前提,而是将每种文化的常态和为人所知的特点视作前提。

——跨文化持续互动的视角

本书所参照的理论是对最近的跨文化学研究的持续跟踪,它区别于文化比较,而是以所参与的个人和组织的互动的跨文化性为导向的。从文化互动的动态角度来分析企业文化的生成过程。这种动态的文化互动的含义是指,随着中德之间跨文化交流的深入,双方均在一定程度上为对方做了某些调整,在这些彼此的适应基础上,双方之间又在哪些方面表现出了问题。

——将跨文化互动过程视为企业文化

互动过程的视角会在所发展的模型之内令我们注意到企业文化发展的活力。通过来自具有自我动力、不被控制的相互适应过程和可构建的、被控制的相互适应过程有差异性的互动研究,可以生成符合其渐生特点的企业文化。

——跨文化性(文化间性)的具体画面

通过对中德误解、冲突过程以及在最初的文化比较研究中所无法得出的聚合潜质的识别,一方面可得出中德跨文化性的具体画面,另一方面也为跨文化性的根据案例、以互动为导向的观察方式给出论证。

——渐生性跨文化企业文化的生成模型

为了描述跨文化企业文化的渐生性,开发出了一种模型,即可从外在影响因素、内在影响要素和影响动态的角度有所区分。影响因素的界定,如宏观经济情况、中德合资企业的各自母公司文化、国家文化、教育体制以及两国的政策法律等内容。一方面可以验证早前的对企业文化有影响的研究结果,另一方面所发展的模型是以不同要素的共同作用为特征的。

——不同互动策略动态下的结果

本书的特点即在于不只关注有助于实现企业内聚力的适应过程,而且还展现出了这个过程中不同互动策略动态下共同作用的结果。

7.2　不足之处以及前景展望

本书的不足之处在于,本书所建构的理论主要建立在访谈内容的基础上,属于描述、解释性理论,并不对访谈所谈内容的有效性负责,即本书所建构的理论的有效性无法得以检验。即因为本书所用的主要研究方法是质性研究,依然面临着无法彻底解决的"质性研究的评价问题"①,主要问题在于,如何寻找到合适的评价标准来确保研究结果的普遍适用性。本书采取的解决措施有:通过详细地再现理论前期理解的过程记录;对编码过程进行阐明;以及通过观察法、内部资料搜集法等三角测量法验证访谈内容是否具有普遍代表性。

通过本书的研究发现,质性研究不能对"程度"给出说明。本次访谈对象的选择虽然具有随机性,但依然不能从他们回答的倾向中就本书所给出的抗拒、交织、适应和融合的程度问题给出说明。因此,本书目前的回答只是在合资企业的跨文化适应过程中,上述阶段的存在,但无法给出一个更为准确的阐释和分析。在上述动态发展的每个阶段,一定存在着关系倒退、关系破裂、关系再修复的可能,这也将成为本人后续的研究方向。

另外一方面,三家合资企业作为一个整体性"个案",虽然均为中德合资公司,但由于股比分配的不同,合资双方的母公司企业文化不同,合资企业所在工业区位不同,因而表现出一些差距。上述研究成果能够在多大程度上代表每家合资企业内的跨文化企业文化发展动态,也是值得反思和继续研究的问题。虽然,本书在研究中已经根据受访的情况对它们之间的区别进行了描述,但随着研究的深入,一定会找出更具有特殊性的跨文化企业文化发展态势。这也将成为本人今后的研究方向。

最后,由于本人在研究方法、操作程序、研究经验、基础理论等方面的薄弱,在今后的学习和工作中,将会加强跨学科理论的学习,比如建构主义等诸多理论,为跨文化经济交流的研究做出些许贡献。

---

① 参见 Flick,2000,第239页。

参考文献

外文文献:

Adelmann, C. J／enkins, D. ／Kemmis, S. , 1983: Rethinking Case Study: Notes from the Second Cambridge Conference. In Case Study: An Overview. Case Study Methods (Series). Victoria, Australia: Deakin University Press.

Adelung, J. Ch. , 1793: Grammatisch-kritisches Wörterbuch der hochdeutschen Mundart mit beständiger Vergleichung der übrigen Mundarten, besonders aber der oberdeutschen. Leipzig, Band 1, 2. Ausgabe, Neudruck Hildesheim 1970. Olms.

Adler, N. J. , 1983: Organizational development in a multicultural environment. In: Journal of Applied Behaviral Science, 19(3), pp. 349 – 365.

Adler, N. J. ／Jelinek, M. , 1986: Is "organization culture" culture bound?, In: Human ResourceManagement 25, 1986, Nr. 1, S. 73 – 90.

Aktouf, O. , 1985: Wie Manager und Arbeiter slch selbst und einander in Organisationen sehen. Eine einheitliche Organisationskultur?, In: Organisationsentwicklung-Zeitschritt der Gesellschaft für Organisationsentwicklung e. V. 4, 1985, Heft 1, S. 27 – 50.

Albrecht, D. , 2001: Culture and Brain Styles-New Alternatives for Human Resource Strategies to Develop Chinese-Westem Cooperation, In: Kidd／Li／Richter 2001.

Anderson, L. E. : A new look at an old construct: cross-cultural adaptation. In: International Journal of Intercultural Relations, 18 (3), 1994, S. 295.

Ansoff, H. I. , 1979: Strategic management, London. MacMillan.

Apfelthaler, G. , 1999: Interkulturelles Management, Wien. Manz.

Ardagh, J. , 1995: Germany and the Germans, London 1995, 3. Aufl. Penguin.

Aristoteles, 1977: Hauptwerke, Stuttgart. 8. Aufl. Kroner.

Asante, M. , 2006: The rhetoric of globalization: the Eruopeanisation of human ideas. In: Journall of Multicultural Discourses, 1(2), pp. 152 – 158.

Assmann, A. / Harth, D. , 1991: Kultur als Lebenswelt und Monument, Frankfurt/ Main. Fischer.

Assmann, A. / Assmann, J. , 1994: Das Gestern im Heute: Medien und soziales Gedachtnis. In: Merten, Klaus (Hrsg.) , 1994: Dic Wirklichkeit der Medien. Frankfurt. S. 114 – 140.

Bannys, F. , 2012: Interkulturelles Management. Konzepte und Werkzeuge für die Praxis. Wiley-VCH Verlag GmbH& Co. , KGaA.

Barmeyer, I. C. , 2000: Interkulturelles Management und Lernstile. Studierende und Führungskräfte in Frankreich, Deutschland, und Quebec. Frankfurt/New York.

Bartholomew, S. / Adler, N. B. , 1996: networks and crossing borders: The dynamics of knowledge generation in a transnational world. In: Joynt an Warner 1996,

Becker, H. S. , 1986: Writing for Social Scientists. Chicago: University of Chicago Press.

Beneke, J. / Nothnagel, D. , 1988: Reibungsfelder im Außenwirtschaftsverkehr. Bericht über ein Projekt der Forschungsstelle für interkulturelle Kommunikation, In T. Bungarten (Hrsg.) , Sprache und Information in Wirtschaft und Gesellschaft , Tostedt: Attikon. S. 269 – 280.

Berkel, K. / Herzog, R. , 1997: Unternehmenskultur und Ethik, Heidelberg.

Berry, J. W. , 2005: "Acculturation: Living successfully in two cultures" , In: InternationalJournal of Intercultural Relations, 2005, 29, pp. 697 – 712.

Bleher, N. / Götz, G. , 1999: Managementkonzepte in europäischen Automobilunternehmen. In: Klaus Götz (Hg.) , Führungskultur. Die Organisationale Perspektive. München. Mering 1999

Bleicher, K. , 1984: Auf dem Weg zu einer Kulturpolitik der Unternehmung, in: Zeitschrift Führung und Organisation (ZFO)53, 1984, Heft 8. S. 495.

Bogdan, R. C. / Biklen, S. K. , 1982: Qualitative Research for Education. Boston.

Bolten, J. , / Dathe, M. , 1995a: Transfomation und Integraton. Aktuelle Probleme und Perspektiven west-und osteuropäischen Wirtschaftsbeziehungen. Sternenfels: Wissenschaft und Praxis.

Bolten, J. , 1997: Interkulturelle Wirtschaftskommunikation. In: Rolf, Walter (Hg.) , 1997: Wirtschaftswissenschaften: Einführung. Paderborn u. a. S. 469 – 497.

Bolten, J. , 2000: Koennen Internationale Mergers eine eigene Identitaet ausbilden? In: Institut für internationale Kommunikation und Kulturarbeit. Bayreuth. 7/2000.

Bolten, J. , 2007: Einfuehrung in die Interkulturelle Wirtschaftskommunikation.

Borden. G. A. , 1991: Cultural orientation: an approach to understanding intercultural communication. Englewood Cliffs, NJ: Prentice Hall.

Brannen, M. Y. / Salk, J. E. , 2000: Partnering across boarders: Negotiating organizationalculture in a German-Japanese joint venture, In: Human Relations, Nr. 53, S. 451 – 487.

Brandt, J. , 2008: Herausforderungen für die Unternehmenskommunikation im Zeitalter der

Globalisierung. In: Rogier Crijns/Janine Thalheim (Hrsg.) Koopertation und Effizienz in der Unternehmenskommunikation. Inner-und außerbetriebliche Kommunikationsaspekte von Corporate Identity und Interkulturalität. Europäische Kulturen in der Wirtschaftskommunikation. VS Research Verlag.

Bromann, P. /Piwinger, M. , 1992: Gestaltung der Unternehmenskultur.

Buhr, R. : ,1998: Unternehmen als Kulturräume-Eigensinnige betriebliche Integrationsprozesse im transnationalen Kontext, Berlin. Sigma.

Bungarten, T. , 1997: Aspekte der Unternehmungskultur und Untemehmensidentität in der historischen Wirtschattslinguistik, Tostedt. Attikon.

Cooley, C. G. , 1902: Human Nature and the Social Order, New York: Scribner, 1902.

Collins, T. S. /Noblit, G. W. , 1978: Stratification and Resegregation: The Case of Crossover High School, Memphis, Tennessee. Memphis State University, 1978 (ED 157 964)

Cronbach, L. J. , 1975: Beyond the Two Disciplines of Scientific Psycholgy. American Psychologist, 1975, 30, 123.

Dai, X-d. , 2010: Intersubjectivity and interculturality: a conceptual link. China Media Research, 6 (1) ,2010, pp. 12 – 19.

Deal T. E. /Kennedy, A. A. , 1982: Corporate Cultures-The Rites and Rituals of Corporate Life, Cambride, Mass. 1982, Wiederaufl. Perseus.

Denzin, N. K. /Lincoln, Y. S. , 2000: Handbook of Qualitative Research. Thousand Oaks, Calif. : Sage, 1994.

Doppler, K. , 1994: Multikulturell, interkutturell-Integrierte Vielfalt versus Veschmelzung, in: Schuppert/PapmehI/Walsh 1994, S. 179 – 196.

Dowling, P. J. /Festing, M. /Engle, A. , 2008: International Human Resource Management: Managing People in a Multinational Context 5. Aufl. , London.

Eisenhardt, K. M. , 1989: Building Theories from Case Study Research, in: Academy of Management Review 14, 1989, Nr. 4, S. 532 – 550

Elias, N. , 1979: über den Prozeß der Zivilisation. Soziogenetische und psychogenetische Untersuchungen, Frankfurt/M: Suhrkamp.

Emrich, C. , 2011: Interkulturelles Management. Erfolsfaktoren im globalen Business. Verlag W. Kohlhammer.

Engelhard, J. , 1997: Interkulturelles Management-Theoretische Fundierung und funktionsbereichsspezifische Konzepte, Wiesbaden. Gabler, S. VI.

Evanoff, R. J. , 2004: Universalist, relarivist, and constructivist approaches to interculturalethics. In: International Journal of Intercultural Relations, 2004, Nr. 28, Pp. 439 – 458.

Flick, U. , 2000: Qualitative Forschung-Theorie, Methoden, Anwendung in Psychologie und Sizialwissenschaften, Reinbek bei Hamburg: Rowhohlt, 5. Aufl. Rowohlt.

Friedman, V. J. /Berthoin-Antal, A. , 2005: Negotiating reality: A theory of action approach tointercultural competence, in: Management Learning, Nr. 36, S. 69 – 86.

Francis Hsu (许 琅 光), 1983: Rugged Individualism Reconsidered: Essays in Psychologica. Anthro-Pol08y, Knoxville: The University of Tennessee Press.

Fukuyama, F. , 1997: Der Konflikt der Kulturen. Wer gewinnt den Kampf um die wirtschaftliche Zukunft? München: Droemersche Verlagsanstalt.

Furnham, A. /Bochner, S. , l982: Social difficulty in a foreign culture: An empirical analysis of culture shock, in: Bochner, S. (Hrsg.): Cultures in contact: Studies on cross-culturalinteraction, Oxford, S. 161 – 198.

Geertz, C. , 1999: Dichte Beschreibung-Beitrage zum Verstehen kultureller Systeme, Frankfurt. Suhrkamp.

Giddens, A. , 1997: Die Konstitution der Gesellschaft. Grundzüge einer Theorie der Strukturierung, Frankfurt am Main.

Glaser, B. & Strauss, A. (1967). The discovery of grounded theory. Chicago, IL: Aldine; Applegate, J. & Sypher, H. E. (1988). Constructivist theory and interculturalcommunication research. In Y. Kim & W. Gudykunst (Eds.), Theoretical perspectives in intercultural communication (pp. 41 – 65). Beverly Hills, CA: Sage.

Goffman, E. , 1959: The presentation of self in everyday life, New York. Doubleday.

Guba, E. G. /Lincoln Y. S. , 1981: Effective Evaluation. San Francisco: Jossey-Bass.

Gudykunst W B, Lee C M. , 2002: Cross-cultural communication theories. In W. B. Gudykunst & B. Mody (Eds) , 2002: Handbook of inter-national and intercultural communication (2nd ed.) Thousand Oaks, CA: Sage.

Habermas, J. , 1981: Theorie des kommunikativen Handelns, Frankfurt/Main 1981, 2 Bde. Suhrkamp.

Hall, E. T. , 1989: The Dance of Life, New York London, Toronto, Sydney, Auckland. Anchor Books Editions.

Hamel, J. , 1993: Case Study Methods. Qualitative Research Methods. Vol. 32. Thousand Oaks: Sage.

Handy, Ch. B. , 1978: Zur Entwlcklung der Organisationskultur einer Untemehmung durch Management-Developmentmethoden, in: Zeitschrift fOr Organisation (ZfO) 47, 1978, Heft7, S. 404 – 410.

Hansen, K. , 2000: Kultur und Kulturwissenschaft, Paderborn, 2. Aufl.

Hartz, R. , 2004 : Max-Weber . Die protestantische Ethik und der Geist des
Kapitalismus; Professur fur Organisation undArbeitswissenschaft TUChemnitz; www. tu-chem-nitz. de/wirts chaft/bw15.

Hecker, N. , 2009 : Werte enfalten und Unternehmenskultur prozessual entwickeln. Eine Fall-studie in einem internationalen Unternehmen in Deutschland, Indien und den USA. Verlag Dr. Kovac. Hamburg .

Heinze, T. , 2001 : Qualitative Forschung. Einführung, Methodologie und Forschungspraxis, München.

Hoecklin, L. , 1995 : Managing cultural differences : Strategies for competitive advantage. London : Economit Intelligence Unit/Addsion Wesley.

Hofstede, G. , 1984 : Culture's Consequences. International differences in Work-Related Val-ues, Newbury Park, Abriged Edition. Sage Publications.

Höhne, S. , 2001 : Deutschlandbilder . Amerikabilder-Stereotypisierung und Vorurteilsbildun-gaus interkulturefler Perspektive, in : Bolten/Schroter 2001 , S. 246 – 260.

Holzmüller, H. H. , 1995 : Konzeptionelle und methodische Probleme in der interkulturellen Management-und Marketingforschung. Stuttgart.

Holzmüller, H. H. 1997 : Kulturstandards-ein operationales Konzept zur Entwicklung kultursen-sitiven Managements, In : Engelhard, 1997 : Interkulturelles Management-Theoretische Fundierung und funktionsbereichsspezifische Konzepte, Wiesbaden. Gabler.

Johnson, J. D. /Tuttle, F. , 1989 : Problems in Intercultural Research. In : Asante, Molefi Kete/ Gudykunst, William B. , 1989 : Handbook of international and Intercultural Communication. London, Sage Publications. S. 461.

Kasper, H. , 1987 : Organisationskultur. über den Stand der Forschung, Wien 1987. Service.

Keller, E. , v. , 1982 : Management in fremden Kulturen. Bern, Stuttgart, Paul Haupt.

Kets de Vries/Miller, D. , 1986 : Personality, Culture and Organization, in : Academy ofManage-ment Review 2, 1986, Heft 11, S. 266 – 279.

Keyserling, G. H. , 1928 : Das Spektrum Europas. Stuttgart, Deutsche Verlagsanstalt.

Kiechl, R. , 1990 : Ethnokultur und Unternehmungskultur, in : Lattmann, Charles, 1990 : Die Un-ternehmenskultur. Ihre Grundlagen und ihre Bedeutung für die Führung der Unternehmung. Physica-Verlag Heidelberg. 1990, S. 107 – 130.

Kirsch, W. , 1970 : Entscheidungsprozess. In : Verhaltenswissenschaftliche Ansätze der Entschei-dungstheorie. Wiesbaden. al

Kluckhohn, C. , 1962 : Culture and Behavior. Free Press of Glencoe.

Kluckhohn, C. /Strodbeck, F. , 1961 : Variations in value orientations. Evanston, IL : Row, Peter-son.

Kobi,J. - M. /Wütherich,H. A. ,1986:Unternehmenskultur verstehen,erfassen und gestalten, Landesberg am Lech. Moderne Industrie.

Koivisto,1999:Cultural heritages and cross-cultural management:Cross - cultural synergy and friction in Finno-Japanese management. PhD thesis. Helsinki School of Economics and Business Administration.

Kotter,J. P/Heskett,J. L. ,1992:Corporate culture and performance, New York. 5. Aufl. Free Press.

Krulis-Randa, J. S. , 1990: Unternehmenskultur. In: Lattmann, Charles, 1990: Die Unternehmenskultur. Ihre Grundlagen und ihre Bedeutung für die Führung der Unternehmung. Physica-Verlag Heidelberg. S. :11.

Lancy,D. F. ,1993:Qualitative Research in Education:An Introduction to the Major Traditions. White Plains,N. Y. :Longman.

Laurent,A. ,1983:The cultural diversity of Western conceptions of management,In:International Studies of Management and Organizations 13,1983,S. 75 - 96.

Liang,Y. ,1996:Höflichkeit-Fremdheitserfahrung und interkulturelle Handlungskompetenz,in: Wierlacher/Stötzel. 1996,S. 399 - 411.

Lieke van Raay/Hubert Korzilius (Arnhem/Nijmegen) ,2008:Identity and culture under one roof-the develoment of assessment instruments for strategic communication in housing associations. In:Crijns,Rogier/Thalheim,Janine/Burges,Christian(Hrsg.) ,2008:Koopertation und Effizienz in der Unternehmenskommunikation. Inner-und außerbetriebliche Kommunikationsaspekte von Corporate Identity und Interkulturalität. Europäische Kulturen in der Wirtschaftskommunikation. Wiesbaden:VS Research Verlag.

Lull,J. Media,2000:Communication,Culture:a global approach. New York:Columbia University Press.

Maletzky,M. ,2010:Kulturelle Anpassung als Prozess interkultureller Strukturierung Rainer Hampp Verlag München,Mering.

Maletzky,M. ,2014:Die Generierung von Interkultur. In:Moosmüller,A. ,Möller-Kiero,J. , 2014:Interkulturalität und kulturelle Diversität. Waxmann. Münster. New York.

Malinowski,B. ,1944:A scientific theory of culture and other essays,Chapel Hill. University of North Carolina Press.

Meissner,H. G. ,1997:Der Kulturschock in der Betriebswirtschaftslehre,in:Engelhard 1997, S. 1 - 14.

Merriam,S. B. ,1988:Case Study Research in Educaiton:A Qualitative Approach. San Francisco:Jossey Bass,1988. p21;Wolcott,H. F. "Posturing in Qualitative Inquiry. " In:M. D. LeCompte,

W. L. Millroy, and J. Preissle（eds.）,1992：The Handbook of Qualitative Research in Education, Orlando, Fla.：Academic Press,1992. p36

Miles, M. B. ,/Hubermann, A. M. ,1994：Qualitative Data Analysis：An Expanded Sourcebook. (2nd ed.)Thousand Oaks, Calif.：Sage,1994.

Mog, P. , 1996：Kulturkategorien des Alltags-Entwickelt am deutsch – amerikanischen Vergleich. In：Wierlacher, A. /Stötzel, G.（Hg.）,1996：Blickwinkel-Kulturelle Optik und interkulturelle Gegenstandskonstitution. München. S. 585 – 591.

Neuberger. O. ,1985：Unternehmenskultur und Führung, Augsburg. Univ.

Neuberger, O. /Kompa, A. ,1986：Serie Firmenkultur（1. Das Gesicht der Firma,2. Mit Zauberformeln die Leistung steigern,3. Die Neurosen des Chefs,4. Macher, Gärtner, Krisenmanager）, In：Psychologie heute-Juni, Juli, August, September,1986.

Nicklas, H. ,1999：Vom kommunikativen Handeln zum Diskurs：Zur Struktur interkulturellen Lernens. In：C. Wulf（Hg.）, Vom Verstehen des Nichtverstehens. Ethnosoziologie interkulturellr Beziehungen. Frankfurt am Main, New York 1999。

Nicklas, H. ,/Müller, D. , Kordes,2006：Interkulturell denken und handeln. Frankfurt u. New York. Campus-Verlag.

Pan Yaling,2008：Interkulturelle Kompetenz als Prozess：Modell und Konzept für das Germanistikstudium in China aufgrund einer empirischen Untersuchung. Sternenfels.

Patton, M . Q. ,1985：Quality in Qualitative Research：Methodological Principles and Recent Developments. Invited address to Division J. of the American Educational Research Association, Chicago, April 1985

Patton, M. Q. ,1990：Qualitative Evaluation Methods. (2nd ed.)Thousand Oaks, Calif.：Sage.

Peill-Schoeller, P. , 1994：Interkulturelles Management. Synergien in Joint Ventures zwischen China und deutschsprachigen Ländern. Springer-Verlag.

Mall, R. A. ：Interkulturelle Verständigung-Primat der Kommunikation vor dem Konsens? Erscheint in：EuS 11 2000.

Pümpin/Kobi/Wüthrich,1985。

Rathje, Stefanie,2004：Unternehmenskultur als Interkultur. Entwicklung und Gestaltung interkultureller Unternehmenskultur am Beispiel deutscher Unternehmen in Thailand. Verlag Wissenschaft & Praxis.

Raymond, W. ,1983：Keywords：A Vocabulary of Culture and Society. Fontana Press.

Roberts,1977：On looking at an elephant：An evaluation of crosscultural research related to organizations. In：Weinshall, T.（ed.）. Culture and management：Selected readings. Harmondsworth, UK：Penguin, pp. 56 – 104. First published in：Psychological Bulletin 74（5）(1970)：327 – 350.

Roth, K. ,2004: Der Beitrag der Volkskunde zur Untersuchung interkultureller Interaktion. In: Hans-Jürgen Lüsebrink (Hg.): Konzepte der interkulturellen Kommunikation. Theorieansätze und Praxisbezüge in interdisziplinärer Perspektive. St. Ingbert, S. 115 – 144.

Rowe, W. , & Schelling, V. , 1991: Memory and modernity; Popular culture in Latin America. London: Verso.

Rüttinger, R. , 1986: Unternehmenskultur: Erfolge durch Vision und Wandel, Düsseldorf/ Wien, 1. Aufl. (Econ)

Sackmann, S. A. , 1991: Cultural Knowledge in Organizations-Exploring the collective mind. Newbury Park.

Sackmann, Sonja A. , 1990: Möglichkeiten der Gestaltung von Unternehmenskultur. In: Lattmann, Charles, : Die Unternehmenskultur: Ihre Grundlagen und ihre Bedeutung für die Führung der Unternehmung, Heidelberg. S. 155 – 181.

Schein. E. H. , 1991: What is culture? . In: Frost, P. et al. (Hg.) , 1991: Reframing organizational culture. Newbury Park. S. 243 – 253.

Schein. E. H. , 1995: Unternehmenskultur-Ein Handbuch für Führungskräfte, Frankfurt.

Bergemann, B. /Bergemann, N. , 2005: Interkulturelle Management-Kompetenz. Anforderungen und Ausbildung. Heidelberg: Physica.

Schotter, J. , 2000: Inside dialogical realities: from an abstract-systematic to a participatory-wholistic understanding of communication. Southern Communication Journal, 25 (2&3) , pp. 119 – 132.

Schreyögg, G. , 2000: Organisation-Grundlagen moderner Organisationsgestaltung, 2000, 3. Aufl. WiesbadenGabler

Shaw, K. E. , 1978: "Understanding the Curriculum: The Approach Through Case Studies. " Journal of Curriculum Studies, 1978, 10(1) , p2.

Shermann, R. R. /Webb, R. B. , 1988: " Qualitative Research in Education: A Focus. " In R. R. Shermann and R. B. Webb (eds.), Qualitative Research in Education: Focus and Methods. Bristol, Pa. : Falmer Press, 1988.

Smircich, L. , 1983: Concepts of culture and organizational analyse. In: Administrative Science Quarterly 28, 1983, S. 339 – 358.

Smith, L. M. , 1978: "An Evolving Logic of Participant Observation, Educational Ethnography and Other Case Studies. " In L. Shulman (ed.) , Review of Research in Education. Itasca, Ill. : Peacock, 1978.

Song, Y. , 2008: Interkulturelles Management. Führungskonzepte in China, VDM Verlag Dr. Müller.

Sourisseaux, A. L. J. , 1994: Organisationskultur-Zur facettentheoretischen Konzeptualisierung eines organisationspsychologischen Konstruktes, Frankfurt a. M.

Staerkle, R. , 1985: Unternehmungsorganisation: Entwicklungen in Theorie und Praxis: Professor Dr. Robert Staerkle zum 60. Geburtstag gewidmet. In: Hans Ulrich, Gilbert Probst (Hg.) , 1985: Die Mangement-Praxis. P. Haupt.

Stahl, G. /Mayrhofer, W. /Kühlmann, T. M. , 2005: Internationales Personalmanagement. Neue Aufgaben, neue Lösungen. München u. Mering; hampp.

Stake, R. E. , 1981: " Case Study Methodology: An Epistemological Advocacy. " In W. W. Welsh (ed.) , Case Study Methodology in Educational Evaluation. Proceedings of the 1981 Minnesota Evaluation Conference. Minneapolis: Minnesota Research and Evaluation Center, p47.

Stake, R. K. , 1995: "Case Study . " In N. K. Denzin and Y. S. Lincoln (eds.) , Handbook of Qualitative Research. Thousand Oaks, Calif. : Sage, 1994. Stake, R. K. The Art of Case Study Research. Thousand Oaks, Calif. : Sage.

Steltzer, H. G. , 1970: Auswärtiges Kulturpolitik und internationale Zusammenarbeit. Ein Interview. In: Bulletin des Presse-und Informationsamtes der Bundesregierung. Nr. 111 v. 20. 8. 1970, 1174.

Strähle, J. , 2010: Was ist Unternehmenskultur? In: Christoph Barmeyer, Jürgen Bolten (Hrsg.) Interkulturelle Personal-und Organisationsentwicklung. Methoden, Instrumente und Anwendungsfälle. Verlag Wissenschaft Praxis.

Stündlein, Y. , 1997: Management von Kulturunterschieden-Phasenkonzept für internationale strategische Allianzen, Wiedbaden (Gabler).

Tesch, R. , 1990: Qualitative Research: Analysis Types and Software Tools. London: Falmer Press.

Tesch, R. , 1991: Software for Qualitative Researchers: Analysis Needs and program Capabilities. In N. G. Fielding and R. M. Lee (eds.) , Using Computers in Qualitative Research. London: Sage.

Ting-Toomey, S. , 1999: Communicating across Cultures. New York.

Wolcottt, 1982: Differing styles of on-side research, or, "If it isn, t ethnography, what is it?" The Review Journal of Philosophy and Social Science, 7 (1&2) , p157.

Yin, R. K. , 1994: Case Study Research: Design and Methods. (2nd ed.) Thousand Oaks, Calif. : Sage, 1994.

Zimmermann, A. /Sparrow, P. , 2007: Mutual adjustment processes in international teams, in: International Studies of Management & Organization, Nr. 37, S. 65 – 88.

中文文献:

【德】Kai Bartel/Thomas Kempa【中】舒雨/张华南/周蕴,2011:《中德跨文化交际与管理》商务印书馆。

【美】米尔顿·J·贝内特,2012:《跨文化交流的建构与实践》,(关世杰/何悝译)。北京大学出版社。

【美】乔纳森·H. 特纳,2006:《社会学理论的结构》,(邱泽奇/张茂元等译)。华夏出版社。

【美】尼格尔·霍尔顿,2006:《跨文化管理——一个知识管理的视角》,(康青/郑彤/韩建军译)。中国人民大学出版社。

【美】莎兰 B./麦瑞尔姆,2008:《质化方法在教育研究中的应用:个案研究的扩展》,(于泽元译)。重庆大学出版社。

【美】迈尔斯/休伯曼,2008:《质性资料的分析:方法与实践》,(张芬芬译)。重庆大学出版社。

【美】爱德华·霍尔著,2010:《超越文化》,(何道宽译)。北京大学出版社

【美】威廉·大内,1984:《Z 理论——美国企业界如何迎接日本的挑战》。中国社会科学出版社。

【美】泰伦斯·狄尔/爱伦·肯尼迪,1983:《企业文化》,(黄宏义译)。长河出版社。

【美】托马斯·彼得斯/罗伯特·沃特曼,1985:《寻求优势》。中国财政经济出版社。

【美】杰克琳·谢瑞顿,1998:《企业文化》,(赖月珍译)。上海人民出版社。

【英】安东尼·吉登斯,1998:《社会的构成》,(李康/李猛译)。生活、读书、新知三联书店。

【英】安东尼·吉登斯,2012:《社会的构成》,(李康/李猛译)。中国人民大学出版社。

【英】迈克·彭,1990:《中国人的心理》,(邹海燕等译)。新华出版社。

【英】凯西·卡麦兹,2009:《建构扎根理论:质性研究实践指南》,(陈向明注释、解说词;边国英译),重庆大学出版社。

陈国明,2009:《跨文化交际学》。华东师范大学出版社。

陈国明,2012:"跨文化适应理论构建",载:《学术研究》。2012 年第 1 期。第 130 – 138 页。

陈向明,2011:《质的研究方法与社会科学研究》。教育科学出版社。

陈向明,2004:《旅居者和"外国人"——留美中国学生跨文化人际交往研究》,北京:教育科学出版社。

陈向明,2008:"质性研究的理论范式与功能定位",载:陈向明,2008:《质性研究:反思与评论》。重庆出版社。第 1 – 11 页。

陈晓萍,2009:《跨文化管理》。清华大学出版社。

杜文强/吴涛,2003:《企业文化论》。吉林人民出版社。

关世杰,1995:《跨文化交流学。提高涉外交流能力的学问》。北京大学出版社。

胡文仲,2012:《跨文化交际学概论》。外语教学与研究出版社。

黎群,2012:《企业文化》。清华大学出版社。北京交通大学出版社。

李路路,2003:《再生产的延续:制度转型与城市社会分层结构》,北京:中国人民大学出版社。

林大津/谢朝群,2004:《跨文化交际学:理论与实践》。福建人民出版社。

林语堂,2003:《圣哲的智慧》。陕西师范大学出版社。

卢曦,2012:《中外合资企业文化冲突与整合研究》(硕士论文原稿)。

邵书龙,2012:"等级的、文化的分成模式:中国社会结构变迁机制分析"。载:《社会科学战线》,2012 年第 7 期,第 154 - 169 页。

王宁,2002:"个案研究的代表性问题与抽样逻辑",载:陈向明,2008:《质性研究:反思与评论》。第 41 - 50 页。

王宁,2002:"代表性还是典型性?——个案的属性与个案研究方法的逻辑"。载:《社会学研究》。2002(5)。

王志强,2013:"跨文化性与跨文化日耳曼学",载:《德国研究》。2013 年第 3 期。第 81 - 90 页。

武晋维,2012:《吉登斯结构化理论研究》山西大学 2012 年硕士论文。

夏传玲,2007:计算机辅助的定性分析方法 社会学研究 2007 年 5 期.

翟学伟,1995:《中国人的面具性格》。桂冠图书公司。

杨军红,2005:《来华留学生跨文化适应问题研究》(博士论文原稿)。

殷海光,1969:《中国文化的展望》。香港:文艺书屋。

于靖,1987:《文化概念研究》,《哲学动态》,1987。转引自胡文仲,2012,第 29 页。

于景涛,2010:《内聚力发展与跨文化协同——(中德)跨文化团队研究》。对外经济贸易大学出版社。

冶丹丹,2011:《孔子荀子等级观比较研究》(陕西师范大学硕士论文原稿)。

网络资源:

Economist 2001. Shrempp's last stand. 3 March.

中华人民共和国商务部,《中国商务部与德国经济和技术部将加强双边合作》http://www. gov. cn/gzdt/2012 - 08/30/content_2213912. htm。2013 - 03 - 08

联合国贸易和发展会议,2014,http://unctadstat. unctad. org/TableViewer/tableView. aspx? ReportId = 25116(最后一次访问时间:2014 - 3 - 8)

中国新闻网,2015:《中国首次成为在德国投资项目最多的国家》。载:http://

www. chinanews. com/cj/2015/04 - 27/7237720. shtml(最后访问:2017 - 3 -21)。

中华人民共和国商务部,2012:关于印发《中国境外企业文化建设若干意见》的通知。商务部政研室 http://file. mofcom. gov. cn/article/gkml/201206/20120696621256. shtml（最后访问:2012 -4 -9)。

中华人民共和国商务部, 2017:《2016 年中德经贸合作简况》。载: http://www. mofcom. gov. cn/article/tongjiziliao/fuwzn/feihuiyuan/201702/20170202517082. shtml(最后访问:2017 -2 -28)。

附录：

访谈提纲

学术访谈同意书
Einwilligungserklärung

尊敬的各位受访者,您好!

本人为大连外国语大学德语系的讲师,同时也为北京外国语大学德语系跨文化经济交流专业的博士生。为了本人博士论文的实证访谈部分的撰写,需要贵公司的鼎力相助,特写信前来提出采访申请。

Lieber Interviewte,

ich bin Dozentin an der Fremdsprachenuniversität Dalian und gleichzeitig auch eine Doktorand an der Fremdsprachenuniversität Beijing. Um eine empirische Studie in meiner Doktorarbeit zu verfassen, brauche ich Ihre Unterstützung. Aus diesem Anlass stelle ich Ihnen die Bitte um ein Interview bei Ihnen vor Ort.

本研究的目的是了解中德合资企业第三种文化的动态生成,访谈内容涉及如下以下三个方面:一、中德双方在合资企业内部表现出了怎样的差异? 二、双方进行了怎样的互动? 员工和组织方面有怎样的调整? 中方和德方各自做出了哪些有助于和有碍于问题解决的行为? 三、哪些因素对问题的解决产生了影响?

Das Ziel meiner Forschung geht um die interkulturelle Anpassungsstrategie im Sino-German Joint Venture. Das Interview umfasst folgende drei Bereiche:1. Welche Unterschiede zwischen den deutschen und chinesischen Seiten sind denn innerhalb vom Sino-German Joint venture dargestellt? 2. Wie haben sich die Beiden angesichts der obigen Konflikte interaktiv verhalten? Wie haben sich die Kollgen und Organisationen auf beiden Seiten darauf eingestellt? Welche Verhalten von den beiden Seiten sind positiv zur Lösung des Problems, welche sind negativ? 3. Welche Faktoren haben sich auf die Lösung des Problems ausgewirkt?

结果将有助于本人对中德合资企业的企业文化做以描述。该研究也可用于帮助企业提高员工的跨文化适应策略,有助于中德合资企业在面对文化差异的情况下依然能够提高其凝聚力并且取得成功。

Das Ergebnis dient der Beschreibung der Unternehmenskultur im Sino-German Joint Venture. Die Forschung dient auch der Verbesserung der interkulturellen Anpassung, aber auch dazu, dass das Sino-German Joint Venture angesichts der kulturellen Unterschiede die Kohäsion steigert und Erfolge erzielt.

Ich werde mit Ihnen ein kurzes und halbstandardisiertes Interview führen. Das Interview dauert etwa 50 Minuten. Sie nehmen an dem Interview freiwillig teil. Sie können jede Zeit das Interview beenden. Ob Sie an oder nicht an dem Interview teilnehmen, wird überhaupt keine Auswirkung für Ihre Arbeit üben.

本研究的形式是与研究者进行一个简短的、半结构化的面谈。访谈时间大约为 50 分钟。参加这个访谈完全是自愿的,您可以在任何时一候中断这个访谈。您选择参加或者不参加本研究的决定不会对您的工作产生任何影响。

同时我向您保证,您的身份和您在访谈中的谈话内容会被严格保密,您个人的访谈回答和研究资料不会反馈给您所在的单位或其他任何组织。在研究结果中出现的仅仅是匿名资料,任何可能透露个人身份的信息将被隐去。

Ich kann Ihnen zusichern, dass alle Interviewdaten anonymisiert werden, alle personlichen Angaben in den Daten gelöscht werden und keine Daten an Dritte weitergegeben werden. Was im Forschungsergebnis auftaucht, sind nur anonymisierte Materialien. Jede Information, die möglich Ihre persönliche Angabe vermittelt, wird gelöscht.

我希望,您能同意我为了科研的目的而进行录音、对访谈内容进行转写和分析。

Ich hoffen, Sie sind damit einverstanden, dass das von Ihnen zu gebende Interview von Frau Wang Enuo zum wissenschaftlichen Zweck digital aufgezeichnet, transkribiert und ausgewertet wird.

Ort und Datum

年　　月　　日

附录:

(一)访谈提纲:

跨文化适应问题	1. 请问中德双方在合资企业内部表现出了怎样的差异？能以具体的例子说明一下吗？
互动过程(关键性事件)的描述	2. 请您以某一关键性事件为例,描述一下双方在面对这样的差异时,进行了怎样的互动？员工和组织方面有怎样的调整？ ● 中方如何调整的？ ● 德方如何理解,做出了怎样的反应？ ● 中方又是如何理解德方的,又做出了怎样的反应？
互动过程的结果	3. 最后问题如何解决的？调整之后的行为在哪些方面表现出一致性,哪些方面表现出不一致性？
对互动过程的反思	4. 您认为,对于问题的解决,中方做出了哪些有助于和有碍于问题解决的行为？ 5. 您认为,对于问题的解决,德方做出了哪些有助于和有碍于问题解决的行为？
互动过程影响因素	6. 哪些因素对问题的解决产生了影响？
总结提问	7. 为了实现彼此的跨文化适应,对中德合资企业中的中德双方,您还有什么期望？
致谢	8. 向受访者表示感谢,并承诺访谈内容的保密性和使用范围。

(二)个人信息：

年龄

25－29□　30－34□　35－39□　40－44□　45－49□　50－54□　55－65□

在合资企业中工作年限:

1－2年□　　2－5年□　　5－10年□　　10年以上□

性别：男□　女□

职业身份:普通员工□　工程师□　中级经理□　高级经理□

学历:学士□　　硕士□　　博士□

专业背景：

(三)工作、培训经历:

1. 您在国外逗留多久?

2. 在该合资企业所在部门?

3. 对工作是否满意? 是否是自愿进入到这样的合资企业?

4. 是否有家人随行在本地?

1. Leitfaden

Interkulturelles Interaktionsproblem	1. Welche Unterschiede zwischen den deutschen und chinesischen Seiten sind denn innerhalb vom Sino-German Joint venture dargestellt? Können Sie es im konkreten Beispiel erläutern?
Beschreibung des Interaktionsprozesses (critical incident)	2. Beschreiben Sie im Beispiel einer kritischen Angelegenheit mal, wie haben sich die Beiden angesichts der obigen Konflikte interaktiv verhalten? Wie haben sich die Kollgen und Organisationen auf beiden Seiten darauf eingestellt? • Wie hat sich die chinesische Seite eingestellt? • Wie hat die chinesische Seite verstanden und worauf reagiert? • Wie hat die deutsche Seite wieder verstanden und worauf reagiert?
Das Ergebnis der Interaktion	3. Wie wird das Problem zum Schluss gelöst? Welche Gemeinsamkeiten und welche Unterschiede gibt es noch denn, nachdem die Beiden sich eingestellt haben?
Reflekxion zur Interaktion	4. Welche Verhalten von chinesischen Seiten sind positiv zur Lösung des Problems, welche sind negativ? 5. Welche Verhalten von deutschen Seiten sind positiv zur Lösung des Problems, welche sind negativ?
Frage zu Einflussfaktoren von Interaktion	6. Welche Faktoren haben sich auf die Lösung des Problems ausgewirkt?
Abschließende Fragen	7. Was möchten Sie noch über die Strategie der interkulturellen Anpassung innerhalb dem Sino-German Joint venture ergänzen? Welche Wünsche haben Sie noch zum Joint venture?
Danksagung	8. Danksagung und Gewähr der Einhaltung der zugesicherten Geheimnissen und Anwendungsbereiche.

2. Zur Person:

Alter:

25 – 29☐　30 – 34☐　35 – 39☐　40 – 44☐　45 – 49☐　50 – 54☐

55 – 65☐

Zeitdauer im Sino-German Joint Venture:

1 – 2 Jahre☐　　2 – 5 Jahre ☐　　　5 – 10 Jahre☐　　　mehr als 10 Jahre☐

Geschlecht:männlich☐　weiblich☐

Posten:Angestellte☐　Ingenieur☐　junior Manager ☐　senior Manager☐

Akademischer Titel:Bachelor☐　　Master☐　　Doktor☐

Fachrichtung:

3. Zur Arbeits und Bildungserfahrung:

Haben Sie Aufenthalt im Ausland? Wie lange?

In welcher Abteilung haben Sie hier im Joint-Venture gearbeitet?

Sind Sie mit der jetzigen Arbeit zufrieden? Sind sie sich freiwillig diesem Sino-German Joint Venture beigetreten?

Haben Sie Familiemitglied hier vor Ort?